遺失在西方的中國史

揚子江上的美國人1903

從上海經華中到緬甸的旅行記錄

威廉・埃德加・蓋洛 著
沈弘 審譯

這西行之路始於何處？它是陸地之旅還是海洋之行？

透過1903年的鏡頭探索揚子江畔——
自然景觀×社會面貌，引用大量典籍、地方志、照片

不僅是記錄了揚子江的考察遊記，更是一個時代的縮影
反映清末民初中國社會的面貌以及中西文化的交流與碰撞

目錄

大水汀的牌坊

代序　告訴世界一個「真實的」中國

—— 對20世紀初威廉・埃德加・蓋洛系聯考察中國人文地理的敘述

沈弘　郝田虎

W. E. 蓋洛（William Edgar Geil）是西方頗負盛名的美國旅行家和英國皇家地理學會會員，西元1865年出生於美國賓夕法尼亞州的多伊爾斯敦，西元1890年從拉斐特學院畢業之後，曾當過幾年宣講《福音書》的傳道士，但在他心中一直蘊藏著一個周遊世界的夢想。於是在西元1896年，他請了長假，從紐約登船前往耶路撒冷朝聖，從此開始了他的全球旅行生涯。在此後的30年中，他的足跡幾乎踏遍了非洲、大洋洲、歐洲和亞洲等。正如士兵戰死於疆場、學者辭世於書房，這位不知疲倦的旅行家最終在一次重返聖城的旅程後病逝於威尼斯城。在其生命的最後20多年中，蓋洛與中國結下了不解之緣。1903年，他途經日本首次來到中國，從上海坐船溯流而上，沿途考察了長江流域部分地區的人文地理，寫下了《揚子江上的美國人1903》（*A Yankee on the Yangtze*）一書，從此便一發而不可收拾。從那以後，中國成了他魂牽夢繞的研究對象，他又數次前來中國考察，走遍了大江南北、長城內外、三山五嶽，陸續出版了《中國長城》（*The Great Wall of China*）、《中國十八省府1910》（*Eighteen Capitals of China*）和《中國五嶽1924》（*The Sacred 5 of China*）等一系列重量級的著作。

在歷史的長河中，寫過中國的西方作家數以千計，我們為什麼偏要挑中蓋洛來作為研究對象呢？這首先是因為他作為人文地理學家的獨特價值。蓋洛在其一生中，曾享有許多頭銜和美譽。首先他是一位著作等身的多產作家，出版過 13 部著作，還寫了大量的日記、演講稿、報刊文章和信札；早在 1905 年，他就被譽為「在世最偉大的旅行家」，見識過了五大洲、四大洋；他同時也被稱作「偉大的演說家」，在世界各地做過幾千場演說，聽眾達數百萬之多；在關於他的傳記中，作者總是稱他為大字書寫的「探險家」(the Explorer)。然而，蓋洛有關中國的上述四部書吸引我們的並非那些華麗雄辯的語句辭藻，或是吊人胃口的歷險故事情節，而是作者用照片、文字、圖片、地圖、諺語等一系列手段詳細記錄下來的 20 世紀初中國最精髓和最真實的人文地理、歷史和現狀。

作為一個受過現代教育訓練的專業人士，蓋洛所選擇考察中國的角度是獨特和具有先進水準的。他是早期系聯考察長江流域人文地理的少數西方人之一，也是第一個全程考察長城、十八個行省首府和五大名山的人文地理學家。迄今為止，我們沒有發現國內外曾經有過如此全面系統地考察中國傳統和現代人文地理的第二人。他在考察過程中充分利用了各地的方志和當時已有的科學手段及攝影技術，僅上述四部書就精選了 400 多幅照片作為插圖，其中包括長城所有的烽火臺和 1909 年中國十八個省府的歷史照片。光是這些老照片本身，便是如今研究中國人文地理的無價之寶。

二

由西方人來寫中國，其難度是可想而知的。在西元 1842 年中國的門戶被迫對西方開放之前，能夠進入內地的外國人可謂鳳毛麟角。而且中國幅員遼闊，地區與民族之間方言繁雜，況且當時盜匪出沒，交通十分不便，所以即使在門戶開放之後，西方人要真正做到周遊神州大地，也是一件非常困難的事情。不過，這些還不能算是阻礙西方人了解中國的真正障礙。中國有五千年的悠久歷史，文化傳統博大精深，各地區的風土人情和各民族人民的生活習俗與西方人相去甚遠，在中國長期閉關自守、東西方語言不通的情況下，要想打通東西方文化之間的障礙，又談何容易！故而，在蓋洛之前雖然也有相當數量有關中國的遊記和論著問世，但是真正能夠準確掌握華夏民族的精神面貌和客觀反映神州大地人文地理全貌的著作可謂屈指可數。而絕大部分作者往往受到各種客觀和主觀條件的局限，要麼鑽到故紙堆裡，靠第二手的材料來編織這個東方古國的神話，要麼就憑藉自己浮光掠影的印象和即興的想像發揮，來描述一個不甚準確，有時甚至是南轅北轍的中國形象，頗有點坐井觀天的意味。例如，作為奇西克皇家園藝學會溫室部主任的英國植物學家羅伯特・福鈞 (Robert Fortune)，他自西元 1843 年起曾四次來華調查中國茶葉的生產、栽培和製作的情況，並先後出版了至少五部有關中國的遊記。可是，茶葉怎麼會跟華北諸省有關呢？假如你有興致耐心讀下去的話，就會發現這裡所說的「華北諸省」原來並非指河南、河北或山東、山西，而實際上是指江蘇、浙江和福建等產茶的省分。

早在 19 世紀初，第一個來到中國的美國新教傳教士裨治文 (Elijah Bridgman) 就已經發現，在有關中國的早期論著所描述的情況和他所親眼看到的實際情況之間有很大的反差和距離。在其於西元 1832 年創刊並主編的《中國叢刊》首期發刊詞中，他就大聲疾呼要以該刊物為平臺，向西方介紹一個「真實的」中國。如何才能做到這一點呢？裨治文認為，關鍵就在於要把書本知識和實際的田野調查緊密地結合在一起。一方面，西方作者應給予中文典籍和方志以足夠的重視，因為那裡面包含了大量詳實可靠的資訊；另一方面，還必須以實證的精神，對中國的地理、氣候、礦產、農業、漁業、商業、宗教和社會結構等做深入細緻的實地調查。無論多麼微末的細節都不能忽視，都要認真加以記錄，只有這樣才能幫助西方人準確地了解這個古老帝國的狀態和特點。

雖然蓋洛與裨治文的年齡相差約一個甲子，但他們都具有相同的新英格蘭新教背景和「洋基人」典型的實證精神。在撰寫其四部有關中國的論著期間，蓋洛不僅大量收集（藉助翻譯）、閱讀中文的典籍和方志，而且矢志不渝地堅持在描述某一地方或事物時必須身臨其境、眼見為實的原則。即使是在回顧歷史事件時，他也盡量設法藉助攝影技術和歷史圖片、地圖和拓片等手段，幫助讀者回到事件現場。在考察長江流域時，他冒著生命危險，在語言不通，不得不借助當地苦力和嚮導的情況下，獨自一人深入崇山峻嶺和少數民族地區。在寫《中國長城》時，他帶著一支精幹的考察隊，從山海關一口氣走到了西藏境內，沿途採風，記錄下有關長城的各種民間傳說和沿途各地的風土人情。原本大家都以為長城的最西端為嘉峪關，但蓋洛在實地考察時發現，在嘉峪關以西的西寧或西藏境內，仍然有連綿不斷的城牆向西延續，而這些城牆的存在在當時的地圖上並未標明，就連西寧的地方志上也找不到相關的記載[001]。在考察了長城之後，他又馬不停蹄地走訪中國十八個行省的首府和京師，每到一處，必拜訪當地的行政長官和文人學者（為此目的，他專門在上海訂製了200張中國式樣的名片），收集典籍方志，參觀名勝古蹟，採集民風民情。當他為最後一本書來華實地考察時，已經54歲，身體已經比較衰弱。然而他仍然堅持在妻子的陪伴下，一座又一座地努力攀登中國的五大名山，親自考察當地的民俗和宗教信仰，並用相機來記錄歷史。這種為追求理想而不惜「破萬卷書，行萬里路」的堅毅精神乃是常人很難做到的。

蓋洛在上述四本書中所包含的近500張老照片、圖片、拓片和地圖[002]

[001]　在該書第318頁的插圖中，作者附了兩張記錄這段長城的照片。蓋洛在書中所說的「西藏」和「西寧」都是指青海，而不是特指現在的西寧市和西藏地區。蓋洛所見的嘉峪關以西的長城也不是一路向西，而是呈半圓形向西南方向延伸。

[002]　在《揚子江上的美國人1903》中有122張，《中國長城》中有116張，《中國十八省府1910》中有113張，《中國五嶽1924》中有101張，共計452張，這還沒包括第三部書中解釋漢字寓意的插圖，如加上那些插圖，總數就接近500張了。

加在一起，展現了在清末和民國初年時期中國文化、民俗、社會各界人物和地理風景的獨特歷史畫卷。這是一筆極其珍貴的中國歷史文化遺產。

這些老照片的價值就在於它們的時代感。照片的內容包括長江流域和長城內外每一個行省首府（包括京師）及眾多城鎮和鄉村的建築、街道、城牆、城門、廟宇、農舍、貢院、學校、官府、衙門，以及小橋流水、江河湖海、名山大川、懸崖峭壁、黃土高原和戈壁沙漠等自然景色。除了總督、巡撫、外國傳教士、社會名流、錢莊老闆、少數民族群眾之外，還有街頭的小吃攤、茶館、店鋪、鴉片館、剃頭挑子、小販、工匠、乞丐、苦力、獨輪車伕、江湖郎中、朝聖香客、算命先生、妓女、賭博攤子、花轎、婚喪行列，以及衙門裡的公堂提審、寺廟裡的和尚道士、鄉間的水車和放牛娃也都納入了蓋洛的鏡頭。應該特別指出的是，許多這樣的畫面如今在別處已經找不到了。例如，蓋洛在考察長城時，把當時尚存的每一座烽火臺都編上號，並拍下了照片。其中有些鏡頭無論在中文或是西文的資料中都已絕跡。再以杭州為例，從 19 世紀末洋人繪製的地圖上看，當時杭州城的城牆和十個城門、四個水門還首尾相連，相當完整。可如今除了一個水門的區域性尚存，武林門、鳳山門、湧金門、清波門等地名還在使用之外，清末那些城牆和城樓的身影已經消失得無影無蹤。在中文資料中，我們最多只能找到描述這些城牆、城門的片言隻語，直觀的歷史圖片資料可以說是絕無僅有。但在《中國十八省府 1910》一書之中，我們卻驚喜地發現了杭州鳳山門、御街和大運河上的太平橋等早已消失的景點的老照片[003]，它們栩栩如生地為我們還原了 20 世紀初清末老杭州的本來面貌。蓋洛在序言中告訴我們，該書的 100 多張照片是從 1,200 多張照片中精選出來的。按照這個比例來計算的話，蓋洛在中國拍的照片總數應該在 5,000 張以上。

[003] 蓋洛在《中國十八省府 1910》的「第一章 杭州」裡共附了 8 張杭州的老照片。

在歷次考察過程中，尤其是在 1909 年訪問中國的十八個省府時，蓋洛敏銳地感受到中國正處於一個辭舊迎新的重大歷史關頭，因為他身邊的一切事物每時每刻都在發生著變化：

> 許多個世紀以來，中國人一直在潛心研究和平的藝術，並從心眼裡瞧不起那些動輒便要撒野的赳赳武夫。無論他們內心是怎麼想的，中國人現在已經屈從於西方人的見解，並已經訓練出大批的士兵。在新的教育制度中包括了許多類似西點軍校和桑赫斯特皇家軍事學院的武備學堂。在每個大城市都建起了兵營，而且往往是兵營剛剛落成，馬上就住滿了士兵。再也見不到弓和箭，也沒有了翻觔斗和吼叫，取而代之的是用歐洲的精確瞄準武器所進行的系統性歐洲式操練……整個大清帝國都在武裝起來，其方式並非心急火燎的，而是非常徹底和執著的。中國的資源是沒有任何一個歐洲國家所能比擬的。

當然，這種變化並不僅僅局限於武備學堂和兵營。一路上，蓋洛見到了舊的貢院被拆毀，在其廢墟上建起了西式的學校和大學；公共圖書館和郵局取代了舊式的藏書樓和驛站；鐵路正在替代大運河作為交通幹線；工廠和煤礦在全國各地出現；紙幣開始淘汰已經用了上千年的銅錢；學生們在談論革命、民主、自尊、公民權和改革；就連巡撫和省府衙門都在籌備議會的召開。蓋洛睿智地意識到他必須用相機把這些歷史變革的瞬間定格在他的照片之中，因為這些都是「新的和有預見性的事實」，而「事實畢竟勝於雄辯」，「事實擺在面前，任何人都可以對此加以闡釋」。就這樣，我們透過這位「洋基人」的相機鏡頭，看到了用寶塔替代鐘樓、具有中國特色的教堂；看到了在泰山廟宇前從相機鏡頭前抽身逃走的尼姑；看到了不久以後便絕跡的中國開封的猶太家庭。如今，蓋洛的預言已經得到了證實：這些貌似隨意的快照現已成為難能可貴的珍品，而它們記錄的歷史瞬間則變成了永恆。

雖然在上面這本書中，漢口和江西東北部的兩張地圖放錯了地方，但蓋洛所收集的地圖分別是當時最佳或最新版本的地圖，其價值自然不言而喻。例如他所選的廣州歷史地圖取自《羊城古鈔》，而他選中的成都地圖則是宣統元年三月繪製的《最新成都街市圖》。其中有些地圖甚至是蓋洛的傳教士朋友親手繪製的，例如英國醫師祝康寧（Frederick Judd）繪製的江西北部地圖。

上述這些插圖在書中並非僅僅發揮了點綴的作用，而是書中必不可少的一個組成部分，而且在上述這些書出版之際就受到了評論家的讚譽和讀者的歡迎。蓋洛曾經宣稱：「這些插圖本身就很能夠說明問題，不需要多餘的文字說明。」出版者也以同樣的口吻來解釋這些插圖的意圖和功能：「作者試圖避免重複講述同一個故事。書中的插圖不僅僅是為了充實文字，更是為了做一些實質性的補充。」作者與出版者的上述努力並沒有白費，從為《揚子江上的美國人 1903》（1904 年）做廣告而彙集的報刊書評中我們可以看到，當時對書中的這些插圖佳評如潮：「該書一個突出的特徵是其精美的插圖」、「插圖印得非常漂亮」、「插圖精美，引人入勝，大大增加了這本書的價值」。

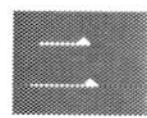

蓋洛是一位狂熱的藏書家。從他的書中我們可以看到，每到一處，當他拜謁當地的督撫和文人學者時，必定會要求對方提供有關當地的古史、方志、地圖和碑文古蹟等資訊。在《中國十八省府 1910》一書序言中，蓋洛對於這樣做的動機做了解釋：

當君士坦丁堡的學者們攜帶著古希臘的學問逃到西方時，沒過幾年，那些古老而受到敬仰的拉丁語教科書便被當作廢紙從歐洲的大學裡扔了出來。中國目前正在經歷這麼一個時刻。在過去兩千年中被用來訓練中國文人的那些典籍和更為短命的那些通俗小說和志怪雜記同樣即將壽終正寢。

西方的學問和垃圾正在將原來的那些書籍取而代之。過不了多少年，那些老的書就幾乎看不到了，因為官方的毀書行動已經開始。在總督、巡撫、翰林學者、藏書家和書商的幫助下，我們收集到了一大批這樣的老書，並在本書中選用了其中的少數範例，以便使讀者能了解這些古書的風格。

丁韙良在其序言中也專門提到了這一點，並且預言：「這些文獻必將成為一個漢學研究圖書館的基石。」

值得注意的是蓋洛為收集地方志所做出的努力。在上述這本書出版以後，蓋洛又再接再厲，開始為他的下一本書《中國五嶽1924》收集素材。第一次世界大戰的爆發使得蓋洛不得不兩次推遲對中國的訪問，然而他卻在研究中國的典籍上付出了更大的努力。他的傳記作家威爾遜告訴我們，蓋洛於1916年12月30日寫信給他在北京的朋友惠志德博士（Dr. Wherry），向他索要描寫五大名山的「地方志」。後來在《中國五嶽1924》一書中，蓋洛果然從《欽定古今圖書整合》、《泰安府志》等各種中文素材中引用了大量的圖片、地圖和文字資料。他的這種努力受到了英國漢學家翟林奈（Lionel Giles）[004]的高度讚譽：

我認為，該書最突出的特點就是引自中文素材的譯文。書中所引用的大量檔案中包括了詔令、序言、日記、傳記等，這些材料以前從未見諸任何其他出版品，其中有些具有很高的歷史價值。它們對於學者非常珍貴，普通讀者對此也會頗有興趣。顯然完成這本書需要極其繁重的工作量和原創性的研究工作。它是你所寫的最好的一本書。

我們完全贊同翟林奈頗為專業的評論，蓋洛對於中文地方志的重視和研究在西方作家中確實是比較少見的，這也是他的著作具有學術價值的一個突出特徵。

中文地方志為蓋洛提供了有關各地區當地歷史、地理構造和文化習俗

[004]　翟林奈是劍橋大學漢文教授翟理斯（H.A. Giles）的二兒子，出生於中國，後任職於大英博物館圖書館，負責管理東方書籍。

的大量細微而詳實的資訊。在《中國十八省府 1910》一書中，他充分利用了這一資源來描述長沙的自然地理和城池建設、成都的物產、北京的政治史、杭州名稱的演變、廣州的人物傳記、太原的軼事傳說、安慶的地方詩歌、西安的家庭禮儀、濟南的賦稅制度、南昌的災禍和迷信，等等。因為地方志跟別類注重系統性的書籍不同，往往是跟這個地方有關的東西，事無鉅細，照單全收。以《昆明縣誌》為例，書中的各章節內容就分為「疆域」、「山川」、「風土」、「物產」、「建置」、「賦役」、「學校」、「祠祀」、「官師」、「貢物」、「工業」、「藝文」、「家庭」、「閨媛」、「古蹟」、「祥異」、「塚墓」和「雜誌」。

蓋洛在該書中對地方志中的「祥異」，即超自然現象，表現出了特殊的興趣。他所引用這部分內容的頻率僅次於政治史。在這些超自然現象中，有一部分如彗星、地震和氣象等使古代人感到困惑，但可以用現代科學來解釋的自然現象。這些記載，由於有確切的日期，對於科學家和學者來說是具有很大的科學價值的。然而其他大部分的「祥異」內容都是天方夜譚式的神話故事。這些材料若在人類學家手中，可能會給《金枝》一類的書增添不少素材；然而蓋洛選擇這些材料是為了要說明中國人心態中根深蒂固的迷信。他把「風水」和「祥異」歸類為「迷信和偏見」，並且宣稱：「迷信和偏見是中國文化遺產中的毒藥。」他的這種說法在當時可謂是一針見血的。迷信和偏見的對立面，按照蓋洛的觀點，是科學和信仰，當然這裡指的是基督教信仰。從這一深層意義上來看，蓋洛對於迷信的猛烈抨擊實際上又跟西方在華傳教事業具有一定的連繫。

但毋庸置疑的是，隨著他研究和考察的深入，蓋洛對於中國文化本身的價值越來越著迷。在《揚子江上的美國人 1903》一書中，蓋洛跟其他第一次來到中國的旅遊者並沒有太大的區別，最能吸引他的仍是些具有濃郁異國情調的人物和風景畫面。但他在旅行過程中逐步了解並熱愛上了這個國家和人民的歷史、文學、生活習俗和民間傳說。等他在寫後面這幾本書時，蓋洛已經越來越自覺地把對於這片國土的客觀描述跟在這裡生活的人民，以及地方志中所記載的傳說故事連繫在一起。在《中國十八省府1910》中，蓋洛坦率地承認，他之所以對地方志感興趣，完全是因為能夠幫助他洞察中國人的心態：「說真的，對於事件的簡潔記載偶爾也使人感到失望，但從中可以窺見人民的感覺，他們對事件的看法，他們的心態和倫理概念都透過這些記載而表露無遺。」蓋洛與其他旅行家和遊記作者的最大區別就在於他對於中國人內心世界的興趣和探索。他為此目的而在智力和體力上付出的巨大努力使他真正成了一個人文地理學家。

透過文字和圖片的媒介，蓋洛成功地記錄了 20 世紀初處於一個重大歷史變革時期的中國。而且正如他自己所說的那樣，上述這幾本書現在確實已經被世界各大圖書館收藏。

作為西方現代科學和實用主義的鼓吹者，蓋洛在闡釋中國文化時，往往能夠提供一個獨特的視角。例如他對古代中國人建橋的工程技藝推崇不已。他所拍攝的老照片中有許多是表現石拱橋和懸索橋的，如貴陽的大南橋、杭州的太平橋和雲貴少數民族地區相當普遍的懸索橋等。他在提及跟成都有關的諸葛亮、李白和李冰這三位名人時，認為其中最偉大的應是水利專家李冰，因為他所建造的都江堰為當地人民的生活帶來了切實的好處。按照中國人的傳統觀念，諸葛亮和李白的知名度可能要比李冰高得多，因為後者作為工匠藝人，在中國古代社會中地位向來很低。蓋洛出人意料的觀點使我們聯想起另一位推崇中國科學家的西方人，即《中國的科學與文明》的作者、英國漢學家李約瑟（Joseph Needham），他們所提供的新視角可以幫助中國人重新審視和評價我們的傳統文化。

在中國的歷次旅行和實地考察中，蓋洛曾經有過許多重要的發現，如上面提及的他在西寧和西藏境內發現的長城環線，這一發現就使得在西方的中國地圖上又增添了長達 200 英里[005]的長城。他還收集、請人翻譯，並引用了大量的碑文拓片，許多這樣的石碑現在已經不復存在，或是因為石頭的風化，或是由於人為的毀壞，如今我們只能透過蓋洛保存的碑文照片來了解這些碑文的內容。雖然蓋洛自己並不具備翻譯這些碑文的能力，但他扮演了文化和文明的傳播者、收藏者、編纂者、保存者和保護者的角色。在保護人類文明的努力這一方面，他代表的是典型的美國精神。正是由於這種精神，才使得這個國家能夠擁有世界上最好的大學、圖書館和博物館。

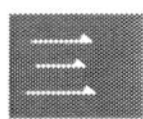

除了對老照片和地方志給予了特殊的重視之外，蓋洛對於中國的諺語和通俗文學也情有獨鍾。他在中國旅行和考察的過程中，總共收集了數千條在社會上流傳甚廣的諺語，因為他認為這些民間的口頭禪包含了中華民族的智慧，往往能夠直觀地反映社會各階層的倫理概念和心態。作為演說家和作者，他自己也非常喜歡在演講和寫作時引用這些比喻和意象使人耳目一新的中國諺語。然而，他也清楚地意識到自己在這方面所做努力的局限性：「我們對各地諺語的蒐集是歷次收集中規模最大的，大量的新材料足以充滿三卷書，從中挑選實在勉為其難。」他所提及的「大量的新材料」最後並未正式結集出版，然而蓋洛設法將這些中文諺語及其英譯文附在他描述中國的論著頁端上發表。在《揚子江上的美國人 1903》一書中，他將這些諺語附在每一個章節的開端。這個做法顯然很受歡迎。到了第二本《中國長城》和第三本《中國十八省府 1910》時，他就在每一個單數頁的頁端上都附上了諺語。在《中國五嶽 1924》中，他在序言之前用一整頁的篇幅來刊登一條諺語。這四本書中所刊登的諺語總數達到了 407 條。

這些諺語的來源大致可以分為下面這幾類：

[005] 1 英里≈ 1.6 公里。

1. 口頭相傳的諺語。「嘴上沒毛辦事不牢」、「每一根草有一棵（顆）露水珠兒」、「老天爺餓不死瞎家雀兒」、「女人心海底針」、「燈草弗做支拐」、「啞巴吃餃子肚裡有數」、「會的不難，難的不會」、「人敬有的，狗咬醜的」、「人是鐵飯是鋼」。
2. 文獻典籍。蓋洛收集的許多諺語來自《古詩源》、《三字經》、《三國志》等一些常見的古書，例如「水清無魚」來自《漢書》中的「水至清則無魚」；「將相本無種，男兒當自強」來自《神童詩》；「少所見自多所怪」，原本是東漢牟融所引用的古諺語，清朝的沈德潛將其選入了《古詩源》：「少所見，多所怪，見橐駝言馬腫背。」它最後變成了一個成語——「少見多怪」。
3. 成語。「對牛彈琴」、「畫蛇添足」、「鼠目寸光」、「掩耳盜鈴」、「望梅止渴」、「狐假虎威」。
4. 對聯。「人惡人怕天不怕，人善人欺天不欺」，原來就是刻在雲南府（昆明）閻王廟的立柱上的。
5. 名人名言。例如《揚子江上的美國人 1903》上有一個很長的對句，據說它就是由乾隆皇帝所題寫的。

從收集和出版中國諺語的時間和數量這兩點來看，蓋洛的工作與上述幾位先驅者相比似乎有些相形見絀，這也許就是他不將其收集的諺語專門結集出版的原因。然而我們認為，蓋洛在書的頁端上印諺語的方法具有鮮明的個性和醒目的效果。在閱讀這些文字的同時，讀者無時無刻不意識到單數頁頁端印著的那些中國諺語的存在。它們言簡意賅，質樸平實，然而非常吸引眼球，能給讀者留下深刻的印象和回味的空間。

從體裁上分析，蓋洛收集的通俗文學作品中包括了小說、傳說、故事、童謠、民謠、催眠曲、牆壁詩，等等。在考察長城的旅途中，蓋洛偶爾在他下榻的嘉峪關旅店牆上發現了一些很有意思的詩歌作品，便將它們抄下來，並用於《中國長城》一書之中。後來當他來到開封時，又在一個存放著 149 個宋代名人牌位的殿堂裡看到一首寫在牆上的詩歌。當然，他又將它抄了下來，並在《中國十八省府 1910》一書中提供了該詩的兩種譯文。這樣的作品具有自生自滅的特性，其原文很多都沒有被保留下來，在這種情況下，蓋洛書中的英譯文文字就成了它們唯一的載體。

四

儘管蓋洛主觀上的確是想透過各種努力來告訴世界一個「真實的」中國，然而我們也要清楚意識到，由於受到時代和個人等各種因素的影響，蓋洛在其書中所描繪的中國形象，跟其他許多早期西方漢學著作一樣，也是有其局限性的。如果按照我們現在的學術標準來衡量的話，不難發現他書中的缺陷和錯誤，有些甚至可以說是比較嚴重的錯誤。

首先，作為一個虔誠的新教基督徒，他對於中國的佛教和道教等本土宗教的描述和分析不可能是非常客觀和不偏不倚的。他在《揚子江上的美國人 1903》一書中寫道：雖然有些中國人做了壞事，怕受到報應，不敢上寺廟燒香，但在大多數情況下，惡人還是厚著臉皮去寺廟燒香的。緊接著他就補了一句：「說謊和發假誓是所有異教宗教的特徵。」其實，現在大家都知道，這樣的事在基督教教會裡也是屢見不鮮的。蓋洛在書中對於佛教和道教內部的腐敗所做的揭露，以及對於迷信的抨擊，從中國當時的歷史背景來看，應該說基本上還是正確的。然而每當他把中國的宗教跟西方的基督教做對比時，其對基督教的宗教熱忱和對中國宗教的偏見便暴露無遺。在考察中國十八個省府的旅途中，他在成都見到很多道教和佛教的寺廟被政府徵用改建成學校時，便聯想到在義大利和法國這些歐洲國家裡傳統的羅馬天主教會也正在失去其往昔的權威。於是他便發了下面這些議論：

然而（道教和佛教的）寺廟跟我們的教會是不可以相提並論的。前者本身從來就沒有過任何神聖的東西，即缺乏神聖的本質，並且向來被用作各種不同的用途，尤其是作為臨時的旅店。

他這麼說在當時可能還有一定的道理，然而對於一個現代的讀者，尤其是道教徒或是佛教徒來說，這樣的觀點是無論如何也不能接受的。

然而必須指出的是，儘管蓋洛可能對道教和佛教持有偏見，但他所拍的老照片中還是給各地的寺廟、道觀、和尚、道士留了很大的篇幅。蓋洛親自前往江西龍虎山上清宮採訪道教首領張天師以後，為他拍攝了一張罕見的照片。

其次，作為以探險、旅行和演說為主要職業的人文地理學家，蓋洛在歷史研究和文學、文化研究等方面並沒有經過系統而嚴格的學院式訓練（在當時的美國也不可能有這樣的漢學學術訓練），同時要在一個相對很短的時間內處理一個規模過於龐大的題目，也難免會犯一些初級的錯誤。例如中國古代的皇帝都有自己的年號，這些年號跟皇帝的名字是有區別的。「元符」是宋哲宗的年號（西元1098～1100年），「河清」是北齊武成帝的年號（西元562～565年），可是在《中國十八省府1910》中，蓋洛分別把前者誤解為人名，而把後者誤解為「黃河變清」。還有一種情況是不同皇帝的年號有時候聽起來十分接近，如明世宗年號「嘉靖」（西元1522～1566年）和清仁宗年號「嘉慶」（西元1796～1820年）前後相差近300年，但在同一本書中，蓋洛將《長沙地方志》原文中的「嘉慶十五年」（西元1810年）換算成了「西元1536年」（即「嘉靖十五年」）。

實際上，這些錯誤很可能是由蓋洛的助手翻譯得不嚴謹所造成的，但是作為在扉頁上署名的唯一作者，蓋洛還是應該對這樣的錯誤負全部的責任。這就引出了下一個相關的問題，即蓋洛的漢語造詣。

跟丁韙良等長期居住在中國的漢學家或傳教士不同，蓋洛似乎並沒有真正掌握漢語這個研究中國文化所不可或缺的基本工具。因此在其整個對中國的考察和對地方志、諺語和通俗文學的研究過程中，他都不得不依賴於朋友、翻譯、助手和嚮導的幫助。這樣一來，就大大增加了在各個環節出現錯誤的機會。

正是由於蓋洛最初來中國考察時具有教會的背景，在書中說過一些要依靠基督教來改造中國的話，所以在很長一段時間內，他的著作被打入冷宮，中國很少有人知道他考察中國的情況和所發表的作品。然而 1980 年代以後首先來到中國徒步考察長城和漂流長江、黃河的外國人，有不少是透過他的作品而對中國產生興趣的。我們今天對蓋洛考察 20 世紀初中國人文地理的著作進行研究應是具有重大現實意義的。

導論

威廉·埃德加·蓋洛

「帝國的道路通向西方。」可是，這西行之路又始於何處？它是陸地之旅還是海洋之行？無孔不入的白種人是否會從舊金山的金門出發，橫渡煙波浩渺的太平洋，讓遍地燦爛金菊的日本或者絢麗多姿的中國浸潤在白種人的理想中呢？含蓄的中國哲人是否會因此慍怒，憤然反擊那些在其腳跟狂吠的洋鬼子呢？他們會不會將無力抵抗的洋鬼子，連同他們短暫的文明，驅出亞洲甚至趕出歐洲，掃進大西洋或地球上某些不毛之地的角落呢？

不久前，我們曾得到忠告，說使用白銀的黃種人很可能會憑藉他們的勤奮，將使用黃金的白種人擠走。英屬哥倫比亞、加利福尼亞和澳洲對此都很害怕，亟望將黃種人排除在外，可他們又總不能將黃種人的貨物拒之門外。除商業競爭之外，軍事觀察家也一直擔心亞洲的游牧部落會不會再次意識到他們的潛在力量？覺醒的中國，在日本這個榜樣的激勵下，是否會將歐洲列強淹沒在大海之中？東方對歐洲構成的生存威脅可不是一、兩次了。成吉思汗、帖木兒等名字如今或許已鮮為人知，但曾幾何時，人們談及他們時無不屏息靜氣。他們的足跡過後，留下的是一座座城市的廢墟和堆成金字塔般的骷髏頭。那些曾將這些蒙古人的方法移植到博斯普魯斯海峽的野蠻人，至今仍在蹂躪和屠殺著數以千計的可憐的歐洲人。

有時人們會想，在東方人行動前，是否有可能與他們進行和解，或者向他們灌輸西方的理想與價值。這種實驗已經失敗了兩次。一千多年前，波斯的基督徒曾經派遣過一些熱情洋溢的宣傳家經由陸地到達東方。他們贏得了中國皇帝的歡心，將《聖經》譯成漢語刊印，培養了當地的信徒，使其能繼續他們的傳教工作。但他們沒能讓基督教完全漢化，在某種程度上他們仍聽從幼發拉底河某位高僧的指令。當蒙古人大舉入侵時，這種外來的宗教便隨之消亡；[006] 當中國人重新崛起時，這種宗教再也沒能出現。唯有西安的景教碑成為那次失敗的基督教傳教行動的見證。

接著是羅馬基督教徒進行的嘗試。聖方濟各會和耶穌會都向中國人灌輸過基督教。但他們都太遷就於當地的思想。至少對耶穌會士來說，他們牽強附會的布道說教使其教義顯得前所未有的貧弱。因而他們也失敗了，他們的傳教努力半途而廢。

現在，新教徒正再次進行嘗試。而義和團似乎將第三次抵禦外國的影響，以反對外來干涉。但這一次的東進似乎更有生命力：它在狂風暴雨來臨之時曾有過退讓，但雷鳴電閃過後，它又重新挺直了身板，聚集了新的活力。吳板橋 [007] 等人還贏得了政府高官的信任，當地人也加入傳播基督教的行列。第三次失敗還沒有出現。不過為什麼要有第三次失敗呢？拿撒勒的耶穌本身就是亞洲人，亞洲人對他的理解本來應該比我們更加深刻才對。只要他們願意，東西方必會加深彼此的了解，到那時也就沒有什麼可怕的「黃禍」了。

但願每個民族都能接納伯利恆出身的神，認他為自己的救世主、自己的理想、自己的神，唯有如此，人類才能實現自己的願望：

世界和平，

人類大同。

於美國賓州多伊爾斯敦

[006] 作者此處的表述不夠準確。在唐代首次傳入中國的基督教是聶斯托里派，即景教。它因唐武宗滅佛受到牽連而一度在中國衰微。元代時景教又曾興盛一時，後隨著元朝滅亡才逐漸斷絕。

[007] 吳板橋（Samuel Isett Woodbridge，西元 1855 年－ 1926 年）是西元 1882 年來華的美國傳教士，先後鎮江和上海等地傳教。由於妻子是美國總統威爾遜（Woodrow Wilson）的堂妹，所以他受到了清政府的禮遇。

本書所用插圖，大部分由作者拍攝，少量選自 G. F. 斯多克斯、鐵先生 [008] 和扶學富 [009] 拍攝的作品。

[008] 鐵先生（Walter C. Taylor），即泰勒，是中國內地會傳教士，在四川萬縣從事傳教活動。

[009] 扶學富（A. H. Faers）也是中國內地會傳教士，在四川敘州從事傳教活動。

天下無難事，單怕用心人。（時諺）[010]

There is no difficulty in the world that cannot be overcome by the man who hustles.

—— current proverb

[010] 為了尊重原著，除每章有不同的諺語外，書中的地理區劃用語都保持原樣。

第一章

從藍色到黃色－上海－中國婦女－迷信－鴉片－國學

在遠離中國海岸 30 海里的太平洋上，揚子江的顏色依然清晰可見。不計其數的泥沙隨江流下，沉積在傾斜的大洋海底。作為陸地的創造者，這條中國的密西西比河，可謂無與倫比。它從西部攜帶來的泥沙逐漸沉澱，為江蘇創造了大片陸地。目前當地人賴以生息，並用來耕作稻米、棉花和小麥的大片土地，原來都是其先人所說的「海」。今天，這條大江還在以掠西補東的方式，從事著擴展疆土的生產，並且攪渾了並不總是太平的太平洋海水。到中國來的遊客在看到那低平的海岸之前，也會首先發現那種類似藏紅花和巧克力的顏色。風平浪靜的海面上有時會出現一片藍黃分明的水域，在那裡，藍色的海水與黃色的江水拒絕混合在一起；接著遠洋輪會滑過這明顯的分界線，從藍色的海水進入黃色的江水之中。龐大的太平洋遠洋輪吃水太深，無法駛入狹小和隨潮汐起落的黃浦江口，以直達位於黃浦江上的「上海模範租界」，所以我們只好在離吳淞口這個中國村莊數海里處拋錨停靠。這裡離租界約有 12 英里[011]的路程，正好位於黃浦江和揚子江的交會處。乘客們從輪船換乘拖船，後者載著乘客及其行李溯江而上，越過黃浦江口附近的「天賜屏障」。這道屏障對航行構成了強大威脅。那裡潮水湍急，巨浪滔天，到處是漩渦，許多不慎駛入此處的平底帆船和輪船在這裡遇難。許多海船船長發咒道，該「屏障」並非天賜。

上海是東方的大都市，每一個來到遠東的人遲早會來拜訪這個城市。這裡彙集了來自世界各地的人，有美國人、英國人、德國人、法國人、俄國人、葡萄牙人、荷蘭人、義大利人、日本人、朝鮮人等等。亨利·諾曼

[011] 1 英里≈ 1.6 公里。

(Henry Norman) 寫道：「遠東之行有許多令人驚嘆的地方，其中之最當然是初見上海……我簡直不敢相信自己的眼睛。那是一座富麗堂皇的城市，被一條寬闊而擁擠的大河所環繞，雖然其華麗只是表面的，因為上海所有美麗而堅固的建築全都集中在沿河一帶。但我所說的是對上海的第一印象，這種印象超越了紐約，也遠遠勝過了舊金山，幾乎就像利物浦那樣令人難忘。一條寬闊而美麗的林蔭大道（當地人叫做外灘）沿著河岸延伸，而外灘的另一側從頭到尾都矗立著商業建築，全都是世界一流的……外灘的盡頭是一片碩大的綠地公園，盛夏的黃昏總會有樂隊在此演奏。整個上海燈火輝煌，通宵達旦，還有那些不計其數的電線桿，也會讓你想起芝加哥……此外，如果站在甲板上，那麼你所看到的，除了汽船上色彩鮮豔的各種旗幟在和風中飄蕩，還有領事館上的旗幟在城市上方飄揚，這場景增添了更多動人的色彩。」

在諾曼寫下上述文字以後，上海又獲得了長足的進步，早已今非昔比了。美、英、法的租界都遠遠超過了原來的地盤，一眼望去，外灘那些壯觀的建築和排屋延伸到了幾英里之外的地方。大型的工廠正開足馬力，生產絲綢、紗線和火柴一類產品，說來遺憾，還有啤酒。看到下面這幅圖景是十分有趣的：各色各樣的人從這個世界性港口城市的各家工廠和辦公大樓出來，此時海關大樓上那口大鐘的長短針正好同時指在 12 點的位置上。雙駕的大型馬車、座位下有載狗車廂的背靠背雙座輕便馬車、單馬雙輪輕便馬車、汽車、腳踏車、黃包車、獨輪手推車，甚至還有轎子，沿著堤岸潮水般湧來，然後飛奔到那些「馬路」上（或者那些標著地名的街道，比如南京路、北京路）。它們或者穿過那條名叫「洋涇浜」的水道進入法租界，那裡的標牌上用漢字寫著「法蘭西」；或者去往另一方向，穿過禮查飯店旁的花園橋，沿百老匯路或熙華德路上行，再穿過美租界（當地人稱其為虹口）。揚子江上擠滿了中式平底帆船、歐式三桅帆船、舢板、大英火輪船公司和法國火輪船公司的大船、洋式縱帆船、拖輪，還有軍艦。好一個大雜燴！這種景象足以使那些「中國佬」吃驚得「翹辮子」（相當於我們的俗語「蹬腿」），甚至連處事不驚的英國士紳也會驚訝得合不攏嘴。在他們看來，這種情景並未「開化」當地人，而是更加增強了他們的觀念，即這些架設了照明設施和蓋起了摩天大樓的蠻夷是貨真價實的魔鬼。要想用所謂「西學」或「文明」去清除迷信和偶像崇拜，就如同用玩具氣槍去擊沉一艘停泊在黃浦江上的美國戰艦。

上海街景

THE AUTHOR'S CHINESE VISITING CARD. His Celestial Name is Geloh.
On the Reverse side of the Card are Chinese Characters saying—
"The Great American Travelling Man with a Passport."

作者的中文拜帖。他的中文名字是「蓋洛」。在名片的背面寫著「持護照的大美旅行家」。

許多膚淺的環球旅行家都根據上海來認識中國。這是個嚴重錯誤，因為這個海港城市儘管在中國，但並不是真正的中國。中華帝國的人民非常小心謹慎，很難接受一種新的暴發戶式的文明；在高鼻梁的歐洲人到來之前，中華文明已經遭受了數千年的歷史檢驗。進入 20 世紀後，創新已然不可避免，對今天的中國而言，創新是悲劇和喜劇的可笑混合。上海的傳教工作十分艱難，但猶如其他事業一樣，傳教士們還是選擇了上海為他們的活動中心。設在上海的美華書館也許是亞洲最大的出版機構，僅今年就印發了 80 萬頁的文獻作品，僱用了 250 名華工。其他傳教使團也有同樣的舉措，而附屬於各個教會的學院和學校也大都得到了當地名流和富紳的捐助，他們現在廣泛看好教會學校所衍生的龐大利益。目前在政府部門就職要求有一定的英語知識，所以絕大部分政府雇員都出自教會學校。同文書會不僅擁有一流的英語翻譯人才，而且是強大的啟蒙機構，對人們的教育發揮著極其重要的作用。但最具影響力的還是那些教堂，它們散布在區域廣大的上海租界，就像電燈一樣照亮了濃濃的黑夜。光榮屬於美國監理會在虹口的優秀學院！光榮屬於美國聖公會的聖約翰學院！對上海的訪問使我心花怒放，而上海不過是大清帝國一個小小的部分。放眼西望，那就是我即將啟程的偉大旅程 —— 放眼中國的人民，8,000 萬男子是一個多麼驚人的數字！

請牢記這驚人的數字。索福克里斯（Sophocles）曾說過「萬千奇妙人為首」，中國諺語也稱「人是萬物之靈」。那麼，這個我們所輕蔑的偉大民族都有哪些紀錄呢？早在卡克斯頓（William Caxton）出生之前一千年，中國人就發明了印刷術。當他們已經擁有許多圖書館時，我們還沒有學會在樺樹皮上用木炭寫象形文字。我們的祖先之所以能放棄用石頭和葫蘆製作的器皿，原因在於他們將陶器製品擺上了市場。還有絲綢！你可曾見過比中國絲綢店的絲綢更加精美的織品？可你會問：中國人是不是像我們一樣？要回答這個問題易如反掌，因為在不少方面，他們都勝過我們。在禮儀上，他們是溫文儒雅的切斯特菲爾德伯爵[012]；我們是穴居生活的類人猿。作為工匠，他們的堅忍和耐心，與其發明新機器的能力正好成反比。作為農民，他們能夠每年生產優質的莊稼，而所用的工具只不過是木扶手的鏵犁，就連播種和收割也全憑雙手。一臺收割機、脫粒機或軋棉機，都會把他們嚇得從田裡逃走。作為學者，他們都是記憶的巨匠，不費吹灰之力就能背誦整卷書籍，但說到實用知識或應用科學，他們則渾然不知。比如工程學，在他們看來絕非一種職業，只是「勞作」而已，而中國的士紳又是不能「勞作」的。不過看看大運河吧，長達 120 個地理里格[013]，是世界史上無與倫比的偉業！還有長城，其體積，按黑格爾的計算，比英格蘭和蘇格蘭全部建築所用石料的總和還要多！

上海火車站

是的，8,000 萬男子，這還不包括女子 —— 有同樣數量的中國女子生活在男子的陰影之下，就像我們生活在中國人的陰影之下。中國婦女所遭

[012] 切斯特菲爾德伯爵（Earl of Chesterfield，西元 1704 年－ 1773 年）是 18 世紀英國著名政治家和外交家。他曾寫過《給兒子的幾封信》和《給教子的幾封信》，主要內容是教人如何待人彬彬有禮。

[013] 「里格」為長度單位，1 里格約為 3 英里、5 公里或 10 華里。「地理里格」是將地理單位（即赤道上經度 1 分的長度為一個地理單位）與「里格」結合的長度單位。

受的社會壓迫、苛政統治，包括將她們賣身為奴的制度，以及年輕媳婦所面臨的來自婆婆的迫害（至今依然十分普遍），可謂罄竹難書。可對英美人來說，關於這個話題的所有文字記載都是難以讓他們理解的事實。那些矗立在許多城市郊區的小小棄嬰塔，以及准許那些陰森恐怖的棄嬰塔存在的野蠻習俗，全都昭示了那些女嬰剛出生就遭遺棄的悲慘命運。然而也應該注意到，女性一旦贏得主宰權，通常都會用鐵腕來加以維護。眼下的慈禧太后就是一個範例。40年來，她一手遮天，主宰著皇室和整個清帝國。目前她掌握著龐大的權力，也是全世界最專橫的女人之一。她的許多精力，在我們看來，是被那些昏庸無知的大臣給誤導了；然而她似乎從自己的痛苦經歷中獲益匪淺。凡是適用於皇室的，也必定適用於整個帝國。皇太后能擁有目前的地位，靠的是奮鬥而不是繼承；她能維繫這個地位，靠的也是自己那不屈的毅力。唯有她才是人類四分之一人口的絕對統治者，管轄著人類四分之一的人口。中國男人從不輕視比自己更強的女人。在印度，只要得到允許，寡婦就會自焚殉夫；在中國，男人會豎立牌坊，以表彰那些拒絕再婚的女人。

除非對其虛幻的環境有足夠的認識，否則我們將永遠無法理解這群為數眾多的男人。據說中國人缺乏想像力，物質至上，講究實際，生活範圍狹小而有限。事實上，中國人是生活在虛幻的世界裡，他們祭拜那些從未見過的鬼神。舉國上下，數不勝數的廟宇，即是對這些鬼神的供奉之地。善男信女對此不惜時間金錢，旨在消除鬼魂的糾纏。中國人怕鬧鬼，衙門裡、馬車上、轎子裡、私宅內，甚至蚊帳後，處處都有鬼魂出沒。除祖先之外，也有不少是善良的鬼魂。中國人祭拜祖先的在天之靈，比起祭拜天地來，無論用時之多還是用心之誠，都有過之而無不及。你不能說中國人是聖人或惡人，但他們時刻在擔驚受怕之中生活，須提防陰陽兩界的眾多鬼魂。這個國家擁有世界上最多的煤礦資源，卻從來沒有開採過，因為害怕驚擾那條掌管天地的巨龍。「一旦將鑽機打入它的脊背」，人們會說，「那定會把它從沉睡中驚醒，四周的鋸齒狀群山會在瞬間化作凶猛的龍獸。不！讓那些煤永遠地埋在那裡吧。我們寧願燒蘆葦稻草，也不願冒險去招惹那可怕的災難」。這裡還有豐富的金礦和銀礦，開天闢地時，造物主把它們放在那裡，至今仍沒人敢動。實際上，中國人所遵循的乃是奧維德的警告：「財富出土，萬民受苦」[014]。

上海附近一座當地人自行修築的橋

每逢電閃雷鳴，虔誠的中國人就會躬身低頭，以示敬畏，恰似敬奉神靈一般。我們對他們表示，我們對於雷鳴閃電並非害怕，而是敬重，因為我們用它來驅動車輪，或命令它在海底或陸上傳遞消息。我們向他們證明，只要將地下寶藏開發出來，他們的祖國就會是世界上最富有的國家。我們現身說法，告訴他們那些鬼神和精靈都只是心理的產物，是過去遺留下來的迷信。8,000 萬男子當中，只有 10 萬人得到福音書的解救而擺脫了鬼魂的奴役！那麼其他人呢？

你或許會說，「噢，但他們怪異詭譎」。我不那麼看。你若以貌取人，那你的結論定會大錯特錯。畢竟長一對雞角眼的中國人還不到總人口的十

[014] 原文為「Effodiuntur opes irritamenta malorum」，拉丁語，出自奧維德（Ovid）的《變形記》（*Metamorphoseon libri*）。

分之一。他們走路、歡笑、戀愛、學習，都跟我們一樣。至於皮膚的顏色——請你記住美是相對的——歐洲人灰暗而病態的神情難道比善良而健康的黃種人更美嗎？你問他們住在哪裡？他們居住在鄉間，他們聚集在城市，他們在山川和平原棲居勞動，他們生生死死，全都在抬足可及的地方！他們中間有狂熱分子，不過狂熱分子到處都有，而且也不是什麼壞的跡象。他們有許多品德，只要善加利用，就會使他們成為傑出的基督徒。基督徒應該認真思考一下。想想看，中國的城市是數百萬人聚集的中心，卻得不到福音的恩澤；有上千市鎮，卻沒有女孩可去的教堂和學校，整個大清帝國卻連一所女子學院都沒有！時至今日，還沒有一本中文小說是為宣傳耶穌的教義而寫的。中國人感情強烈，絕非柔弱之輩，並不像軟弱無骨的海蜇。他們對金錢的渴望跟其他所有民族一樣強烈，就連猶太人也不例外。對金錢的渴望使他們十分勤奮，而勤奮則是成功的關鍵和主因。天下沒有不長尾巴的老鼠。他們也在賭桌上小試身手，以求「撈取」一丁半點，可他們似乎還沒有染上賭股票和棉花期貨的狂熱。苦力們拿到銅板的報酬之後，會跑到茶館去擲幾個骰子，玩幾把骨牌或搖幾下轉盤之類，想讓銅板翻倍，但也可能輸個精光。

上海附近的菩薩

揚子江畔一位富人的陵墓

除了可怕的鴉片嗜好外，天朝人對烈酒並不貪杯。他們飲用稻米釀製的低度酒，且不濫飲。在白人開的商埠之外，很難找到威士忌。在中國的公共場合很難見到酗酒者，可鴉片卻無處不在，滲透了整個帝國。大片的土地被專門用來種植罌粟，這比種水稻或小麥更容易消耗土壤的肥力。在輪船、住家船[015]、運河上和大商號裡，到處都有人躺著抽大煙。鴉片並不是吃的，也不是在大街上抽的。它成了一種全國性的癖好，人人都知道它的危害，但甘心成為它奴隸的鴉片鬼多達千百萬。由於當地人具有追求享樂的特點，所以一旦成癮，便往往不能自拔。一個人看上去嚴肅持重，其實卻不然。每個市鎮都有眾多的茶館。人們休閒時就聚在茶館裡，在杯子裡泡著清茶，或洽談生意，或聆聽小曲，或閒聊一些市井新聞。

中國人也有自己的行會。在天朝大國裡，就像在其他地方一樣，勞資雙方也都有完善的行會組織。錢莊老闆的行會控制著金融市場；還有許多同鄉會，其會員都是來自同一個省的男性。帝國的每個城市都有這樣的行會，它們權力極大，就連官員也不敢與之作對。中國人的感情強烈可以從

[015] 「住家船」指以船為家的船隻。

他們對文學的酷愛中得到證明。這是一個盛產文人的民族，他們對文學大家有如崇敬神靈一樣。對所有的問題，中文的典籍都具有終結性的權威。詩詞歌賦是藝術的精髓。戲劇的地位僅次於文學，其作用在於傳承風俗與習慣，並透過歷史劇的表演來保存古代歷史。整體說來，戲院是個不錯的地方，不妨到一家能容納 2,000 人的劇場去見識一下。除了婦女之外，所有人都戴著帽子。觀眾面前的茶几上端放著精巧的茶杯，很多人在看戲時都津津有味地品著茶！聽聽戲院裡那此起彼伏的笑聲，但聽不到一點掌聲。一連幾個小時，觀眾都在洗耳恭聽演員的臺詞和唱腔，演繹先人如何擊敗入侵敵軍的故事。你可以在這裡找到中國人性情活潑的充足證據。中國的普通鄉村有兩大事件，一是祭鬼神，二是廟會演出。演出幾乎全由男人擔當。中國人善良品性的另一個表現就是行善，早在哥倫布發現美洲大陸之前，中國就已經有了許多重要的慈善機構！在耶穌基督降生前一千年，中國的典籍就已經在提倡慈善事業了。然而，他們依然沒有學會該如何真正地行善。不過，我的用意在於證明他們對行善有強烈的熱情，儘管行善的動機或許並非將善傳給受益者，而是獲得人們對施與者的讚揚。中國人最看重家庭，這是他自身價值的證明。一個人獨身而終是很不體面的。社會的細胞是家庭而不是個人。政府是家族制的政府。一家之長統領著所有家族成員，除非妻子比自己強，否則每個中國男人都是自家圈子內的皇帝。8,000 萬個精力充沛和意志剛強的男子漢正邁開步伐，背向未來，趕赴往昔！

上海龍華塔

多少樓臺煙雨中（描寫南京的詩句）

Tower and porticoes shimmering in the mist.

—— Spring in Nanking.

天下唯理可以服人

Of all things under Heaven only Reason can subdue men.

第二章

子夜啟程－像華人一樣旅行－中國飯－南京－貢院－科舉考試奇觀－在中國的傳教活動

我在中國的長途旅行開始於子夜時分，頗有點逃亡的意味。人說「午夜憑瞭望，墓地哈欠時」。我手裡提著照相機的三腳架，離開了「上海」(Top-Sea)[016] 的福州路碼頭，乘坐一艘搖搖晃晃的小船，登上了「洪昌號」客輪。它停泊在水道中央，錨拋在八英尋[017]深的水中。前來送行的幾個朋友跟我一起上了船。選擇「洪昌」，不是因為其名號，而是因為船主允許外國人像中國人一樣旅行。揚子江上的有些輪船規定，除了中國人之外，不允許任何其他人進入國內艙。我之所以做這次旅行，並與中國旅客一樣吃住，是為了想真切地了解中國及其人民。所以我設法預訂了一個專供中國人使用的艙位。夜晚的上海很美，江岸上流光溢彩，在碼頭停泊和水道中航行的船隻的航標燈交相輝映。12 月的空氣顯得潮溼而寒氣逼人。我們疾步登上這艘有著三層甲板的輪船，不由得使我想起了美國密西西比河上那定期往返的船隻。中國人的大客艙位於主甲板的前方，我們走過一條兩邊都是高級包艙的寬闊走廊，很快就找到了那個客艙。右舷的木壁上掛著一塊牌子，上面寫著：

請為傳教士
準備好
五個國內艙。

這就是對我身分的認定。很明顯，在他們眼中，我就是一個傳教士。

[016] 在漢語裡，「上海」即「高海」。—— 原注

[017] 1 英尋 (fathom) 相當於 6 英尺或 1.8288 公尺。

坐輪船的中國人很多，大部分都住在甲板上的船艙裡。在眾多的乘客中有一群基督教傳教士，為了替教會省點錢，他們也都跟中國乘客一樣旅行。以這種方式，可累積起一大筆費用。比如乘頭等艙從上海到漢口，按鷹洋[018]來計算，外國乘客的費用為四十元，而國內乘客只需十元四角。鷹洋的幣值有波動，我在上海逗留期間，一鷹洋大約為四十美分。

準備上路的傳教士

那群傳教士由幾位女士和大學教師組成，後者都蓄著飾有流蘇的辮子，帶著家眷和孩子。

子夜時分，兼管訊號的舵工敲了八下鐘，之後我便轉身進了自己的短小舖位。舖位上除了我在上海為去緬甸的漫長旅行而購買的被褥之外，沒別的東西。在一陣怪異的鉛棒敲擊聲把我驚醒時，我發現輪船已從洶湧的黃浦江拐入了當地人稱為大江的揚子江中。這是一條令人驚嘆的大江，川流不息，奔流在長城和珠江之間。它發源於青藏高原，從那終年積雪的山中靜靜地流出，帶著遠古的恢宏氣勢，衝破宜昌三峽，席捲東進，莊嚴而宏偉，似乎它對自己在世界商業界舉足輕重的地位已是心知肚明一般。它還是八個省的運輸主動脈，將半個大陸的水，經由日益變寬的河道，傾瀉到黃色的海洋之

[018]　鷹洋：墨西哥銀圓，也叫做「墨銀」。

中。即將到來的事件總是將影子投射在前面，揚子江也是如此。埃弗利特船長驗證了這樣一種說法，即這條滔滔巨河從光緒皇帝的帝國心臟帶來大量黃沙，使沿海 50 海里範圍內都因此而染上黃色。揚子江無疑是舊世界的第一大河，只有新世界的密西西比河與亞馬遜河能與之媲美。

在涉及揚子江航運情況的英國海軍部中國指南中，我發現用黑體字印著這樣的文字：「注意，水流變化；注意，水流的升降；注意，揚子江口的潮汐；注意，卡爾斯水道；注意，流行病；注意，江龍沉船燈塔；注意，水流速度；注意，危險暗礁；注意，漂礫淺灘；注意，宜昌峽谷；注意，第一湍灘；注意，從重慶到宜昌的每個險要之處都有保甲船。」基於這些提示預知種種危險，令人感到無比的欣慰和鎮靜。由於這些提示所預示的種種危險，另加上其他一些原因，我決定將行李用輪船送到仰光，隨身攜帶的物品只有照相器材、個人財物、一個裝著書的竹箱、一床被褥、幾件毛線衫和三腳架。後來的麻煩讓我意識到，我把過多的東西送往了仰光，只好自討苦吃。關於這事，以後再談。

在揚子江上撒網捕魚

「早飯」供應從 8 點 40 分開始，帶有酒水，設在那個被隔開的走廊裡，我們的船艙有門可以直通這個走廊。餐廳裡沒有懸掛顯赫的名人字畫，但充滿了畫面中常見的明暗對比 (penumbra)。這裡汙漬的存量之大近乎浪費，想必輪船公司對它們的供應是無窮無盡的，因而無處不在。每個角落、每道艙壁，甚至地板中央，都有其蹤影，而且都是黑白分明，絕非那蒼白而稀疏之類可比，後者在皮膚黝黑的當地人臉上時有發現。這種汙漬連白蟻見了也會心花怒放的。圓桌上鋪開一塊白布，周邊擺放著飯碗和鮮紅的筷子，中央四個盛著開胃小吃的瓷碗。這些碗具上都有一條張牙舞爪的龍和一些怪模怪樣的裝飾畫。第一個碗裡是過期並散發著臭味的蝦；第二個碗裡是令人作嘔的豆腐，輕輕地漂浮在盛夏大海一般的當地的醋和芥子油裡；第三個碗裡是醃蘿蔔葉等；第四個碗裡是豆腐乾，它讓我想起在硫化氫中浸泡過的野貓肝。這種早餐直讓人想起那句拉丁諺語：「刀劍傷人，酒肉更甚。」[019] 在我們「進攻」早飯前，「福音傳播者們」唱起了「感恩禱告」，紳士們深沉的男低音和優美的男高音與淑女們銀鈴般的歌喉交相呼應，和諧悅耳。這是一支在異教徒團團包圍之中的奇怪插曲。她們吟唱了下面這兩段歌曲：

我們崇拜的主是多麼善良，
祂是我們忠實不變的朋友，
祂的愛跟其力量一樣偉大，
既無法計量，也沒有盡頭。
耶穌基督就是原初和終結，
祂的靈將我們平安送回家，
我們讚美祂，為了過去的一切，
我們相信祂，為了將來的一切。

我定睛看著他們，一邊端詳，一邊在心裡納悶，不知道他們之中誰會第一個遭屠殺，因為他們要去的地方據說有騷動和叛亂。要不是有揚子江沿岸兩位總督的友誼，在義和團那場運動中，他們肯定已在中國西部被拋

[019] 原文為：Plures crapula quam gladius。

屍野外了。那些僥倖活命的傳教士所屬國家的政府應該讚揚和感謝這些頭腦冷靜的清政府官員。

我們吃完這頓要命的早飯時，江面已經非常開闊了，足有10英里寬。這條文明的大江，從遙遠的擎天柱中流出，經過神祕莫測而又令人敬畏的西藏，蜿蜒曲折約3,000英里，穿越了這藍色睡袍般的土地，而後在吳淞口匯入浩瀚的大海。我的同窗學友威廉·斯特克爾曾對我說過，流動的水是萬千自然中最美的。但他所說的流動的水，乃是賓州多伊爾斯敦附近的可愛草地中、蜿蜒流過奇形怪狀鵝卵石的某條秀麗的溪流，而絕對不是眼前這龐大醜陋的泥河。但這條大江永遠令人入迷。從航路的浮標上可以得知，距離上海還不到10海里，儘管江中的湍流來勢凶猛，可水急浪高的潮汐仍然以每小時3節的流速逆流而上。放眼望去，眼前是一片洪水氾濫的景象。

「洪昌號」拖著一艘船體比自己還大的黑船。它的頂上覆蓋著波紋鐵，將在某個港口被用作接待碼頭。它緩減了我們的航速，但被捆紮在船舷一側，倒也可以用作散步的甲板。著名的劍橋樂隊的一位神經質的成員和我一道，信步從「洪昌號」走向「塔奈斯號」（黑船的名字）。當我正邁上「塔奈斯號」時，他的辮子因卡在支柱上而掉了下來。幸運的是，那辮子不是從他自己頭上長出的，他剛從英國回來，自己新蓄的辮子依然「留著」，掉下來的原本就是別人所蓄的二手貨。有幾位背上垂著真辮子的中國人俯身在船舷的上緣，七嘴八舌地議論著這個掉了辮子的假洋鬼子。

有兩艘船從我們身旁快速駛過，繼續往大海駛去。第一艘叫「順達號」；緊隨其後，豎立著黑煙囪的，叫「昌德號」。

船上的服務生一副興高采烈的樣子。12點整，午飯上來了，比早飯更加不同凡響。為我服務的「老么」和「成貴」，是我在「洪昌號」上的開心果。我喜歡他倆，並透過觀察他們而得到了不少樂趣。老么虛歲22歲，也就是說實際年齡是21歲，陰曆十一月出生。多數時間是他在服侍我，但有時我也服侍他。有時他會顯出倔強、冷漠和反感，以抗議被人使來喚去。但他總是那麼善良，胖胖的臉上掛著親切的微笑。特別是當我用巨大的筷子和潛水員打手勢，向他解釋我需要牙籤的時候，他會轉身離去，並很快返回遞給我一些他自製的牙籤。這些牙籤，放在捲尺上量一量，足有5英寸[020]長，都是用竹片削製而成的。而那些竹片又都來自一種當地的掃帚柄，已在苦力手中用過很長時間了，其年歲和質地，都可以從它邊上的古老印記中看出。

我的照相機三腳架安然無恙。中國人是這個星球上最古老的民族，就連我的兩個「夥計」也似乎遺傳了那種「老年」特徵。老么是個道道地地的天朝人，精明能幹，經常會給人意外的驚喜。午飯剛過，他便忽地奔了進來，端著盛有開水的洗手盆，將其放在一張方形的中式椅子上。一貫滿不在乎的成貴，這時也興高采烈地走了進來，將桌布敏捷地撂在右肩上。他將碗碟浸在盆裡，並用桌布擦拭著它們，直到人們弄不明白，在碗碟、桌布和人之間，到底哪個更乾淨些。成貴是個油滑的年輕人，身上的鮮油脂極其豐富，足以做成一塊洗面香皂，所需的只是配以適量的鹼液 —— 他自己就是一張口就謊話連篇。[021]然而他主意很多，臉上總是堆著笑。我注意到這揚子江的顏色，恰好就是成貴的顏色。似乎他那數以百萬的祖先，都曾在這川流不息的江水中沐浴過，每個人都洗去過一點顏色，終於使這條大江變成了一種特殊的黃色。我們白天所經過的江陰（意為「江邊的樹蔭」）[022]是一個堅不可摧的要塞，那裡有不少大砲。一位知情的旅伴告訴我們，這些大砲能夠橫掃十英里範圍之內的江面。要是它們也能命中船上的餐廳，我們會感激不盡的，因為這裡也需要「橫掃」一下了。

終於有個機會，可以看看我們的船艙四周了。我發現有各式各樣的小

---

[020] 1英寸≈ 0.0254公尺。

[021] 「鹼液」和「假言」，英語分別叫 lye 和 lie，是同音雙關。

[022] 屬作者誤解，其實意為「長江的南邊」。

東西為了逃避海關官員敏銳的目光而偷偷地擱在船上。中國人篤信洋人，他也會以任何自認為是合法的手段去分享他們所有的一切，儘管「唐山」的居民中少不了一些小偷小摸，但他們也有一些辨認罪犯的絕妙方法。請看下面的例子：在某個小城鎮的城牆之外，有一位賣油餅的小販，他的早餐油餅兩文錢一個。他總是把油餅盤子放在祠堂前的石獅子上，當顧客付錢之後，他就把賣得油餅的錢放在還沒賣掉的美味油餅旁邊。一天早晨，他因故離開了幾分鐘，待他回來時，「現錢」不見了。由於找不回那些錢，他急匆匆地跑去找地方官，像中國人所習慣的那樣大聲喊冤，要求地方官主持公道。衙門的差役們把他帶上大堂後，他講述了案子的經過。所有的錢都不見了，小偷又蹤跡皆無，但知縣大人卻胸有成竹。他聲如洪鐘，當堂斷案，下令將放置餅盤的石獅帶上大堂，並打了板子，因為只有這頭獅子可以承擔一切責任。訴訟吸引了衙門四周的大量流浪者。對獅子用過刑後，所有的門窗關上了，只有大門還開著，但那裡已放了一個大水缸，人們只能逐一離去，出門時還必須向缸裡投一個銅板。一位精明的捕役受命詳查這個過程的每個細節。他很快就發現，有一個傢伙扔進銅板後，水中浮起了油餅特有的油漬。捕役立刻拽住他的辮子，溫和地說道：「還有嗎？都給我吐出來吧！」

我的照相機完好無損，承受住了整個航行的考驗。

我那兩個妙趣橫生的朋友老么和成貴在旅程快結束、給小費的時間即將來臨時，態度變得更加殷勤。他倆都有漢民族的那種商業本能，我也開誠布公地說明，我絕無嘲笑他們的意思。按船上的那口鐘，我們到達南京（意為「南方的京師」）對面時已經過了正午。這最後一段旅程過得並不輕鬆，因為老么和成貴都顯得坐立不安，也許是不太肯定能拿到多少小費。最後還是我自己走開，因為哥提耶[023]曾說過，「人的雙眼，除非轉到別

[023] 哥提耶（Théophile Gautier，西元 1811 年－ 1872 年），19 世紀法國著名的詩人、小說家、評論家和記者。

處，是不能夠長時間凝視痛苦景象的。女神都會厭煩，所以那 3,000 個前往高加索去安慰普羅米修斯（Prometheus）的海洋女神們，一到晚上就急忙起身回家了」。動身前，我給了他倆幾個銀幣，他們伸手接過錢，臉上的憂鬱瞬間煙消雲散，這是何等的神奇！我們逐個從「洪昌號」轉到了一艘平底船上，然後踏過一塊厚厚的滑木板到了泥濘的岸上。這裡的馬車和破舊不堪的黃包車之多，是我前所未見的。我的好友包文 [024] 從頭天晚上 10 點開始就已經等候在碼頭上了，這裡離他的住處有 4 英里。我們一同驅車進了城。一道周長 20 多英里的堅固城牆將整個城區團團圍住。城內的大片空地足以生產充裕的糧食，即使遭受圍攻，全體居民和守城將士的食物也不用犯愁。一條寬闊的碎石路，從棧橋開始，穿過城門，並經過總督衙門，長約 10 英里。這條作為中國改革實踐見證的路是《勸學篇》的作者、敢作敢為的張之洞總督修建的，張之洞的改革方略使他獲得了「洋奴」的綽號。

似乎有些不可思議的是，基督教青年會目前在中國僅有一座樓房，而且這座樓還就位於南京城內。我特意停下來看了一下，那是一座嶄新的漂亮建築，尚未完工，耗資 2,500 美元，全部由「黑貓」庫珀捐贈，它是專門為匯文書院的學生而建的。任何商人，只要像我這樣看到過這座建築，並知道其造價，都會得出結論，即目前在中國的傳教士中有不少精明的商人。僅在南京，教會學校的學生就有好幾百，此外，還有 1.5 萬名學生定期前來，參加三年一次的科舉考試。我發現在整個中國，最熱心和最有用的外國人要首推鹿依士 [025]、來會理 [026] 和格林 [027]，他們都是美國的大學畢

[024] 包文（Arthur John Bowen，西元 1873 年－ ?），1897 年來華的美國傳教士，匯文書院博學館總教習。

[025] 鹿依士（Spencer Lewis），西元 1881 年來華的美國美以美會傳教士。

[026] 來會理（D. W. Lyon，西元 1870 年－ 1949 年），西元 1895 年來華的美國傳教士。他在天津創辦了中國第一個基督教青年會。

[027] 格林（Robert R. Gailey，西元 1870 年－ 1948 年），西元 1898 年來華的美國基督教青年會傳教士，畢業於普林斯頓大學，曾在天津協助來會理組織中華基督教青年會，1910 年出任北京基督教青年會總幹事。

業生，從事著最明智和最穩妥的工作，即開導和拯救中國的廣大學生。

在前往貢院的途中，我路過了兩座圓形的、用石灰水刷白的棄嬰塔。塔旁還有座小房子，外觀有點像寺廟。這是我來華後第一次親眼看見棄嬰塔。大門旁邊張貼著豎寫的布告，宣稱這裡的服務是全部免費的。在前院放著一個嬰兒盆，兒童夭折後，屍體焚化前先放置在這盆裡，焚化後的骨灰便扔進了塔裡。也許這裡只收死去的嬰兒，但在帝國的一些地方，活著的女嬰也會被扔到這種可怕的棄嬰塔裡，而且我還聽說，人們常常會聽到從這恐怖的棄嬰塔中傳出撕心裂肺的哭聲。

在眾多不同凡響的景色中，南京有一處風景堪稱奇蹟，而且無論從哪個角度看都最為壯觀（我省去了對明孝陵的詳細描述），這個不可不提的地方就是貢院。南京貢院的大門正對著夫子廟街，來這裡參加科舉考試的人恐怕比帝國其他任何一個貢院的都要多。它僅有一道門，所有人都由此進出。萬一有人在考試中不幸死去，屍體也都是從磚牆上方遞出來。緊閉的大門上有總督的狹長封印，任何情況都不得啟封，除非主考官以身殉職，死在場內。

生員們也十分忌諱有死屍從門中抬出，畢竟這裡是他們渴望進入仕途和獲取功名的通道。在步入大門時，我注意到，從外門入口處一直到各個考廳，兩旁都有好幾排淡紅色的防護欄。院落的中央是一座高高的塔樓，因裡面有面大鼓，故名鼓樓。貢院的四個角落各有一個角樓，科考期間，裡面都有護衛日夜監視。

從鼓樓上看下去，建築群的整體規畫便呈現眼前。一排排的小屋是學子們用功大考的地方。它們用土磚建成，單行排列，瓦塊蓋頂。每個隔間進深44英寸、寬37英寸、高5英尺[028]8英寸，後牆上有一個小小的壁龕，供放置蠟燭。我數過這樣的小隔間，其中有一排有96個，還有一排達100

[028]　1英尺≈0.3048公尺。

多個。通往小隔間的過道十分狹窄，從前排正面到下排後牆的距離，最多不過 46 英寸。我曾站在中央塔樓的一個窗戶邊，數過一排排的隔間，共有 6 千多個。因此，這裡所能容納的考生至少在 1.5 萬以上。這使我想起了一位官員，他也曾猜想過如此龐大的數字。現在，考生的數目之多有時就連貢院也容納不下，碰到這種情況，為了能使考試正常進行，便在過道裡增設臨時隔間。過了鼓樓，還有三道大門，門的上方各有匾額。右門上方為「東文場」，左門上為「西文場」。中門上為「牖閉氣清」，其大意是說：貢院大門一旦鎖上，作弊之舉便絕無可能。

匯文書院內的基督教青年會

我拿出了照相機三腳架，可並不是藉助它來作弊。

這些舉國盡知的「大考」或「科考」具有諸多非同尋常的特徵。其中最特別的，是考生的年齡差異。我曾聽說過一個神童的故事，他 12 歲便中舉，相當於獲得碩士學位，但英年早逝，用他聲名顯赫的後裔的話說「他太過聰明，20 歲便去世了」。年過七旬，甚至已過八旬的老頭，哪怕多年努力均名落孫山，也仍然不改初衷，每年如期而至，希望能贏得匾額和旗幟，以此來光耀門庭。那夢寐以求的學位有時被授予這些長者，以獎掖他們老當益壯、堅忍不拔。

中國人都是優秀的組織者，有著天才的組合能力。在進入外大門之前，每個生員對自己的隔間位置和號碼，早已瞭如指掌。他的食物、蠟燭、炊具等，都在官府頒布的一部書裡預先做了詳盡的規定和描述。這些規章是不斷進行修改的。前些年，生員都必須點紅燭，但在上一次科舉考試中也允許點白燭了。這麼大數量中國最好的學者在這個省會城市的短期停留，非但沒有絲毫消減當地人那種迷信、偏執和描述，反而使之越發增強。幾年前，曾有一位美國醫生透過一件純粹是行善的事，無意間引發了一場小小的騷亂。他為一個當地病人摘除了一隻無用的壞死眼球，以一個玻璃眼球代之。手術很成功。可不幸的是，有一天這位病人當眾將玻璃眼球取了下來，隨即又一下子塞回了眼窩裡。在場的人見狀都驚駭不已。他們現在終於眼見為實，可以證明那不幸的外科大夫確實擁有魔力。此前早有流言，稱傳教士用兒童的眼睛來做藥，這下可有了確鑿的證據。流言不脛而走，於是一群暴徒聚集到了這位醫生的住處，做起了其他暴徒在中國曾經做過和將來還會做的事情 —— 將那傳教士的房屋徹底搗毀，如此種種。後來，官方制止了那場鬧劇。他們還貼出了布告，解釋那個玻璃眼球的「無害與必要」。

南京的古城門，附近有駭人的棄嬰塔。

中國人十分重視科舉大考，但也並非皆大歡喜。中國推崇儒家思想，但緊鄰貢院的是一個賭博和酗酒的地方。生員們的宗教信仰並不妨礙他們自殺身亡。有的吞鴉片，有的上吊（但這種方法不是很流行），有的抹脖子。科考失敗是導致憂鬱和走向自我毀滅的一種原因，而科考時的極度緊張和持續壓力所造成的精神錯亂，迫使很多不幸者自取性命。而且科舉考試總在八月分舉行，那是一年中最炎熱和最易發疾病的季節，正是人體機能因酷暑而變得虛弱的時候。無怪乎，即使是習慣酷熱和不怕吃苦的當地人也經常會想不開。南京金陵醫院[029]的比必[030]醫生向我講過一個有趣的故事：一個年輕人用利刃抹了脖子，大家都以為他中了魔，所以為他舉行了一個特殊的驅邪儀式。比必醫生被請去時，發現那人正躺在床上，床前一張方桌，上面有各種蔬菜及點著的蠟燭，桌子下面則捆著兩隻公雞。一位道士也被請來除魔驅邪。那道士抓起一隻公雞，割斷雞的喉嚨，把雞血撒在屋裡。在撒血儀式中，道士頻頻做出怪相，十指交叉，屈膝躬身，喃喃唸咒，並不斷走到床邊，檢視他的符咒是否已經見效。公雞驅邪不幸失敗後，道士又要來文房四寶，先在石硯上滴些墨水，然後將筆放在墨水中浸蘸，最後在自己手心裡熟練地寫了幾個漢字。然後他將手放到那人毫無血色的臉面前，把那些字吹掉。這樣做的用意是，道士有能力將這些字的精神及其作用吹入患者的呼吸，從而將魔鬼驅逐。比必醫生用他的手指將年輕人那已經切斷的氣管接在一起，以便讓他能連貫地說點什麼，從而發現了他那輕率舉動的真正原因。那不幸的傢伙神志完全是清醒的。文懷恩[031]是南京的長老會牧師。有一天路過街道旁的一口水井時，他發現水面上露著男人的一雙腳。當時科舉考試剛剛結束。就在前一天，有個考生不小心讓一滴墨汁掉在了自己的文章上。眼看所有成功的希望毀於一旦，

[029] 金陵醫院的英文名稱為「Philander Smith Memorial Hospital」。

[030] 比必（Robert Case Beebe），西元 1884 年來華的傳教醫師，隸屬美國美以美會。

[031] 文懷恩（John Williams，西元 1871 年－ 1927 年），美國傳教士，後來曾擔任金陵大學的副校長，死於 1927 年的南京事件。

既沒有時間修復汙損，也沒有時間重寫文章，於是他決定自殺，以便一勞永逸地結束自己的失望和生命。文懷恩所看到的正是那名不幸的生員。

南京的貢院

有人告訴我，以前這裡有個習俗，一位官員要站在貢院中央大門前的小橋上，揮舞一面長方形黑旗。就在考生們進考場之前，他會高喊：

有恩報恩，有仇報仇。

此時，中央瞭望塔裡的大鼓就會敲響。考生都非常清楚，司儀正在祈神，以報復那些膽敢在這個神聖的地方露面的殺人犯、惡人或褻瀆神靈的人。人們將銀箔做成銀錠焚化，以驅逐前來復仇的鬼魂，而成千上萬的考生，會以令人恐怖的呼喊回應：「復仇者到，復仇者到。」

倫理道德被神奇地糅合進中國的教育體系中，學子也都深信有些凶殘的鬼魂會在這時闖進考場，奪走作弊考生的命；許多人屈從迷信，膽顫心驚，嚇得當場斃命。由於顯而易見的原因，清政府已經停止了這種考試。

1902 年 8 月的考試，是天朝皇帝特別恩准的一場大考。平常，舉人數為 145 個，但這次是特考，所以名額翻了一倍，另外還有了 49 個特殊榮譽名額。每百人中約有一人脫穎而出，如願以償。激烈的競爭極端殘酷，身心的壓力無比沉重，但中舉的人贏得了回報。在中國人心中，這種回報足以彌補他的所有勞苦和耐心。這個回報就是一筆小的俸祿，名叫「杯盤薪」，約值 4 個墨西哥銀圓，外加少許旗匾費。中舉的人可以將旗匾陳列在家裡。掛匾的時候總是異常熱鬧，親朋好友全都前來喝采助興。路過城市的街道，有時可以看到正門上的大幅紅紙，上面寫著家族某某人的名字，這意味著那個人成功通過了在省會舉行的 3 年一次的科舉考試。他所受到的尊敬，甚至超越了在美國所見的凱旋的橄欖球隊隊長！

江蘇省內的水稻田

化緣的道士

大腹便便的李先生剛剛通過了考試，他告訴我說，報喜官想了一個妙招，可以在中舉者張榜公布之前，就將中舉者的資訊告知天下。這個天才的招數就是將獲勝者的姓名（每次 50 個），分別繫在信鴿的腿上，於是，考生尚未離開考場，而「貓早已從袋中放出」。[032]

對傳教士來說，這些考試真可謂天賜良機。雖然安排在 8 月 5 日開始，但要把中文刊印的基督教文獻發給考生，通常得等到 11 日的深夜。

[032] 「貓已從袋中放出」，仿擬自英語諺語「把貓從袋子裡放出來」，意為「洩露祕密」。

這樣做的目的，在於確保那些通過了三場考試的人才有資格獲得閱讀資料。生員們通常在凌晨3點帶著食物和蠟燭進入隔間，並在那裡待兩整天。之後他們全部出來。通過首輪的考試者第二次進去也在凌晨3點左右。這些人在裡面待滿兩個整天後，又出來做短暫的休息。更多的人敗下陣來，沒能通過第二輪考試。這種篩選過程在今年進行了三輪。直到最後一輪的嚴峻考驗之後，傳教士才在夜裡11點到凌晨3點半之間，將閱讀資料分發出去，交到那些經歷過最後一輪考試的生員手上。1.5萬捆文獻資料於當晚分發給同樣多的生員，他們都參加了三輪競爭考試。每捆資料都包含三種文獻，一般為《哥林多前書》、《馬可福音》或《路加福音》，另加科學入門書兩種，後者也都明顯地打有基督教的烙印。

尋訪過這些學子後，我發現，讀過這些書的，遠不只受書者一人。要是在從前，這些書大多沒讀就被扔掉了，但現在今非昔比了。尤其在今年，人們每接受一部書，都無不滿懷感激。不少例子顯示，以這種方式分發出去的書籍，已經使不少村莊和集鎮皈依了基督教，並最終建立了一些教堂。在我看來，未來10年內，這6萬卷書將至少擁有30萬名讀者，在我看來，這樣的估算是有理有據的。在中國，書籍的派送並非什麼新鮮事物。僅在過去的1,000年裡，中國的慈善家就向大眾派發過一些修身養性的作品，以宣傳自己的觀點。傳教士趁科舉考試的機會分派優秀書籍，不過是入鄉隨俗而已，而這個習俗許多世紀以來長盛不衰。

還有一個科舉考試的奇聞也值得一提。在貢院內設有一個藥房，生病的生員可以申請在那裡調配湯藥。今年開考時，正值霍亂肆虐，所以官府為每個考生都配備了一瓶藥丸，全部是從一家外國人開的醫院買來，免費供給生員使用的，並規定，一旦出現症狀，立即服藥。城裡一位富有的中國慈善家，不願讓精明的洋人獨占鰲頭，也準備了一個治療霍亂的處方。他的藥也在時疫肆虐時，分文不取，廣為發放。請注意：這服中藥裡並沒有致醉的成分。在中國發明用稻米釀酒的那個人早在 4,000 年前就被充軍發配了。該中藥的配方如下：

犀牛糞……………………………2 錢
樟腦………………………………4 錢
明礬………………………………5 錢
硝化碳酸鉀………………………1.5 錢
金葉………………………………100 片
尿沉澱……………………………8 錢
廢靛青……………………………5 錢
麻黄………………………………4 錢
硼砂………………………………3 錢
燈煙子……………………………1 兩
硫化砒霜…………………………1 兩
蟾蜍唾沫…………………………1.5 兩
皂樹莢……………………………3 兩
辰砂………………………………2 兩
珍珠粉……………………………3 錢
麝香………………………………3 錢
混合研製，搗成精粉。

劑量：每次一份，溫水吞服；重疾加倍。中國的「兩」比我們的盎司 [033] 要重，每「兩」為 10「錢」，每「錢」為 10「分」。醫生送我一個小瓷瓶，瓶塞是捲得很緊的紙，看上去像半截爆竹。瓶內裝的就是這種醫治霍亂的混合藥。我外出時將其隨身攜帶，小心呵護，可能的話，呈遞給某個細菌學大會，權作我對醫學的貢獻。

記得有一次我在南京的一條主要大街上漫步，當我走過幾家沒有門的餐廳後，突然看到兩個犯人，扛著同一個木枷，木枷上貼著一張薄紙，上

[033] 1 盎司≈ 0.028 公斤。

面寫著介紹他們所犯罪行、所受懲罰及他們姓名的文字。雙眼被蒙著摺疊的棕色紙條，以防陽光照射；面部也蒙著摺疊的棕色紙條，使他們在面對人們的凝視時不至於感到羞恥。這個聰明的玩意用一綹辮子固定在前額上。他倆都是年輕人，其中一個原是教會學校的學生，只因道德品格有缺點，而又不願改過自新，終被校方開除。這個中國人心中所想的主要是報復，而不是雪恥。他對開除一事滿懷怨恨，決心踐行自己的計畫，而不是靠裝在籃子裡拖上城牆的任何鬼魂。他盜走了學校的望遠鏡，而學校對他的報復是使他戴枷示眾。這個可憐而無知的辮子鬼就這麼做了賊。還有一群學識淵博的德國軍官也做了賊，他們不僅盜走了天文望遠鏡，而且北京天文臺的所有價值連城的古今天文儀器，他們都一併打了包。在他們兩者之間，究竟存在著怎樣的道德差異，實在讓人難以斷定。當然，我們也都清楚「東方畢竟是東方，西方畢竟是西方」，但是，亞洲和歐洲之間難道真有什麼不同的道德準則不成？或者說，現實的道德標準，與頭髮的長短、鼻梁的形狀或皮膚的顏色，難道真的是成比例的不成？九江的一位紳士曾做過這樣的解釋：「京城那些科學儀器是在衝突時期遭受掠奪的，那場衝突在歷史書中稱作戰爭。」但我對此立即回答：「那個盜走了望遠鏡的可憐辮子鬼同樣是在向假想敵宣戰。那個假想敵就是學校當局。」

那些在南京的基督教傳教使團有沒有在行善呢？南京的政治地位，在天朝位居第二；在這座南部的都城裡，共有 4 個傳教使團在推展工作，當地基督徒的人數計有 800 多。一個禮拜日的下午，我到了匯文書院的禮拜堂，參加在那裡舉行的禮拜儀式。主持者是位世俗學者，當他面對所有在場的人，並請打算皈依基督教的人起身時，我十分詫異地看到，起身站立者至少 350 人，他們就以這種方式，宣告了對耶穌的信奉。

翌日，一位聲名顯赫的官員前來造訪。他曾在美國接受高等教育，現在是精力旺盛和聲名顯赫的儒者。與此同時，他還是那些基督教使團的堅決反對者，並直言不諱地宣稱，在他看來，那些基督徒中，八成都不是真誠的，只有那剩餘的少數人，才是真誠和善意的。即使承認這個猜想，南京的基督徒依然有 160 個是真正的皈依者，他們的敵人本身就是裁判。這位天朝紳士告訴我說，各級官員也都認為，傳教士創辦的醫院、學校都是很好的和令人滿意的。顯而易見，這位碩學大儒跟中國人中占少數的基督教徒本質上沒什麼兩樣。任何東西，貿易也好、物質也罷，只要對中國有利，不管它來自哪個角落，人人也都是願意接受的。我的客人還告訴我說，傳教士的活動，在許多城市沒有遭到人們的反對，但在一些村鎮和鄉下卻給衙門惹來了麻煩。我就此做了進一步的諮詢；我認為，與城市相比，農村地區的傳教活動更具前途。我完全可以想像一位地方官在自言自語：「誰知道這些洋鬼子到底在做什麼？在城裡，他們都在我的監管之中。但離開這裡去了農村，遠隔五、六十里，甚至百里之遙，誰敢保證他們的活動呢？誰又敢說他們不是在偷走民心呢？」這位天朝紳士說，中國所急需的不是新的學問，而是新的精神。他還說，如果派遣兩萬名年輕人（而不是身心俱已定型的老頭）前往美國，那麼他們回國時就會具有新的精神，就能為他的祖國帶來難以估量的好處。我意識到，清朝官員都有一種趨向，即對傳教士和本國基督徒變得前所未有的寬容和尊重。但他們這種做法常常遭到無知平民的誤解，特別是歪曲了他們的良好初衷。我一直認為，如果讓中國民眾自己判斷，那他們一定會做出公正結論的；排外情緒都是舞文弄墨的學者們所煽動的；所謂「人民的憤怒和怨恨」，也不過是清朝官吏所收穫的自己播種的果實而已。我非常想問我的朋友，他把辮子塞在美式帽子下面能為他體面的祖國帶來多大的好處？是不是想讓新長出的頭髮變得更加堅硬和更加壯？

起身告辭時，我注意到，他友善的黃色面龐上泛起一絲滿意的微笑。他擦著雙手，心中顯然想到了聖人的教誨：「有朋自遠方來，不亦樂乎。」

願天常生好人，願人常行好事。（寺廟裡的碑銘）

Oh, that Heaven would always beget virtuous men and that men would always do good!

—— Inscription on a Temple.

第三章

從南京到漢口－「榮顏」其人
－關於傳教士的陳腐俏皮話－傳教使團成功嗎？
－美國客房－拜見端方總督

下關位於江邊，是南京的一個郊區。這裡有家客棧，既是商店又住人。我花了一塊鷹洋，在樓上的地板上過了一夜。那裡本來有床的，可種種跡象顯示，裹著防水油布睡地板要省事得多。在這樣的情況下，做夢是不足為奇的。那晚我夢到的故事是在那個棄嬰塔附近聽來的。我必須講一下這個真實的故事。是發生太平天國起義時，有個家住南京的官員負責購買軍火，提供給保衛清朝的軍隊使用。他購了些木製武器，還有大量根本就不能用的彈藥，而將絕大部分購買武器的錢裝入了私囊。他的腐敗醜聞震驚了整個朝野，京師派遣了高官，要取他的首級，將他五馬分屍。因為極其富有，他派人向那些日益逼近的欽差大臣送去了珍貴的禮物，後又將這些官員恭迎到自己家中，敬若上賓、盛情款待。他還將自己的財富做了均分，送給前來執行死刑的劊子手，使他們改變了初衷。但王法是不得公開違抗的，於是一個極為精明的方案醞釀出籠了，在預先選定的行刑日子到來之後，這些欽差大臣帶著眾多隨從，一路大呼小叫，聚集到一起。街道兩旁站滿了士兵，放出煙幕說已將犯人正法。為了證明這個事實，還抬出了一口碩大的木棺，裡面據說裝著那個缺席的罪犯；又舉行了適當的儀式，將木棺運到鄉下，並在那裡等待風水先生選定一塊下葬的風水寶地。而罪犯本人現在就住在南京，享受著那筆經皇帝撥下來用於購買大砲的專項資金！

清晨 5 點，那位長著杏眼的旅館老闆急匆匆跑上樓來，大聲叫喚，說船已經到了。我們七手八腳收好行裝，沿著泥濘溜滑的河岸，來到一艘平底駁船前。那是一艘中式舢板，平底、方鼻、樣子古怪，已做好了準備，把我們運到「醲資號」輪船上去。這是一個月明風清的夜晚，幾乎可以跟許多世紀以前的那個八月十五相媲美。當時也是月明風清，皇帝下令，當開筵席，以茲永久紀念。[034] 這時，一個體格結實健壯的漢人解開了套繩。在一群嘰嘰喳喳，打著手勢，散發著同樣氣味的漢子簇擁下，我們在平靜的河面輕快地向著「醲資號」駛去。我們讓那些匆忙的、帶著奇大無比的行李包裹的中國人先行登船，他們沒有任何廢話便一躍而上，其速度令人驚訝。隨後我們也帶著行李上了船，上船後發現，除了我們預訂的艙房，其他所有的頭等艙，都由一位富商及其妻妾和僕人占用。一個年輕丫鬟睡在女主人艙門外的過道裡。婦女的雙腳都緊緊地裹著布，就像圓規似的，還不及嬰兒的一隻小手大；她們的雙頰和下唇中央，都塗著厚厚的胭脂。

在航程的第一階段，輪船逆流而上，航道彎彎曲曲。沿岸的景緻大多索然無味，可人們說，要是天氣放晴，九江一帶的峭壁便會舒展出一幅令人陶醉的畫卷。

11 月 18 日下午 1 點 30 分，「醲資號」駛過一排不毛的低矮山巒後，停靠在九江碼頭。在這裡，我見到了大名鼎鼎的「榮顏」。他是東方世界最富有的傳教士，天朝人為了表示感激，替他取了這個名字。他為中國內地會 [035] 捐贈了位於上海吳淞路的兩棟頗具規模的大樓。他還出資在煙臺修建了一棟教學大樓，許多傳教士的子女都在那裡上學。榮顏一貫慷慨大

[034] 據《唐逸史》、《龍城錄》、《太平廣記》等文獻記載，唐開元年間（西元 713 年－ 741 年）的中秋之夜，唐玄宗李隆基與方士羅公遠在宮中設宴飲酒賞月。望著皎潔的月亮，唐玄宗感嘆自己無法登臨月宮，一窺嫦娥和殿堂之美。

[035] 中國內地會（China Inland Mission），新教向中國派遣宣教士的差會組織，由英國人戴德生（James Hudson Taylor）創立於西元 1865 年，總部設在倫敦，在美國、澳洲等設有分會。中國內地會曾派遣大量傳教士，深入中國內地、邊疆和少數民族地區，這些傳教士來自不同的宗派，以英、美、加、澳和紐西蘭人為主，也有少數德、奧、瑞士和北歐人。因在中國直接設立分會，有時被誤認為是個宗派。後文中簡稱內地會。

方地支持福音派教士的各種活動。他住在九江自己的家裡，他的家就像他本人一樣方正、高雅和舒適。我發現這位商人既精明能幹，又熱情洋溢，對未來有著美好的憧憬。我馬上就想到某位愚蠢的旅行家。後者對這些事實充耳不聞，又在這位樂於犧牲的富商這裡受到免費款待，然後寫出惡意的批評文章。有位抱怨自己出生太晚，未能及時發現這位人傑的文痞就曾經這麼做過。「榮顏」這個中國人替他取的名字，可謂十分恰當。因為他就像那古老故事中的摩西那樣，「他的臉發光」。他親身來到「醽資號」，為一位行將起程、沿揚子江逆流而上的朋友送行。作為富商的他，向我講了下面這個真實的故事。

有個柳老先生剛剛過了 80 大壽的慶典。大約 11 年前，他就熱衷於傳播福音，還讓出了自己的居家大院，用作布道場所。他還出資僱用了一個當地人，幫助福音傳播者。他十分渴望拯救人的靈魂，長期以來，真摯地為 20 位皈依者祈禱。審查受洗禮者資格的時刻終於到了，他助手提交給他的名單上竟有 56 人之多。然而榮顏強調，這是當地皈依工作的開始，所以對接受入教的人應該特別謹慎。於是人數被降到了 28 個，而最終被認為具有足夠學識、具備接受洗禮儀式條件的只有 14 個。得知這一消息後，柳老先生非常沮喪，因為他一直在誠心祈禱，希望能吸收 20 人。他問榮顏，是否能同意再多接納 6 個，以使他的祈禱完全應驗。當得知不行的時候，柳老先生非常難過地回了家。「第二天早晨我見到他時，」榮顏說，「他顯得非常高興，我問他，是什麼讓他改變了心情。他解釋說，他回家後仔細想過了，發現他的祈禱的確應驗了，因為按當地的計算方式，7 等於 10，因此說 14 等於 20，這其實就是他一直在祈禱的數字。」

在中國就是這樣，當說到 1,000 現大洋，實際上所指的卻是 800，甚至更少。這種情況大家都能明白，交易活動正是以此為基礎的。這不禁讓人想起某個享有現代文明的民族的一個滑稽場景。例如，有個老人的時鐘出了點問題，可他依然按照下列規則算出了準確時間：「當時針指向 4 點時，它敲出的是 11 響，所以我就知道現在是 7 點 20 分。」

從前，也就是幾年前，曾發生過這麼一件事情。某地有個男子把自己打扮成傳教士模樣，從上海起程，經陸路來到了緬甸的八莫[036]。一路上他都依賴傳教士的幫助，後來卻吹牛皮說他用不到 20 英鎊就完成了這次旅行。他沿途遇到了許多真誠和富有同情心的傳教士，接受了他們無數次的盛情款待和友善幫助，卻寫書辱罵和貶低他們的工作。這使我想起了《伊索寓言》(*Aesopus moralisatus*) 中那個關於農夫和蛇的故事。就是同一人在其書中有不少刻意胡謅，用以誤導讀者的記載。說到華而不實的文學歷險者，他可是個極好的範例。下面這件事可以反映出他的行為。在漢口時，他曾經住在聖經會[037]的一位代理人家裡，這位代理人同時還為另外三個協會做代理。這個流浪作者在這位紳士家裡住了近一週的時間，後來竟厚顏無恥地宣稱這三個協會在這所城市裡各有自己的代理。於是就變成了共有三個不同的代理。他還改頭換面地重複某些在菸草燻襲下、威士忌光影中和滿嘴髒話的零售商口中仍在流傳的陳腐故事。這些故事往往是詆毀那些崇高和具有自我犧牲精神的傳教士的品德的。在那些地方，男人仍把醜化傳教士視為時髦，他們還在講著不適合婦女和兒童的言語。漢口的計約翰[038]說：「我初來乍到的時候，人們告訴我，這裡有個洗衣工是基督徒，還是一個傳教使團的執事，但他被發現偷穿顧客送來洗的衣服。(這事發生在 26 年前，至今還有人把此事講給過往的旅行者聽。) 我與布蘭克醫生商量後，找到了那個向我告狀、自稱其衣服也被人偷穿的男子，

[036] 八莫，緬甸北部城市，舊稱新街，位於伊洛瓦底江的上游，離中國雲南西部邊陲小鎮隴川不遠。

[037] 這裡的聖經會指《聖經》出版協會；同句裡的另外三個組織，指基督教的另外三個協會。

[038] 計約翰 (John Archibald，西元 1853 年－ 1927 年)，西元 1876 年來華的英國蘇格蘭聖經會傳教士。1913 年，他辭去了教會的職務，在漢口創辦了一家英文報紙《楚報》(*The Central China Post*)，自任社長兼總主筆。

將他請到駐地來與疑犯對質。當那位執事被帶進來後，告狀者卻連聲說，『噢，不是這個人。』我們說：『可這是本市唯一的教徒洗衣人啊。』打那以後我發現，中國的每個口岸都有一個華人執事洗衣人，他們都偷穿著顧客的衣服。」陳腐的笑話還有一個，講一個中國鞋匠把傳教士給他的書用來做長筒靴的鞋底。其實中國人並不是這樣，他們將書視為神聖的東西，絕不會把書如此糟蹋。你可以看到大街小巷那些不大的容器，那是人們焚燒字紙之處。很多年來，漢口聖經會的廢棄紙屑，一直由當地的「敬惜字紙會」取走後仔細焚化的。這些紙屑現在改為掩埋了。那位喜歡寫書的流浪者簡直在胡言亂語。一想到他，總讓我想起缺了筆畫的一個密碼。

像波士頓一樣，漢口常常被視為世界的樞紐。它距上海 600 英里，是 8 個省區的商貿中心，有著十分重要的地位。實際上那裡有 3 個城市，而且各自都是一個大都市。漢江和揚子江在此交會。漢口的人口大約為 80 萬，全都位於漢江東岸；漢口與漢陽隔江而對；而揚子江的對面則是武昌，即湖北和湖南兩省的總督所在地。三市之和，大漢口的人口大約有 150 萬。漢口是商業之城，漢陽是製造業之城，武昌是官吏之城。漢口以其商業中心的地位而聞名遐邇，其水路直通 18 個省分中的 10 個。從這裡你可以與帝國幾乎所有重要地方保持聯絡。此外，這裡還曾經是了不起的郵政中心。已經修了 5 年的京漢鐵路，現在可以將火車開出城外 130 英里，預計再用 5 年，便可以連通北京。通車第 1 月的收入僅有 600 鷹洋，最近這個月（第 5 個月）已實現收入 2.6 萬鷹洋。京漢鐵路有比利時的特許、法蘭西的資金和俄羅斯的保護。該鐵路堅持按法國方式行事，雇員一般都待不長。

給人的整體印象是，這條鐵路最終可能入不敷出，如果堅守協定的話，連投資也無法收回；中國官方經過竭力地討價還價，才給予了這個苛刻的特許權。經營管理似乎不合常理。舉個例子，不久前他們曾發出一個關稅表，第一款就提到四輪車廂，可事實上在華中地區幾乎沒有這樣的車廂，即使有也少得可憐。

這裡有幾家歸政府所有的大型冶煉廠、一家超大型棉紡廠、一家鑄幣廠，外加一些其他工廠，都裝配了現代化的機械裝置，但它們的運行似乎對國家來說都是虧損。所有這一切，反映著一種值得稱頌的努力，它來自最具改革意識的張之洞總督，其目的在於開發帝國的自然資源。

在三市合一的大漢口，有 11 個新教傳教使團，還有好幾個羅馬天主教傳教使團。像英屬新幾內亞一樣，這裡的新教徒也絞盡腦汁、想出了各種招式，用以劃分區域，以免造成工作牴牾。他們明智地遵循著這樣的原則，即只要異教徒的來源尚未枯竭，就應該避免彼此爭奪信徒。儘管 71 名新教傳教士的總部都設在這裡，但大多數新教傳教士絕大部分時間都是在漫長而艱辛的旅途中，其足跡遍及湖南和湖北的山山水水。漢口的一個本地人教堂定期在星期日白天做禮拜，前來參加儀式的華人達 500 人之多；而在漢陽，浸信會禮拜堂的正式教友則多達600人。在市中心[039]的周邊地區，新教徒人數在 1 萬左右。教會的工作呈現出可喜的態勢，整村整族的中國人正爭先恐後地要求加入基督教。他們同意提供禮拜堂和學校，還同意支付牧師的薪資。這種情況下，究竟該何去何從，基督教徒內部產生了兩種不盡相同的看法。一種意見認為，應該接納他們，盡數吸收，而後教育；另一種意見則認為，應該等待時日，接受更多教育，而後再決定是接納還是拒收。他們都是老實誠懇的鄉民，一旦教育得當，都有可能成為不錯的基督徒。自義和團運動以來，人們就一直盼望著能加入基督教。理由之一是他們想依附某個有堅強靠山的組織；他們相信，基督教會就是這樣一種組織。在中國，個人算不得什

[039] 市中心地區，即武昌、漢口和漢陽三市的別稱，在這裡，大英循道會傳教使團（the Wesleyan Methodist Missionary Society）有 68 座教堂和布道站。在漢口和九江之間，揚子江被分為六段，每段約 30 英里。每段的尾處都有一座城市或集鎮。在五座市鎮中的四座中，循道會正在推展他們的工作。在漢口，循道會有三個禮拜堂，會員眾多。橋口禮拜堂距大批船民居住的地方不遠，離城郊菜農住的地方也很近。—— 原注

麼，不過車輪上的一顆嵌齒而已，所有的中國人都擔心離群獨處。只要傳教士善於利用目前局勢，並以適當方式對這場運動加以引導，那麼華中地區的皈依就將指日可待。借用伏爾泰（Voltaire）對他法國同胞的評價，「他們（中國人）總是遲到，不過到底還是來了」。

現在讓我們看看，在中國傳教的花費究竟如何。眼下，大約有 300 名新教傳教士在中國傳教，此外還有 1.5 萬名有報酬的本地人牧師、聖經女和其他助手。這些傳教士，每年收到的費用約為 350 萬金元。我曾做過仔細的調查，也曾詢問過許多算法保守的人，得出的結論是，每個傳教士平均可對 200 個信奉異教的中國人宣講福音書。那麼在 1903 年，[040] 應當有 360 萬當地人在傾聽福音書的宣講。這就意味著，花在每個中國人身上的錢不到一個金元。當然，這還沒有包括各級學校和醫院的大量工作，更沒有包括一支重要的教化力量，這支力量就是已經皈依的大量當地基督教徒，他們正在接觸、影響和改變著身邊的無數心靈。這些人已從基督教傳教士的言談舉止中，接受了全新的道德和精神理念。

目前，大清國已有 10 多萬領取聖餐的華人新教徒，還有 50 多萬定期而誠懇的慕道者如期而至，想更多地認識那位加利利人 [041]。要精確地算出人數，我們還得加上另外 50 萬人，他們雖然只是時斷時續地上教堂，但都是真理的求索者。此外，還有一點也不該忘記，那就是約 100 多萬人能基本如期到教堂去參加某些布道儀式。毫無疑問，傳教士在中國的工作是有成效的。每個關切的讀者，不妨捫心自問：「在中國的廣大人口中，迄今為止到底有多少人還沒有聽說過耶穌基督的名字？」

對義和團運動，包括其興起、與基督教的衝突，以及最後的失敗等，中國上下有著激烈的爭論，即使在帝國的邊疆也不例外。這些事件，從最

[040] 下文寫到，作者這次長江之旅是在「虎年」，即 1902 年，第四章也說那年是「光緒二十六年」，故這裡的 1903 年當為翌年。

[041] 那位加利利人即指耶穌基督。

現實的意義上來看，造成了因戰爭賠款而日益加重的稅賦，但它也至少為3億中國人帶來了福音書的訊息。在那難忘的1900年，大量傳教士被殺害。不過，又有誰能說，他們以自身的殉難所成就的，難道不是遠遠地多於其他方式嗎？

殷德生[042]和吳德施[043]都是美國青年，殷德生不久前剛剛被任命為主教，他倆攜手合作，開創了一種備受青睞的傳教方式。在漢口美國聖公會的工作中，他們以透過開放會客廳的方式，贏得了中國人的喜愛。他們發現，用這種方式傳播福音遠比大街上的禮拜堂更有效。前來造訪的中國人都被視為貴客，並按當地風俗受到最道地的款待。在會客廳裡，宣教士和他們的本地人助手與造訪的中國人親密接觸。很多人定期前來，不斷地受到教化。這裡沒有街道禮拜堂裡的喧囂與混亂。起初，來訪者一般只是出於好奇。但是，隨著學習的逐漸深入，個人興趣終被喚醒，很多人成了主的虔誠追隨者。他們「有了罪孽的認知」。一位助手王先生說道：「但卻沒有個人負疚感。讀到十誡時，他們覺得自己沒有違背最後四誡，臉上也露出了非常高興的神情。但是，當我們按照《新約》來向他們解釋十誡，告訴他們怨恨即謀殺、不潔的想法即通姦時，那些確實墮落的人，便開始用不同的眼光審視自己了。起初，我們只想在這些異教者心中激發這種負罪感；後來我們發現，越是貧窮的來訪者，他們的負罪感越是深刻，而富人則相反。這種負罪感來自這樣的事實，即中國人認為，貧窮是犯罪的後果，他們無力購買昂貴的冥幣，也沒有辦法在佛事中買到功德，為那些沒人照管的『孤魂野鬼』做點什麼，所以他們的罪過和貧窮才與日俱增。我們常常會遇到一些十分誠懇的人，他們在聽了恕罪的教義後，總是心存疑慮，擔心會破了十誡，因為那樣就會罪上加罪，罪孽越發深重了。」

[042] 殷德生（James Addison Ingle，西元1867年－1903年），西元1896年來華的美國聖公會傳教士。1902年，他在漢口任華中聖公會主教。

[043] 吳德施（Logan Herbert Roots，西元1870年－1945年），西元1898年來華的美國聖公會傳教士，他在殷德生之後，於1904年－1938年間任華中聖公會主教。

揚子江下游的一所女傳道士培訓學校

會客廳使傳教活動能夠定期進行、持續不斷，與此同時，又能保持應有的禮節，讓中國人感到非常親切。會客廳還能激發助手們的更大熱情，以使更多的人接受福音的影響，激勵他們持之以恆地前來聆聽布道。我聽說過一個姓林的人，景況十分不錯，在這裡皈依後，以其對救世主的堅定信念而遠近皆知。他的父母都是頑固的異教徒，他的幾個兒子都是那些蔑視基督徒的文人的堅定盟友。儘管如此，林先生依然堅持自己的信仰，而且還適時地帶來他的對手，讓他們目睹自己所信奉的真理。就像那個唯一的陪審員一樣，雖然另外 11 個陪審員把他按倒在窗子的外面，威脅要把他扔下去，可他依舊忠於自己的信念。林先生的事蹟屆時也許會讓他的反對者看清他所堅持的正確立場。

在漢口，我必須辦一件重要的事情。虎年冬月二十日的早晨 6 點，我們坐上左搖右擺的黃包車，前去拜訪端方總督。所謂「我們」，其實就是指我本人、章必成先生 [044] 和美國領事館的一位代表。在我到達之前，湖廣總督就已經會見過了美國領事，並和他商定在當日下午 2 點半跟我會

[044] 章必成（Montagu Beauchamp），「劍橋七傑」之一。另六人是施達德（C. T. Studd）、司米德（Stanley Smith）、何斯德（P. E. Hoste）、蓋士利（W. W. Cassels）、杜西德（Cecil Polhill-Turner）和杜明德（Arthur Polhill-Turner）兄弟。

面。總督大人對我之所以表現出如此興趣，大概與北京發來的電報有關。無論如何，他做了種種安排，使微不足道的我受到了特別的禮遇，而並沒有什麼人讓他必須這麼做。我抵達漢口時，正遇上暴雨瓢潑，而且據我所知，揚子江上游的各種輪船都被迫停開，或者說，都被擱淺在岸邊的泥濘和沙灘之中。本日正午時分溯流而上的那條船，也許是十日內唯一能行動的船隻了，所以我透過尊敬的領事請求在今天上午 9 點半拜會總督大人，我的請求得到了欣然應允。

黃包車走過美國領事館，再拐過一個彎，就上了一條美麗的堤岸，那是鋪砌整齊的前灘大路。這條中國最美的路或稱街道，只限於洋人通行，即使那些十分富有、乘坐一流馬車的中國人，也都被禁止通行；人行道的限制更加嚴格，凡是中國人，哪怕一隻腳都不得踏上。不過這樣做似乎也是情有可原的。他們的人數實在太多了，假如他們也想去散步消遣，那麼不僅人行道，恐怕所有的一切，都會被占用的。

苦力拉著我們的黃包車，沿著彎曲的道路，穿過幾條泥濘不堪的狹窄街巷。街巷兩邊豎著許多高而窄的招牌，上面寫著或者刷著天朝人的奇異象形文字。而那些短而寬的招牌則寫著英文，它們都是橫著的。我們必須乘船過江，因為總督閣下住在江的對岸。不過，至於我們到底該怎樣走過那些可憐的石頭臺階，登上那更加可憐的破船，才能避免殃及當地人，才不至於將角落處小販的貨物弄得雞飛狗跳，那些立誓者 [045] 隻字未提。

每年這個時候，江水都比較淺，要是在夏季則會高出 50 英尺。屆時，那些住在岸邊低矮茅屋中的窮人，就不得不四處尋覓更好一些的安身之地。領事的代表信誓旦旦地告訴我說：「這裡的傳教士多得就像香菸的牌子。」這顯然是「很老套」的一句常備諺語，因為裡面有一種陳腐發霉的書卷味，在相當長的時間裡，顯然是他信手拈來（或寧願說是信口道來）

[045] 「立誓者」，可能指設招牌者。

的話語。他神祕地告訴我，就像他毫無遲疑地對其他人常說的那樣，連他也分不清這些傳教士到底屬於哪個教會，實在太多；還說如果連他都分辨不清，那麼異教徒想必更是滿頭霧水！我想這話十分不合邏輯，可我沒有說話。

渡船就在對面，但我們等了足有 15 分鐘，才看見其蹤影。一個中國大胖子讓我們又等了一段時間，因為他那乾瘦如柴的苦力，守著兩個大箱子，遠在石梯的頂端，像是聾了一樣。後來他恢復了聽力，把箱子扛了下來，我們才得以動身，急忙趕到武昌時，已經晚點了。一上到大街，我們就坐進了黃包車，是近似於漢口的那種。進了城門，眼前是一條並不太寬但卻泥濘不堪的商業大街，盡頭就是總督衙門，也是總督本人的官邸。剛走到城門與衙門的中間，一位騎兵風馳電掣般向我們奔來，見到我們，他勒住馬韁，向我們要拜帖。我遞過一張鮮紅的大拜帖，上面寫著我的漢語名字，他接在手中，轉身小跑步地回去了。不久，我們一行來到了衙門的外大門，幾個警衛站在那裡，我們進去後將黃包車留在了外門內側。兩扇碩大的「龍門」開啟後，我們走了進去，經過一小隊舉著刀槍的士兵，然後與出來迎接的幾位幕僚相互握手致意，又過了兩位舉槍致敬的警衛，我們來到了一個開闊的庭院。這段時間，我主動與施肇基先生攀談起來，他是康乃爾大學的文學碩士，也是端方總督的私人祕書，說一口流利的英語，人品出眾，回憶起自己在美國的留學時光，似乎非常留戀。

更多的士兵舉槍致敬，隨後，啊，總督！他親自出來，一邊表示衷心歡迎，一邊按道地的美國方式與我們熱烈握手。我發現他絕非平常之輩，年紀大概還不到 60 歲，中等身材，體格健壯，戴著一副西式金邊眼鏡。他以道地的西方禮節，請我先行步入會客室。我遵命而行，他緊隨在後。會客室呈長方形，約 20 英尺乘以 30 英尺大小。正對入口的，是兩把座椅，中間有一張桌子，這是中國上等人家的常見擺設。四盞盒狀的大燈籠懸掛在天花板上，中央則是一盞羅徹斯特燈[046]。一張西式長桌，上鋪一塊白布，擺放著刀叉碗碟，四周配著西式的靠椅，一切都已準備就緒。總督走到桌子的首位，示意我在他的左側就座，這在中國是貴賓的座位。我們全部落座後，上來了四道不同的糕點、兩種水果，還有茶、雪茄和香檳。按用餐程序，我們應該首先品嘗香檳，但是由於我不飲任何能讓人產生醉意的飲料，所以婉言謝絕了。出於禮貌（我認為很值得大力提倡），他們誰也沒有喝。我向總督提出，希望跟他私下交流，所有人都迅速起身離開了，只有施肇基和我留下。現在只有我倆單獨地跟總督在一起，在義和團運動期間，這個人曾救過許多外國人的性命。

這位開明而仁慈的總督是個滿人，也是端親王的親戚，可端親王卻是一個聲名狼藉的攻擊洋人的領袖。義和團鬧事時，端方總督是陝西巡撫。在他和義和團之間只有一江之隔，他若向義和團提供援助也屬自然，可他憑藉冷靜的判斷，堅決拒絕了支持義和團。他以極大的熱忱，接納那些因逃避義和團而渡河前來的傳教士，不但向他們提供食物和旅費，還給了他們其他禮物。命運總是這樣古怪，正當他在陝西保護外國人時，他在北京的住處卻正在遭受八國聯軍的洗劫，連祖先的神位牌也被人盜走了。自那以來，聯軍方面一直在試圖找回這些神位牌。

署理湖廣總督端方

[046] 羅徹斯特燈（Rochester lamp），一種豪華的英式燈具。厄普頓（Charles Stanford Upton，西元1844年－1897年）於西元1884年成立「羅徹斯特燈具公司」，同年從倫納德．亨克爾（Leonard Henkle）手中買得燈具中央火焰擴張器的發明專利，製造了各式各樣的燈具，是當時設計最好製作最精的燈具。為紀念養育了自己的家鄉城市，他將其公司生產的燈取名「羅徹斯特燈」。

端方和許多像端方一樣的官員，在外國人身處絕境時能挺身而出，依然對他們待如上賓。如果歐洲人能以某種方式，公開地認可他們和向他們致敬，那麼無論對中國人，還是對我們自己，都將受益匪淺。這樣做，比起將那些行為不端的官員現場抓獲、砍頭處死，不知要好出多少倍。數十外國人的身家性命，是端方總督直接或間接拯救的，而且在他的影響下，毗鄰的甘肅省也有許多官員照著他的樣子做了。當時還有其他一些總督，依仗自己的強大權勢，對剿滅洋人的法令不予理睬；可端方不一樣，他沒有足夠的軍事力量，連自己的地位也難以保護，而他依然我行我素；如果我們能留意到這樣的事實，那麼他的行為似乎越發值得稱道。讓我們深感奇怪的是，幾個月後，被打敗的慈禧太后和她的宮廷，竟然會到這個曾經故意抗旨不遵的行省來避難！端方曾違抗過慈禧太后，保護過無助的傳教士，後來又幫助過逃難的朝廷，而現在則成了大清帝國最受敬重、最有權威的高官之一。歐洲人若能知其人、曉其事，便能明白其對自己的友善姿態。傳教士將不會忘記，是他在可怕的危難時刻，為他們那些遭受迫害的兄弟姐妹，提供了種種安全保障；是他下達了最嚴厲的命令，派出強而有力的衛隊保護他們，直到危險不復存在為止。而他的士兵們也都服從主人的命令，恪盡職守，直到與張之洞從漢口派來接應他們的救援隊伍會合。

由於他的地位和品格，我斗膽記錄了這位精明幹練、有影響力的總督與我的部分談話。他說:「我問過傳教士，包括羅馬天主教和新教的人士，徵求他們對中國教友文化素養的看法，他們都說，在一萬個皈依的中國人中，只有四個秀才，而舉人則一個也沒有。我認為其中只有三成有資格做牧師。當然，我希望有中國傳教士，只要他們能得到足夠的教育。約七成的外國教士是大學畢業生，他們的工作很出色，從各方面來衡量也都是好人。在不少事情上，新教傳教士幫助人們改變了一些錯誤印象。比如有這樣一個傳教士，聽說他的一些教友企圖逃稅後，立刻向地方當局做了檢舉。」說起這事時總督咧嘴笑了，顯得非常滿意和高興。稅收一直是中國官員心頭的大事。

「傳教士應該接受適當的管理。傳教士如果違法亂紀，就應該向他的上司或領事告發。經過公正的調查取證之後，如果他確實沒有大錯，就該把他調到別處。如果他確實有罪，就該把他遣返回國。中國官員現在有點偏袒教士。」

「我們歡迎傳教醫師。」他說，滿意之情溢於言表，彷彿回憶起某個傳教醫師為他治癒傷病的經歷。然後，他扶了下眼鏡，前傾著身體繼續說道：「傳教士的教育工作絕大部分是值得稱讚的，可有人認為教育只是其次，宗教才是首要的工作。要求教會學校的學生都到教堂去做禮拜，這會嚇跑那些上流階層，使他們停止贊助。」

恰好此時總督的兒子走了進來，並被介紹給我。他能說一點英語，他父親希望送他到美國去接受教育。我問總督，他認為傳教士最適合在哪裡工作。他說，目前情況下，傳教士還是住在城裡更容易得到保護，因為鄉村裡沒有軍隊，所以希望他們不要待在鄉下。從前的摩擦只發生在基督徒和非基督徒之間，現在的天主教徒和新教徒也常常劍拔弩張。「說句心裡話，」他壓低聲音，好像要透露什麼重要祕密似的，「傳教士貸給別人的錢利息非常高，不知教會管理層是否知道，也不知這樣做是否符合他們的章程。」然後他繼續熱忱地說，「美國傳教士中有很多好人，應該多派些來，既要受過好的教育，也要有好的人品。」他極為禮貌地再次提醒我說，凡是傳教醫師和能讓人繳納稅賦的傳教士總會受到歡迎。即使從世俗的觀點看，經過教育皈依的當地人，讓他按政府的徵稅辦法納稅，也是理所應當的。《聖經》上說，凡欠人的都該償還，救世主也曾納過稅，儘管那次納稅要求是極不公允的。中國官員對基督教的評價，主要基於其信徒的行為表現。

我們的會見持續了一個多小時。他為我準備了不少珍貴而得體的禮物，還許諾往宜昌發電，要求給予我一切禮遇和提供必要的保護。然後，他親自把我送至庭院，祝我一路順風。此時，禮炮齊鳴，以示敬意。我辭別總督後，盡量不失尊嚴地匆忙前往岸邊去趕乘輪船，它將載我逆流而上，見識這偉大的揚子江。在我們離開碼頭前，總督閣下的一位使者急匆匆跑來，登上甲板，掏出一張卡片呈遞給我。那是總督的名帖，以表達最後的善意和尊敬。

蝨不咬忙人

Insects do not bite Busy Man.

第四章

金沙江－從漢口到宜昌－中國的暴亂和叛亂－聖誕夜－老月和洋基旗

有三層甲板的「江和號」就停泊在漢口碼頭。船吃水 5 英尺 8 英寸，船長則喝威士忌。這是艘雙推進的新船，長 275 英尺，非常適合在揚子江上游航行。外賓艙位裡沒有電鈴，即使船長要召喚侍者，也只能敲打那些一英寸厚的隔板。那天是虎年冬月十九日，也稱光緒二十八年。當我們緩慢離開碼頭、駛入洶湧的河道時，天色已經很晚了。夏季，漢口的水流流速是每小時 6 節，而現在只有 2 節。我穿越「中央王國」長途之旅的下一段就這樣開始了。沿江兩岸的景緻到目前為止一直十分單調，但揚子江本身非常壯美。它是大清國西部聯結人口最為稠密的東部地區，直至東海的唯一通道，也是穿越這個古老國家的唯一交通幹線。在中國的旅行者可以說別無選擇，只能遵循普勞圖斯 (Plautus) [047] 的忠告——

Viam qui nescit，qua deveniat ad mare
Eum oportet amnem quaerere comitem sibi.

誰若不識前往海邊的道路，
只須沿著一條河順流而下。

湖南最富有的寺廟會館的華麗內門，門前有冥錢爐和漢白玉獅子雕像。

[047] 普勞圖斯 (Titus Maccius Plautus，西元前 254 年－前 184 年)，古羅馬最受歡迎的喜劇大師，其喜劇以希臘的神話傳說做基礎，出色地反映了羅馬的社會生活，對西歐文學影響很大。莎士比亞 (William Shakespeare)、莫里哀 (Molière)、萊辛 (Lessing)、普希金 (Pushkin)、果戈里 (Gogol) 等，都曾從他的喜劇中尋求創作泉源。

華北地區有很多路上顛簸行駛著的一些稀奇古怪、沒有減震器的雙輪騾車，發出刺耳的聲音；而在廣闊的揚子江流域，就連能走那種騾車的路也沒有一條，有的只是狹窄的羊腸小道。揚子江沒有遭受過任何汙染；我想中國的其他河流大致也是如此，其中的原因就在於，各式各樣的垃圾都可做農田的肥料。任何東西，只要能使土壤提升肥力，天朝的農民就會細心保存。所以，如果沒有沉澱物，我會毫不猶豫地飲用「荊江」的江水。這是人們對位於沙市上游那一段揚子江的稱呼。第二天夜裡，我們到了湖南岳州（岳母之州）[048] 的碼頭，並在其對面那死寂般的緩流中拋錨。這是一個薄霧籠罩和沉悶的夜晚。

前次沿江而下旅行時，「江和號」也曾在同一個地方停泊，那時這裡正發生一場不同尋常的暴亂。根據船長的講述，故事是這樣發生的。一個廚師帶著他的助手，拎著一籃柑橘上岸，打算換些鮮蛋來。一群粗野的傢伙向他衝來，踢翻他的籃子，搶走他的柑橘，還把他趕進了河裡。他是個身手敏捷的中國人，縱身跳上一艘舢板，迅速趕往「江和號」。但他那不幸的助手則落在了那群攻擊者的手中。他一邊沿著船側往上爬，一邊要船上的水手取來武器。他們都是廣東人，平常也都十分平和和行為端正，可是廚師的遭遇激怒了他們。於是他們帶著絞盤桿、絞車槓、撥火棍和其他火器，跳上幾艘舢板，前去報仇。途中，他們擬訂了攻擊計畫，勾勒了戰鬥要點。打架的慾望急不可待，他們在岳州碼頭登陸，直接朝衙門方向奔去。廚師的助手已經被人扭送到那裡，正在接受審訊。這群憤怒的廣東人一邊往前衝，一邊左右揮舞著從船上帶來的鐵傢伙。他們撞開大門，出其不意地出現在公堂上。審案的知縣見狀驚恐不已，向囚犯喊了聲「無罪釋放」，便拔腿逃逸了。至此，這次突襲的時機掌握得恰到好處，結果也非常成功。可是那強悍的朝廷命官沒跑多遠，就吹了兩聲號角，召手下的軍隊前來營救。一場混戰隨即發生。士兵把救助者趕回了岸邊，後者有的划

[048] 屬作者的誤解。

舢板，有的游泳，返回了輪船。兩名船上的水手失蹤，另有好幾個被刺刀刺傷了頭部，只得臥床療傷。自從普林尼[049]時代以來，和平就是中華帝國的常態，偶然也有些地方性的小暴亂；而在兩次和平時期之間，則會發生一些範圍廣泛的叛亂和革命。要知道中國人在革命到來時究竟能做出些什麼，不妨看看那次可怕的太平天國運動。那場運動的戰鬥口號是「剷除妖孽！」在那次大變動中，約一千萬人直接或間接地丟了生命。倘若它成功，那麼今天搭乘「江和號」沿江而上的傳教士，有可能正在走向地球上的另一個國家。因為清王朝可能已被那些親基督教的叛亂者推翻。那樣的話，也許會誕生一個擁有四萬萬人口的基督教國家！

就在15到20年前，來揚子江上游地區的遊客屈指可數，即使是現在，大家也都知道，除了傳教士之外，遊客依然不是很多。但有一點人們不會忘記，那就是，領事所掌握的和公眾所知道的關於這個地區的資訊，大多來自那些傳教士。在西部的各個行省，傳教士過著十分艱苦的生活。松潘的卡盧姆正在西藏邊境一帶工作，他講了一個自己的故事。寒冬的一天黃昏，地面覆蓋著厚厚的積雪，一個外貌粗獷的信使急匆匆跑來，說松潘以北40里的漳臘有個病人，問他是否可以立刻與他前去看看。他同意了，隨即起身出發。在經過一個小鎮，走過西藏邊境上的最後一個要塞後，他們看見在前面偏僻的河岸邊有一個磨坊和一間孤零零的茅屋。在嚮導的要求下，傳教士走進了茅屋，在一個房間裡發現有個男子正躺在角落處的羊皮床上。原來他是一個受了傷的藏人。他以沙啞的聲音有禮貌地歡迎傳教士的到來。然後，他伸手從背後取出一個大包裹，看上去像是一包羊毛。他急切地說：「給你。他們告訴我說，如果我能讓它熱著，你就能把它再接上的。」傳教士接過包裹，走到窗臺邊，打開一看，發現那是一隻男人的手，從腕關節處砍下來的。「這隻手已經死了，再也接不上了。」這位傳教醫師

[049] 普林尼即老普林尼（Pliny the Elder, Gaius Plinius Secundus，西元23年－79年），古羅馬學者，名著《博物志》（*Naturalis Historia*）的作者。

說。那個幻想破滅的人似乎心都碎了，用極其悽慘的聲音一再重複：「他們告訴我說，如果我能讓它熱著，你就能把它再接上的。」當問到他是怎樣失去自己的手時，他回答說：「我帶著些銀兩正在走路，一群強盜突然攔路搶劫。我拚命自衛，殺了他們三個人。」他稱自己是獵人，靠槍生活；他說得沒錯，因為他無疑也是個強盜。卡盧姆發現，他曾企圖搶走一個頭人的女兒，所以與女方的親戚大打出手，並因此弄丟了自己的手。這位仁慈醫生的精心照料贏得了那位強悍藏人的心。後來，當這位沒了一隻手的藏人康復以後，經常帶些野雞和其他獵物送給他的恩人，以表自己的感激之情。此間的一位老領袖曾經這樣說過：「這裡的人都會攔路打劫，直到 40 歲才罷休，然後，他們便會去轉著經輪，試圖以此來贖回過去的罪孽。」

我仔細觀察過甲板上那些傳教士，沒有發現他們有誰在破戒飲酒，也沒聽到有誰在詛咒發誓。恰好相反，我跟這群傳教士相處甚歡，並且觀察到他們的舉止很優雅。我曾不只一次地看到，在甲板上成群的中國人圍著一位傳教士，後者正認真地講述拿撒勒的耶穌等絕妙故事，而中國人也都聽得很認真。

「江和號」上不僅有傳教士，也有商人和官吏。就像其他事物一樣，中國的官僚制度也是趣味盎然。清朝的命官人人能言善辯、吃喝講究和衣著華貴。一般而言，那些官員都精明能幹、絕非蠢才。我曾聽說過一個故事，講的是一個縣官如何擺平天主教徒的事。有個當地居民找到神父，自我舉薦，要求入教。經過專門教導成了教會成員之後，他與一個同行發生了經濟糾紛，被告上了縣衙。神父迅速來到堂上，為他的信徒辯護。他一口咬定，堅信皈依者乃心地善良之人，之所以成為被告，純屬迫害。所以，出於害怕教會，這個案子被當堂駁回。但縣官不願就此而服輸，於是將原告叫到一旁，告訴他說：「你也去入教，然後把那傢伙給我帶來，告他同樣的罪，我保你獲勝。」事情果真如此。

據說有一次，慈禧太后親自出面，要在兩個大臣之間做出裁決，可她又不想讓誰難堪，因為兩人中，一個有鼓鼓的錢袋，一個有強大的軍隊。事由是如何分割一筆貴重財產，而她的裁決完全可以與所羅門 (Solomon) 媲美 —— 那兩人恰好是兄弟，她裁定由弟弟將財產一分為二，而由兄長先做選擇。

宜昌的蘇格蘭傳教士們

在離四川省會約 40 里的地方，有個人殺了自己的妻子和外甥，並割下兩人的頭顱，到縣衙告狀，聲稱這兩人通姦。為了驗證真假，縣官下令，讓人搬來一個大木桶，放入清水，再將兩顆血淋淋的頭顱放進水裡。「如果頭顱面對面，則證明二人有罪，」他說，「如果背對背，則二人就是清白的。」兩顆頭顱背對背，該人被當場拿下，身繫鐵鐐，投入陰森的大牢，等待應有的報應。對天朝官僚體制的譴責，最中肯的，雖然是無意識的，可能要算一個傳教士了，他評論中國人的特徵時，說了這麼一段話：「儘管清朝官僚體制腐敗透頂，但許多官吏個人還是正派和令人敬重的。」

「江和號」上的傳教士們

離開岳州之後，我們的下一個停靠碼頭是沙市。據說，揚子江流域第十次暴亂就發生在此地。遊客的注意力全都被吸引到一道堤壩上了，它高達 25 英尺，保護著身後那低於冬季現行水位的廣大地區。堤壩中的一段共分三層，層層疊加，每層高度在 10 英尺左右。四年前暴亂發生時，這裡所有的領事館和輪船公司都盡數被毀。但奇怪的是，傳教士沒有受到絲毫滋擾。在沙市，聚集在江邊石階上等船的人們都穿著藍色的長袍；這種藍色奇觀，在我的中國之行中還沒有見過。

沙市有一個很有趣的皈依者。石先生是個泥瓦匠，家住金縣，在當地小有名氣，也受過一點教育。一天，他正走在縣衙所在的大街上，突然看到一個清道夫在撿拾紙屑，從泥濘的街道上「拯救」那些備受尊崇的字紙。他拿著一本書跑來對石先生說：「勞您駕，好心的先生，請您幫我看看這個，我不識字。」石先生瞟了一眼封面，知道那是一本基督教徒的小冊子。「啊，這可是好書，講的是《舊約》、《新約》和《聖經》。給我吧。」他把書帶回家裡仔細閱讀，並決心要對這種新的教義有更多的認識，於是他四處打聽，終於知道沙市就有洋人在傳播這種新的教義。他動身到了五英里外的沙市，找到了在那裡的瑞典宣教士，向他們討要《舊約》、《新約》和《聖經》。他們試圖向他解釋，說《舊約》和《新約》就是《聖經》，但在一段時間裡，他卻認為那些人有點自私，企圖獨自享受最好的東西。不過他很快被說服了，並再次皈依了基督教。去年春天，他接受了洗禮，現在是個書商和福音傳道者，儘管他年紀已經很大。

四川省官員張純登（Chang Chuin Teng）

這裡有位御史，已逾古稀之年，擁有進士頭銜，可還是皈依了基督教。他粗通新學，所以成功地為他眾多信奉儒教的朋友答疑解惑。

沙市縣有八萬人口，據說是個很差的地方，甚至還有人說，這裡是中國最糟糕的地區之一；但對這般言論，我卻總是表示懷疑。據我的耳濡目染，沙市的缺點跟人口相近的中國的任何一個城市相比，並沒有什麼更加突出之處。或許是近來有所改善的緣故吧。

正午剛過，我們的船便駛離了沙市。路途中一切相安無事，可黃昏時分發生了一場小小的騷亂。有個當地遊客去找廚師討要開水，那時船上並無開水，可他不肯就此罷休，非要不可。餐室的一位侍者怒不可遏，向那個冒犯者猛撲過去，一把拽住他的髮辮，扭打起來。一個宣教士好不容易才把兩個打架者分開。二副穿著背上開著大口的睡衣及時趕到，這場騷動才算罷休。

第二天清晨天氣非常好，只可惜這良好的開端沒能持續多久。河面濃霧瀰漫，我們只得再次拋錨。不過，我們又上行了一段，而且沿岸的景緻也常變常新。平原地區的單調讓位給了丘陵地帶的景色，美麗如畫。在看過了無盡的平地後，我們都倍感興奮。距宜昌下游 40 英里時，群山首先映入眼簾，那麼壯美，那麼動人。我滿心歡喜，終於走完了下游那些乏味的平原和沖積盆地。正午時分，我們經過白洋鎮，那裡到處是石灰石採石場和石灰窯。眼前是一幅美麗的畫卷：一座富麗堂皇的道觀，坐落在一個迷人的山腰；遠處是高聳入雲的山巒；一個高高的小山頂上，孤傲地矗立著一方淺色的寶塔，其南側的斜坡上，還有許多寶塔。在半小時的時間內，我就看到了好幾座寶塔，比在揚子江上任何其他地方看到的都要多。在負鼠岬，有兩隻白山羊正在覓食，為了尋找暗礁，我們派出了汽艇。這艘小巧玲瓏的汽艇，一邊來回穿梭，一邊拋下些繫著石塊的長竹竿，用來標出安全航道。一旦發現深水，汽艇則會打出一面黑旗。兩個小時後，我們進入了虎牙峽。其兩岸各有一座寺廟，以制約那些出沒於這優美風景地段的精靈。

宜昌附近的人力耕田

濃霧消散後，我們開足馬力，直奔宜昌，到達時正好是下午 5 點。港口停泊著無數的當地船隻。高高的江岸上，一棟棟洋房鱗次櫛比。一艘中國兵船即刻開了過來，一位官員走上甲板，受命前來迎接我。遺憾的是，我已先期上岸，安排下一步的航程去了，所以錯過了與他的相會。但我遇到了一個士兵，他告訴了我這位官員的來訪，並說那艘炮船和一艘紅色保甲船會於第二天清晨 6 點鐘到輪船邊來等我。這可是千載難逢的良機，而我也抓住了機會。一個美國遊客將成為乘坐中國兵船旅行的第一人！我真誠地感謝這樣的禮遇，並很高興感受這新奇的事物。那天正好趕上聖誕節的前夕。在蘇格蘭宣教士丁慰寧[050]的私宅，我還見到了另外幾個外國人。其中有斯圖克醫生，他是個精通外科醫學的傳教士，做了大量工作，贏得了中外人士的廣泛信任，包括華人和洋人；我還結識了兩位來自紐西蘭的女士。在這裡，我度過了一個愉快的夜晚。中國內地會的饒興道邀我與海思波[051]和埃文斯共進晚餐，他們倆也正要前往西部。牆壁上掛著鑲嵌著宜人翠綠的祝匾，在染成大紅色的潔白棉布上，寫著「新年快樂」幾個大字。

用水牛耕田

[050] 丁慰寧（William Deans），西元 1880 年前後來華的英國傳教士，隸屬蘇格蘭福音會。

[051] 海思波（Marshall Broomhall，西元 1866 年－ 1937 年），西元 1890 年來華的中國內地會英籍傳教士，著有《聖經在中國》（*The Bible in China*）、《中華帝國：概論和教會概況》（The Chinese Empire： A General and Missionary Survey）和《中國內地會五十年史》（*The Jubilee Story of the China Inland Mission*）等大量關於中國的書籍。

聖誕節那天，六、七個文武官員都送來了名帖，希望我能安排一個小時，與他們見面，但由於我很快就要繼續沿河而上，我也就沒能答應他們的來訪。上午 11 點，我到那裡的中國長老會教堂參加彌撒儀式。教堂裡人山人海，還有好多人站在門外。參加者多達 400 餘人，絕大多數都是基督徒。這個蘇格蘭傳教使團在宜昌獲得了極大成功，比利時的羅馬天主教神父們也在該城的制高點擁有一組高大而堅固的樓群。如果從南面進城，這些樓群最為引人注目。對岸那金字塔似的大山，十分壯麗，同樣使人印象深刻。據說那裡住著些邪惡的精靈，為了以往的恩恩怨怨，會越過大河，傷害這座城市，破壞這裡的商業活動。為了鎮住那些邪惡的妖怪，抵消它們的不良影響，富商聯合達官貴人，捐贈了大筆款項，在東山上修建了一座三層寺廟。這座寺廟面對金字塔似的大山。當魔鬼蹦出時，就會將它們截住，扔回到水裡去。

宜昌羅馬天主教傳教使團住所

宜昌的孔廟

宜昌的意思是「宜於生財、昌盛繁榮」。常住人口有 3 萬，流動人口約有 2,000 人。以往所有的商業活動都集中在北門，但自從開埠以來，這個中心便移到了南門。但是生意似乎並不很好，許多當地錢莊都面臨關門的窘境。那天上午就有一個錢莊老闆，前來造訪，詢問可有什麼業務需要辦理。我的一個朋友問他，他的錢莊是否可靠，他答道：「把心放肚子裡吧。」

在散步的時候，我經過了一塊與大清國海關毗鄰的土地，那裡正臨時被用作中國人的墓地。海關當局一直想收購這塊地皮，可始終沒有成功，因為地皮的主人並不願出售。為了免遭強迫出賣，人們想出了一條妙計，足可媲美精明的約翰。附近有座廟宇，裡面存放著一些棺木，是沒有來得及運往先人墓地的。在中國，買賣墓地是違法行為，所以老謀深算的地皮主人便想出了一個辦法。他們把那些棺材搬到了這塊讓人垂涎的地裡，使之變成墓地。他們七手八腳，著手開挖墓穴，並埋進了從廟宇借來的棺材——多數是空的，因為沒有那麼多屍體。現有的幾具屍體都已經不那麼新鮮了。

剛吃過午飯，兌換貨幣的錢商又突然出現在眼前，身上帶著銀兩，說是途中的「零花」。在我的剩餘旅途中，只能使用銀錠和「現錢」。共有十八塊銀錠，每塊十兩。我取了八塊，我的祕書和翻譯也各取了五塊。我們還有大約一萬個銅錢，都是一吊一吊又笨又煩的東西。除了時間多於金錢的人，誰也不會為這種玩意去勞神費心的。

恰在這時，宜昌的道臺送來了拜帖，還有聖誕節的問候，因為他知道「那天是洋人的重要節日」。他還派了一位官員伴我前行。這位官員要求見我，商議相關安排，我跟他約定下午一點見面，他便準時到來，分秒不差。

他帶來了不少東西，有牛肉、羊肉、豬肉，有馬鈴薯、捲心菜，以及其他蔬菜，還有大量木炭，就算加倍消耗，也不可能在途中燒完。我們走下宜昌碼頭的陡峭石階，登上那硃紅色的救生船。他奉命全程伴我同行。這時已是下午 3 點半，我們立刻起航。離開碼頭時，穿過了很多平底大帆船，船尾有高大的船艙。我們升起竹帆，藉著和風，很快就掠過了海關的浮橋碼頭。那裡聚集著許多裝載著皮革等應稅貨物的船隻。然後我們繼續前行，又經過了長排的其他船隻——形狀不盡相同、新舊也不盡一樣，其樣式，仍然停留在現代造船者祖先的時代。當然，也有少許現代化的當地船隻。不過船主們為了「保面子」，都說是西方國家採納了中國已經遺忘了的樣式，現在模仿洋人，畢竟只能算是中國樣式的復古。Fas est ab hoste doceri。[052] 停泊在港灣裡的英國炮艇，為了聖誕節，已經做了精心裝點；但它的德國表親，那艘停泊在對面的軍艦，卻沒有做任何裝飾。我注意到一個嶄新的大型日本倉庫（中國人稱貨棧）正在興建之中。其實，這個建築如果屬於其他任何外國人，而不是日本人的話，我或許不會注意。它顯示，在世界的這個地方，日本乃是完全清醒的。許多樣子怪異的船舵，都塗了油，放在沙灘上，以便風乾。這些舵值得多看看。我們沿途經過了揚子江上游的住家船。有些船上有三個房間，有些則更多，其中的一艘還配有豪華的裝備。到重慶的旅費千差萬別，從一百二十兩到幾百兩白銀不等。我非常幸運，成了搭乘中國兵船的第一個外國旅客。

紅色保甲船靠近兵船時，大約是下午 4 點。這時，響起了三聲禮炮，以示歡迎。陪同官員身著上等絲綢，已經等在船上；艦長也已將一切準備妥當，只待護送我前往上游。他們給予我真誠的歡迎。

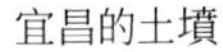

宜昌的土墳

宜昌的知府衙門

[052] 拉丁諺語，出自奧維德，意為：「學習無禁忌，亦可由敵教。」

那位官員名叫陳強，奉命前來護送我，以確保旅途安全。他戴著用絲綢做成的美麗護耳，周邊綴著精製的軟毛。他帶著很多行李，所以派了幾個士兵去再找一艘紅色保甲船。其實，我們無須如此，因為已經將這些行李做了妥善安頓，並成功地為兩艘船減輕了重量。此時，要「起航」已經太晚了。我們的兵船和紅色保甲船，早在清晨7點，就已經停靠在輪船的一側了，可我們就是遲遲下不了船。那些慢條斯理的洋人和錯綜複雜的錢莊貨幣兌換手續，還有必不可少的那一塊塊銀錠耽誤了時間。向那些為了我的舒適而安排一切的中國官員致敬！至此他們已經證明了自己的快捷、客氣和耐心！

揚子江上游的紅色保甲船

一切已經就緒，但已是黃昏時刻，我們都盼著能在明天凌晨出發。我感到非常舒適和幸福，從容而得意地四處搜尋，準備找出我的美國國旗，那是我始終隨身攜帶的東西。我尋遍了所有的便攜包，卻沒有找到。我感到胸中有個什麼東西在膨脹，心裡越發擔憂起來。我又檢查了那些大包行囊，焦急而又絕望地尋找那個自由和勇敢的象徵。但是它蹤影皆無！我坐下來仔細回想了一番。對了，它已經與其他行李一道，走海路去了仰光。

真是茶壺煮魚一團糟！沒有那星條旗，我就不能走，也不願走。無論如何，我必須弄到一面美國國旗來。我叫來一個士兵，並交給他一張便條，派他去見這裡的一個美國人討要一面旗子。他很快又回來拿燈籠，因為在這黑夜中，他無法分辨美國人的房屋。事實是，他去我的朋友家需要經過一片墳地，而且他並非塔姆·奧香特，不願拿珍貴的性命去跟那些鬼怪、幽靈和妖精周旋。不過他還是回來了，並帶回了話，說港口就有面旗子，長約 8 英寸、寬約 5 英寸，只怕是難以得到。儘管這個結果令人沮喪，但我絕不肯就此罷休。我帶著英文翻譯和這位中國士兵，又去了一家名叫「老月」的布店。老月微胖，抽的菸桿足有一碼長。我們堅定而又不失禮貌地推開了店門，發現八個漢子正在數著盤裡骯髒的銅錢，都是現錢，放在幾個托盤裡，猜想是一天的銷售收入。雖然我心急如焚，可也不得不佩服他們的分類辦法。大幣通通都堆在一處，以便在製成「合法貨幣」時，能放在「串」的中央；而那些小幣則穿在兩端，使之逐漸變細，最終湊成一千錢。這一千錢的價值，對美國人來說，頗有點抵押品的味道。穿好後的錢吊，中間大兩端小，看上去非常對稱。

起初，老月連布匹都拒絕再賣。早過營業時間了，這時太晚了。一陣勸說後，終於賣給我 3 尺紅布、3 尺白布、一塊藍布、一捲棉線。老月的布要現錢 532 文銅錢，棉線要付 100 文。這些材料將用來做一面美利堅合眾國的國旗，並將在跨越中國之行中扮演其注定的重要角色！我遞給店主一塊鷹洋，按宜昌的市價，值現錢 820 文。出於玩笑，我順手拿起他已經穿好的 1,000 錢，取了 200 文。他笑了笑，點頭表示認可。這樣，我購買這些東西，似乎只用了 620 文。在中國要弄清楚錢的真正價值實屬不易。

我原本打算自己當裁縫做旗子，哪怕行期推遲也在所不惜。可老月卻變得好奇起來，問我是總領事嗎？我多大歲數了？有人說我十多歲，有人猜我二十幾歲，大家都笑了，全然是天朝子民們的那種笑容。於是我問老月，能否為我找個願意當晚做工作的裁縫，在我的指導下做一面旗子。那時已經 8 點了，老月對我做了個肯定的手勢，便消失在漆黑的狹窄街巷裡。很快他就帶回來一個常言所說「十裡挑一」的裁縫。可他聽說了要做的事（也可能是因為我）以後被嚇住了，不願接手這樁活計。老月再次出面說服他，這回就順當多了，那位叫「全信」的裁縫終於留了下來，還另外叫了 3 個幫手。這個四人組合辛辛苦苦做了兩個多小時。時間已經太晚，沒法將所有的星都縫在旗幟的一角上去，我告訴他 13 顆就夠了，他超額縫了 1 顆。鑒於這樣會破壞了初衷，還可能引出誤會，使人以為有某種偏心，所以我命令他必須取下一顆。正當我在寒冷的房間等待時，巡夜人敲著梆子從門外經過。他這樣做是為了警告那些盜賊和殺人犯，讓他們逃之夭夭，並讓全城都知道，他還醒著，正在值勤。巡夜人每晚要巡更 5 次，每次都相隔一定時間，首次巡夜敲一下，二次巡夜敲兩下，依此類推。不知是誰搖著鈴鐺從外面走過，那叮噹聲聽上去就像雪橇的鈴鐺聲一樣，那是在遙遠的家鄉賓州聖誕夜所聽到的聲音。啊，家鄉！跟這裡是多麼不同啊！對家鄉的思念是如此強烈，直叫人黯然神傷。突然間，用漢語唱的聖誕頌歌那熟悉的曲調飄進了我的耳朵。一問才知道，那是住在附近的一個自食其力的店主正做家庭禮拜。感謝上帝，即使在這些骯髒破爛的中國城市裡，世界之光也已開始照耀了。

宜昌方尖塔前的一位尼姑

宜昌的一棵神樹，樹上標牌上寫著「有求必應」等字樣。

宜昌附近的一尊凶神惡煞的石像

旗子做完了，工錢相當於 25 美分。辭別了工匠，我們動身返回兵船。途中遇到了那個巡夜人，正在敲打三更。已經是晚上 11 點了！城門已經關上，但是，一聽到那位士兵說他正在護送美國的客人，門砰然開啟，我們這才出得城來。

禮多人不怪

Much courtesy forestalls offence.

第五章

過揚子江三峽－從宜昌到險灘－在中國兵船上－紅牛犢－江難－《聖諭廣訓》－向美國國旗致敬

虎年冬月二十七日的凌晨，天氣晴朗，空氣清新，景色迷人。還不到六點一刻，眾人就悄無聲息地張開了中國兵船上那條紋狀的帆布，不到十分鐘，一切都已準備就緒。立在船頭的一位士兵正準備替那門漆黑的大砲點火捻。隨著太陽從市區的後面緩緩升起，大砲發出了轟的一聲巨響！隆隆的回聲滾過河面，滾上對岸的山坡。隨著第二聲和第三聲炮響，那轟鳴聲顯得越發響亮。人們以此向我那「可敬的國家」和我本人致敬。竹編的錨繩很快放開，剎那間我們的船駛入了急流之中。硃紅色的保甲船也同樣輕便靈活，就這樣開始了洋基人在中國兵船上的難忘之旅。我們經過那些大大小小的船隻時，一艘舢板向我們飛速駛來，停靠在兵船的一側，舢板甲板上那些翠綠和雪白的漂亮蔬菜很快消失，又立刻出現在我們的船頭。那金字塔山峰映襯著東邊天空下的剪影，顯得愈加黑白分明。我們想像著那些精怪幽靈正衝向遠處的江岸，而美麗的宜昌城守護神又將他們擋了回去。

我搭乘的兵船隻有一根桅杆，船頭呈方形，船尾較高，總長約 40 英尺，橫梁的高度不足 9 英尺。桅杆只在碼頭一邊有一根橫索，另一邊則靠那根升降索勉強支撐著。這孤寂的桅杆高 40 英尺，立在杆座裡，透過杆座上的一個機械裝置，可以很容易地將桅杆降下來。桅杆頂端有一個紅色的木製矛頭，另外在左側掛有三面小旗。縱帆上緣的斜桁長 15 英尺，用短木頭做成，其張帆杆則用粗壯的毛竹做成，長約 20 英尺。在斜桁和張帆杆之間，以固定的距離排列著 14 根竹竿，要是沒有這些竹竿的支撐，那粗陋的帆篷就會在河風中，輕而易舉地被撕成碎片，因為它是用最薄的棉布做成的。主帆呈扇形固定在 8 根竹竿兩端。這些竹竿全部與舵柱處的滑輪連在一起，所以要操縱帆篷，非常方便。帆篷的整體形狀，就好似一隻羊腿，又像前桅斜桁帆和斜掛大三角帆的混合。這種帆特別靈便，一則重量很輕，二則降帆之後就可以自行收起來。船上共有 10 名槳手，6 個在桅杆後段，4 個在前段。桅杆以前約 4 英尺的地方，是船上廚房的所在。那是一個極為經濟的結構設計，包括一個燒煤餅的火爐，無論白晝還是黑夜，爐子裡面的火都不會竄出來。我們的兵船行駛在水面上，就像一隻德拉瓦州的鴨子：要是順風的話，江上的任何帆船都趕不上它。總之，即使在中國以外的水域中，這也算得上一艘頂呱呱的小船。它有一門值得驕傲的大砲，據說可以打出 1 英里；它還有一架子來福槍，就放在船長的艙房旁邊；此外還有些供水兵使用的騎兵短槍和其他火器。這艘戰艦整潔而呈流線型，正式名稱是「宜昌地區先遣中隊第七號兵船」。

船長是個風趣的中國人，我經過一番努力，才得以跟他溝通交談，並且得知了以下事實。他今年 42 歲，16 歲就出海，大多數時間都在沿海一帶當差。可他的老家在湖南，現在暫時住在宜昌。四月分，他曾出去追一幫海盜，花了兩個月時間去追蹤和抓捕他們。當聽說是他在追捕自己，那些海盜居然都改邪歸正了，被捕時連絲毫抵抗也沒有！船長把他在船尾的艙位給了我，自己則住到了下面的貨艙裡，那是舵手過夜的底層艙。那位優秀的老舵手就住在我的艙位右邊。船上的全部船員，包括廚師，共由 12 人組成；連同船長，我們這艘船上的人數剛好是那「倒楣的 13」。他們全都是心地善良、動作快捷、精明能幹的人。他們的名字，譯成英語之後，有些聽起來十分怪異。船長是張先生（Mr. Long Bow，弓長先生），舵手叫榮官定（An-Official-Bound-for-Glory，必定贏得榮耀的官員）。其他年輕水手的名字分別叫顏永勝（The-Ever Victorious-Color，常勝的色彩）、卓允（Special-Promise，特別的允諾）、林赤樟（Red-Cinnamon-Grove，紅色的肉桂樹林）、丁利（Little-Profit，微薄的利息）、羅大寶（Great-Treasure-of-a-Drum，極其寶貴的鑼鼓）、休安（Graceful-Rest，優雅的休息）、和佑（Keeper-of-Truce，停戰的保佑者），以及沙得仁（Crabtree-Who-Takes-Hold-of-Benevolence，得到仁慈的沙果樹）等。

牛肝峽

跟兵船一樣，保甲船也只有一根桅杆，高度和船的長度相當，船尾的長槳也有那麼長。它屬於「水保甲局」，船身被漆成硃紅色。在每一個急流險灘都配有這種船隻，用以對付不斷發生的航行事故。第十二號船曾救起過一百多人，上面六個健壯的小夥子，全是划槳的行家裡手。它張開方形的小帆，隨時緊跟著兵船。隊員們每人每月的收入大約是三兩銀子，約合兩美元。這種極其有用的小船，江上到底有多少，我不得而知，但揚子江「水保甲局」的常規報告，猶如美國漫長海岸線上救生站的報告，想必都是趣味橫生的。總督派來護送我的那位官員，就在那紅色的保甲船上；他的另一項任務是，一旦沿途出現什麼事情，特別在湍流處，他將向兵船提供協助。在徐徐的江風中，船隻航行十分緩慢，三個小時後，宜昌才永遠消失在我的視野之外。

巫峽下游的入口 —— 官渡口

要在這樣的船上開始航行，中國人往往會做很多的必要準備，其中之一是殺隻公雞，將雞血雞毛撒在船首；離岸時還要在整艘船上撒米。此外還要放大量的煙火爆竹，以便讓河神知道人們沒有把祂遺忘。迄今為止，中國人依然在這樣的迷信中居住、勞作和繁衍。鑒於兵船上有我這個洋客人，這次沒有安排這些活動，取而代之的是鳴放禮炮。整艘船都在禮炮中晃盪。廚師正砍一條竹繩，準備用做火炬，因斧頭太笨重，他砍傷了自己的手。於是他直接用指頭塗上自己的鮮血，開始在甲板上畫符咒。這種美術，可不是什麼人都能目睹的。然後他在傷口處抹了一種藥粉，而不是把它清洗乾淨。我問他那是什麼靈丹妙藥，他回答說：「龍骨粉。」

正午時分，我們到了宜昌峽谷的入口處。那些垂直的懸崖絕壁，足有800英尺高。沿著這些懸崖的底部，人們正在努力開採青石，修建宜昌江壩。我們似乎是穿行在一連串的高山湖泊之中。一個只在黃色海岸旅行的人，是無從想像中國的壯美景色的。唯有讓他沿揚子江上行1,000英里，然後再穿過宜昌和萬縣之間的急流險灘，他就會自然而然地意識到：在這個世界上，再也沒有任何其他地方會比這裡更加壯麗的了。自從離開奇境般的紐西蘭，我從未見過任何地方的懸崖峭壁這麼雄偉，這麼神奇。峭壁上方，一隻雄鷹正朝著高處的巢穴展翅飛翔，整個場景神祕而浪漫。宜昌峽谷的地名也充滿詩情畫意，第一段名「明月峽」、第二段名「黃貓峽」。

下午兩點過後，我們通過宜昌峽谷，進入了花崗岩的國度。這時，我與袁先生攀談起來，請他講講那次淹沒了整個峽谷，捲走了眾多生命的大洪水。他說：「儘管這是我親眼所見，也確實非常恐怖，但那已是多年前的事，我早已經全忘了」。可憐的人，他顯然是心存疑慮，擔心我正企圖誘使他承認過去的失職，這使我想起了賀拉斯（Horace）的名言：「沒有不透風的牆，沒有不洩密的人。」[053] 船長過來解圍說，從前的揚子江水流不暢，排不出去。為了緩解江水的泛濫，康爺菩薩碰到一頭紅色的母牛犢，懇請牠告訴自己哪裡能找到一個讓水流走的出口。母牛犢同意了，於是菩薩拽著牛的尾巴，跟隨著去了那個地方。後來有消息說，那頭紅色的小牛犢上了天堂。於是，那些無足輕重的小神靈為牠在人間修了一座供人朝拜的廟。人們還把紅牛廟的所在地指給我們看。傳說那菩薩和母牛犢剛進入山谷，江水就奔流而下，衝開了一條全新的河道。所有的美麗傳說都講述著發生在這裡的那些「由洪水和田地所引起的動人故事」[054]。每逢夏天，這裡的江水總要上漲到 50 多英尺。

在曳灘處逆流而上的貨船

[053] 原文為拉丁語 Percunctatorem fugito nam garrulous idem est，出自 Horace. Epistles, 1. 18. 69。意為：沒有不透風的牆，沒有不洩密的人。

[054] 這是莎士比亞《奧賽羅》（*Othello: The Moor of Venice*）第一幕第三場中的著名詩行，原文是：Of moving accidents by flood and field.

20 英里長的纖繩，5 萬英里長的燈芯，這些東西乍一聽來就像天方夜譚。可在揚子江上，長途運輸的貨物只是憑藉著幾艘小船。那纖繩由竹子做成，比起其他國家的繩索，更加堅固，也更加輕便。在揚子江上游，所有的船隻都用這種雙線搓成的竹繩。在一家店裡銷售的竹繩，隨手取來就有 20 英里長。而更長的竹繩正浸泡在石灰水中。至於燈芯，我猜想這三艘船所載的燈芯，如果拉成一根直線，足夠沿赤道替地球繞上二圈。從重慶沿江下來，這些船需要 30 天的時間才能到達這裡。沿途特別容易受到風的影響，要想避免貨物損失，必須極其小心謹慎。

當我們接近第一個湍流時，我們將船頂風停住，靠在另一艘兵船旁邊。我的翻譯從這艘船跨到另一艘時，一位船員過來攙扶，向他敬禮，稱他為「張大人」。我們這位小小的命官低語道：「這裡只有一位大人，那就是蓋洛大人。」那船員伶牙俐齒，馬上改稱他為「張先生」。當我過去時，引起一陣不小的忙亂和敬禮，都稱我為「蓋洛大人」。在新幾內亞，他們叫我「白人酋長」，而現在則是「蓋洛大人」。我回家之後是否還能認得出我那些卑賤的朋友，只能交由時間去驗證了。回到船艙時，我發現了某人丟下的十文銅錢。這個普通銅錢上面那個「十」字壓得非常搶眼。我現在對所謂「十字的罪過」有了一種新的認識。由於種種顯而易見的原因，中國人心目中的十字形象，與傳教士有著不可分割的關聯，所以義和拳民都對它嗤之以鼻。早在 1900 年爆發義和團運動之前，就有一些精神領袖上書請願，要求清政府改變銅錢上這個可恨的文字。在政府的默許下，鑄造出一種等值的特殊銅錢。「十」這個字樣不再以通常的形式出現，而是字形變得比較複雜，原有的十字架形狀已經被完全抹去。我所拾到的就是這樣一種錢幣，它代表著「十字的罪過」。

從宜昌出發，沿途盡是美麗的畫卷、壯觀的景色和雄偉的山峰。沒有一個藝術家能在畫布上再現那絢麗多彩的日落，沒有任何語言能描述沿江那些峽谷和湍流的壯麗景緻。在一個地方，懸崖峭壁從水邊拔起，形成一堵達 2,000 英尺高的堅固牆壁；在另一個地方，這些峭壁直指 4,000 英尺高的天際。地球上有些懸崖比這裡更大，有些山峰比這裡更高，但那些都沒有這樣的雄奇和壯美。這裡的整體景觀完美無瑕，這裡的山水風光令我神魂顛倒。當我們的船隻掠過狂野的急流時，湍急的漩渦隨時能把我們盡數吞沒，但這樣的危險反而越發增添了這裡的魅力。當我們進入大山深處幽暗神祕的空地，看到異教徒在負罪感的驅使下興建的廟宇時，這種魅力便顯得更加令人震撼。這些廟宇是來保護那些擅自闖入幽暗住所的凡人，使之免遭鬼怪傷害的。

新灘的白骨塔

在峒嶺灘的入口處有一塊巨石，一艘德國汽船就沉在它的旁邊。那艘船在觸礁 20 分鐘之內便永遠消失在洪流下的黑暗江水中了。船上有 30 位傳教士，但只有一個外國人，即船長本人，被淹死。很多中國人喪命，其中包括一個高官的兒子，正搭船趕往家鄉萬縣參加科舉考試。輪船觸礁後，他在僕人的幫助下，已經爬上了前來救援那艘倒楣輪船的紅色保甲船。可他沒有意識到迫在眉睫的危險，又愚蠢地返回輪船，想到他的船艙去拿放在箱子裡的財寶。他還沒來得及拿到，船就沉了，他的財寶，還有他本人，都被裝殮入棺，埋在了水的墓穴之中。另一位遇難者是個曾在上海經商，並積聚了一筆可觀財富的華人紳士。他在回家途中到了宜昌，發現這艘外國大輪船正要起航上行。「太好了，」他說，「我就乘這艘船了。」於是他將所有的財富都放在船上，放心地出發了，結果也和其他人一起沉入了江底。在中國歷史的漫長歲月中，喪命在這奔騰江水中的人又何止萬千！

在我的日記中，我還記錄了一件特別的事情——「今天一大早，廚師就在洗手。」他幹麼要這樣做？難道他的雙手不夠乾淨？難道他一直在和麵、燒飯和做其他需要用手直接接觸的食物嗎？

關於我的日常行為，善良的祕書道格拉斯．邁克利安都會做紀錄。下面是他寫下的文字：

第一縷晨光剛剛顯現，蓋洛先生便身披羊皮大衣（外有深藍色的襯布），頭戴褐色軟氈帽——這種樣子會讓世界著名的「廢物迪克」（英國小說中人物）都感到開心——站在他的艙門外，面對逐漸展開的自然畫卷，以讚美的眼光凝眸遠眺，開始描述它的壯美景象。跟他那身打扮搭配的還有一雙棕褐色長筒靴和灰色厚毛衫；凡是見過他站在演講臺、身著潔白襯衫和平整長禮服的人，如果看到他現在這馬馬虎虎的穿著，一定會覺得非常好笑。我說到他的目光，是因為艙門被前面所提及的大衣遮擋著，而我前面又沒有窗戶，視力所及十分有限。窗戶都在船艙裡面，即我的身後，這是一種從頂部放下來的木窗，由細竹竿向外撐著，所以我能看到的只有江水。

一旦有什麼值得注意的東西，他就會口述出來，我則立刻在打字機上做紀錄，這樣，全景似的畫卷就會被現場記載下來。凡是有趣的東西，沒有一樣能逃過他那極富評論色彩的眼光。打字機的嘀嗒聲，儘管不像鐘擺的聲音那麼的持續不斷，倒也完全可以替代那並不存在的微弱鐘擺聲。

要想看到後面的風景，可以站在寬敞的舵手位置上，那裡要比甲板高一英尺，這一英尺加上蓋洛先生差不多六英尺三英寸的身高，再刨去差不多有六英尺高的船艙圓拱頂，還可以留有足夠的高度來觀察風景。若在身後出現一個特別優美的景觀時，蓋洛先生就會站在一個約兩英尺高的竹箱上，從高處滔滔不絕地講述他的所見所聞。這種情形從黎明一直持續到黑夜，由於船艙裡光線不好，早晚的描述只能藉助燭光才能記錄下來。

當我們終於到了新灘之後，由於水流湍急，危險性很大，我的護送官陳強反對我繼續留在船上。我決定上岸行走，同時拍幾張照片。那位心地善良的官員個頭不高，但對我的安危十分關注，所以為了不使他擔心，我還是上岸步行了。途中我拍了一座三層寶塔，塔名叫「白骨塔」。陪伴我的一名兵勇說，那是為無家可歸的孤魂野鬼，即那些淹死在新灘激流中的人而興建的，他們生前沒有朋友，因為沒有塵世的朋友會來為他們安頓靈魂。塔的一側有座孤墳，裡面所埋的那個可憐人也是在企圖越過急流時喪命的。他的屍骨將留在這裡，直到某個好心人出錢將其遷回故鄉。

走過一個坐落在狹隘懸崖上的村子時，我在一座正在舉行葬禮的房子前停下了腳步。房門開著，門前狹窄的街道上立著一個紙糊的塔狀祭壇。不遠處的圓形大石塊上，放著一個山羊頭，四周灑滿了羊血。人們點著香和蠟燭（因沒有更好的燭臺，而將蠟燭插在半個蘿蔔上）。在紙糊的祭壇的對面還有一個豬頭和一些俗麗的懸掛物。死者的親朋，無論男女老幼，都戴著白色頭巾，站立在頂部呈拱形的棺柩周圍，看上去顯得興致勃勃的樣子。最小的哀悼者當數那個嬰兒，也穿著雪白的喪服。因為在中國，白色是喪服的顏色。我們走進一家茶館，與一個上了年紀的道人攀談起來。他是前來做道場的，左肩上搭著一串銅錢。他說死者 71 歲，這場獻祭是為他贖清眾多罪孽的。一個人死後，人們能因其贖罪而聚在一起，這的確令人感到欣慰，我指的是這種坦誠的態度。在那些所謂文明的國度，葬禮往往被人們用來編造厚顏無恥的謊言，並使這些謊言永遠流傳下去。年邁的罪人死後就會受到這樣的禮遇，聽起來似乎他就是天堂最受寵愛的聖徒。反倒是這些道士還保持某些美德。他們為死者舉行的道場使人聯想起了古埃及對待已故壞人的方法。那則古諺應當讀作：「De mortuis nil nisi verum.」[055]

在當地，人們在葬禮上用三種不同的祭品：豬頭、羊頭和公雞。這些都是為了幫助死者，使之得到超度。如果死者家庭富裕，他也會得到這些祭品；否則他便只能自謀出路了。

在一條狹窄的街道與另一條更狹窄的小巷相連接的拐角處，我拍攝到了一處特別惹人注目的建築。後來才知道，那就是杜家祠堂。

我在街旁一個書桌狀的櫃子處停下來向人打聽。附近張貼著各種布告。這原來是宣揚《聖諭廣訓》的地方。這《聖諭廣訓》影響中國人的生活已長達三百年。所以我在這裡引用一位頗有聲望的傳教士的簡短解釋不會過分。他說：

構成《聖諭廣訓》基礎的那十六則箴言是清朝的第二位皇帝，即康熙皇帝，在晚年以法令形式頒布全國的；第一部中國皇家字典就是以他的名字來命名的。

這些箴言的原文以七言的格式非常工整地寫在木片上，放置於公堂之中，至今依然能見到。

雍正皇帝是康熙的兒子和繼承人，他明智地意識到，這些箴言過於簡潔，必不利於廣泛傳播，於是，他便書寫了一個對這些箴言加以闡釋的版本，並於他登基的第二年刊行天下，要求向百姓公開宣講。宣講日定在每月初一和十五……目前對《聖諭廣訓》的宣講每月有兩次，即初一和十五。其慣例如下。每逢初一和十五的早晨，文武百官都身著官服，聚集在整潔寬敞的公廳裡。一位稱作禮生的典禮官高喊：「列隊！」大家便按

[055] 拉丁諺語，原諺語是 De mortuis nil nisi bonum（對死者，當只言其好），此處更改一字，成為「對死者，當只言其真」。

各自的品級，依令而行。而後，他喊道：「三跪九叩。」大家便紛紛跪下，面朝一個祭臺磕頭，上面放著刻有皇帝名字的牌位。接下來他又高喊：「平身退去。」大家都站起身來，走向一個類似禮拜堂的大廳，《聖諭廣訓》通常就是在那裡宣講的。兵勇和平民也都聚集在那裡，鴉雀無聲地站著。

峒嶺灘的道觀，大門上方寫著「清江觀」。
這座獻給河神的道觀建在山峽的入口處，為的是抵禦惡魔的侵擾。

新灘附近正去往萬縣途中的尼姑

禮生又說：「現在開始。」司講長便走向點著香的祭壇，雙膝跪地，畢恭畢敬地捧起寫著當日指定箴言的木牌，登上講臺。一個老人接過木牌，放到臺上，面向眾人。然後，司講長敲響手裡的木板，讓人們安靜下來，自己雙膝著地，開始誦讀《聖諭廣訓》。讀完後，禮生又喊道：「請予解釋《聖諭廣訓》的某一段或某一條。」司講長便站起身來，講解其含義。《聖諭廣訓》其他部分的朗讀和解釋，也都遵循同樣的程序。

《聖諭廣訓》的十六則箴言如下：

敦孝弟以重人倫，篤宗族以昭雍睦。
和鄉黨以息爭訟，重農桑以足衣食。
尚節儉以惜財用，隆學校以端士習。
黜異端以崇正學，講法律以儆愚頑。
明禮讓以厚風俗，務本業以定民志。
訓子弟以禁非為，息誣告以全善良。
誡匿逃以免株連，完錢糧以省催科。
聯保甲以弭盜賊，解仇忿以重身命。

然而清朝官吏拜讀聖律的做法，已經不再那麼隆重，可算是「無傷大雅的廢止」。現在只剩那些「誨人不倦」的官員仍在例行公事。但是，中國的「民眾」，猶如其他的民眾一樣，並不喜歡聽從「孜孜不倦的規勸」。「取悅大眾」，[056] 宣講《聖諭廣訓》也必須具有娛樂性，其魅力便包括故事，為了聽故事，庶民也樂於「苦修」，聽上一兩則戒律。《聖諭廣訓》蘊含著關於道德修養和行為規範的勸誡。很多人無視它的說教，但沒有任何持批評態度的高官碩儒會去取笑嘲弄其內容，也沒有任何人會質疑它的權威性及其作者。

闡釋《聖諭廣訓》的人都會引用許多例子來說明道理，其中的一些例子，即使在歐美人聽來，也非常貼切。比如關於「二十四孝」的例子中，

---

[056] 原文為拉丁語 Ad captandum vulgus，相當於英語的 To attract or to please the rabble，即「取悅大眾」之義。

有一個是這樣的：「子當孝母。一天，兒子到山裡拾柴火。幾位客人不期而至，來到他家。母親局促不安，盼著兒子能快點回來，無意中咬了自己的指頭。遠處的兒子即刻感到一陣疼痛，預感到家中可能有事，於是立刻動身，並及時趕到家中，協助母親熱情地接待了那些客人。」[057] 這裡的寓意是「天下孝行，莫過於斯；人間真愛，莫過於斯！」這也許就是心靈感應的古代例證。據說這個孩子就是後來的曾子，是孔子的得意門生之一。

另一個故事，講的是一個少年。他的繼母總在父親面前告狀，說他沒有孝心。於是他決心以勇敢的行動，證明他的誠摯和美德。他決心滿足她喜歡吃鯉魚的口味，以此來感化她的心。數九寒天，他到冰封的河面上，打算抓幾條鯉魚。鑿洞失敗了，可我們的英雄沒有沮喪，他脫去衣服，裸體壓在冰上，要用自己的體溫，去化開一個窟窿。冰奇蹟般地很快就融化了，接著又蹦出了兩條大鯉魚。他帶著鯉魚，興高采烈地回到繼母身邊。繼母知道事情經過後，對自己的惡行表示悔悟。一位詩人因此說道：

千年難平冰裂痕，
萬載不湮孝順心。[058]

中國人對在揚子江上救生有些稀奇古怪的觀念。在新灘村的一家茶館裡，我們正吃著油餅，保甲船的船長走了進來。我向他打聽那座為窮人修建的白骨塔一事。他說，從水裡打撈一具屍體，會得到皇上 800 文銅錢的獎賞。以前是救上一個活人給 800 文，要是死了的話則給 400 文。不過，人們很快就發現，這樣做很不合算。於是便倒了過來。現在，保甲救上一個活人是 400 文，打撈一個死人則是 800 文。這樣，如果他被救出後死

[057] 這是《二十四孝》之〈齧指痛心〉的故事。漢語原文是：「周曾參，字子輿，事母至孝。參嘗採薪山中，家有客至。母無措，望參不還，乃齧其指。參忽心痛，負薪而歸，跪問其故。母曰：有急客至，吾齧指以悟汝爾。」

[058] 這裡所講是〈臥冰求鯉〉：漢語原文是：「晉王祥，字休徵。早喪母，繼母朱氏不慈。父前數譖，由是失愛於父母。嘗欲食生魚，時天寒冰凍，祥解衣臥冰求之。冰忽自解，雙鯉躍出，持歸供母。」漢語原詩是：「繼母人間有，王祥天下無；至今河水上，一片臥冰模。」

了，就可以有 400 文銅錢去安葬他。這的確非常有趣，保甲船上的另一個水手進一步解釋道：「死者需要埋葬費，活人不需要！」這就是天朝的邏輯推理。先把人淹死，之後再打撈上來，豈不更加划算！後來我還發現，保甲員如果弄溼了衣服，就能得到 400 文錢的獎賞；否則就只能得到 200 文。

每天早晨，當船尾的美利堅合眾國國旗在和風中升起時，就會響起三聲禮炮，船長會率領船員和我一起歡呼。之後，船長還要轉過身來，與我熱烈握手。旗上的條紋寬窄不一，比例也毫不正確，但從遠處望去，與我的祖國那「大老旗」簡直一模一樣。我感到非常自豪。在大清帝國的歷史上，一艘本國的兵船上飄揚著星條旗，穿越峽谷湍流，這恐怕還是破天荒的頭一遭。

飄揚著美國國旗的中國兵船，
後面跟著有中國官員搭乘的紅色保甲船。

縴夫拉著作者搭乘的兵船溯揚子江而上

我們繼續上行，穿過美不勝收的三角地段，眼前出現的，就是令人拍案叫絕的「曳灘」。

耳聞不如眼見

"I heard it" not as good as "I saw it".

第六章

天府之國四川－萬縣－總督眼中的鴉片－義和團問題－婚禮早餐－水災與火災－中國人的輕信－中國文化與基督教

在重慶和宜昌之間，最富有最重要的城市，當數萬縣。四川之富，隨著揚子之旅，越發顯現，並在這個人口眾多又富庶的城市達到一個新的頂峰。東大路就是從這裡開始，途經中國最富饒的地方，直達省會成都府，那裡也是四川總督的駐地。「萬」即一萬之意，既是縣名，也是城市的名稱。萬縣城內人口已達 20 萬之多，但除了三個傳教士之外，再也沒有什麼外國人。來年，這裡將會成為開放口岸，屆時，「教士先於商人」之說將得到證實。郊區散布著房屋，但其人口不到城牆內住戶的十分之一。我在夜晚入城的時候，四個小乞丐正睡在城門邊。這些乳臭未乾的乞丐撥開了白天所點著的火堆燼，正四肢蜷縮，躺在尚有點熱氣的地方，以求熬過刺骨的寒夜。進城之後，我就直奔內地會。熱心的傳教士 W．C．泰勒夫婦熱情接待了我。這是一座新房，非常適合傳教活動。房子前面是繁華的街道，房屋後面則可以將市區盡收眼底。這房屋是一個澳洲人修建的，屋裡有一個專門接待中國人的客房，日夜開放；熱情的主人在這裡滿腔熱忱，虔誠地宣講福音。

萬縣這段江濱足有兩英里長，中間有一條小河匯入大江，沿著江岸就是城區主道。一座美麗的石拱橋跨過一條寬約 20 英尺的小河。不過，它讓人聯想到的是「驢橋」[059]，而不是天朝人的精明。橋梁的建築師沒有為

[059] 「驢橋」，原文為拉丁語 Pons Asinorum，亦稱「驢橋定理」，據說其含義為「驢橋在此，愚者莫過」。

洪水留出空間，一旦河水暴漲，人們只能涉水而過。按照中國人的觀念，這座城市的風水極好。在北面有一個叫黑區的地方聳立著「天成堡」，它將惡鬼擋在了外面；南面是溫暖的地區。大江對岸一排低矮的山峰為建造寶塔提供了合適的場所，而那些寶塔又把好運帶給了萬縣的商賈。據說「陰陽」或「男女」這兩種相對的勢力乃世間一切的泉源，即所謂「陰陽生萬物」。在當地人的心目中，陰陽的親和，使得萬縣財源滾滾。

三位著名的傳教士：杜西德、德安治、章必成

這對孿生兄妹，
在時間的圍裙上，
對面而坐，
聚起他們所有的力量，
耕耘收穫。

—— 丁尼生（Tennyson）《公主》（*The Princess*）第二章

揚子江中央有一條巨大的石龍，唯有水位很低時，才屈尊露出頭。它也是萬縣財運亨通的保證。城裡不僅有自身的繁華商貿，而且也是川東和川北兩地的貿易樞紐，兩地的商人帶著絲綢和食鹽，經由聞名遐邇的東大路來到萬縣。著名的南浦（離萬縣有 10 天的路程）鹽取自 1,000 多公尺深的鹽井。薛西弗斯 [060] 般的鑽井工作全靠雙手，耗時數年才能完工一口。成百上千的竹管被拴在一起，放下井去，鹽水就裝在這些細長的竹管裡被帶上地面。每個竹管的底部都裝著一個閥，可以讓水進入；而在拉上來時，閥會關閉，將水封在裡面。吊起鹽水的工作，靠人力驅動的轆轤；要是鹽井太深，就需要加一個垂直的鼓形圓桶，像大絞盤似的，用公牛驅動。這些裝置，雖然原始而笨拙，但非常精巧，非常有趣。製鹽過程中的最大花費是蒸發水分時所燒的燃料。

萬縣著名的石拱橋

[060] 薛西弗斯（Sisyphus）是古希臘科林斯王和暴君，死後墮入地獄，被罰推石上山，但接近山頂時，石頭又滾下，於是重新再推，如此循環，無休無止。

萬縣基督教教堂內景。鐵先生就在那裡布道。

自從動身前往重慶以來，可食用的「羊毛糰子」[061]就是我給養中的一個重要產品。這種食品漢語稱之為「麵」，由生麵團擀成片，再十分巧妙地切成細絲，看上去就像一團沒有洗過的羊毛線。人們用極其簡單的方式，將它進一步拉長，直到需要的長度，然後切斷，放入包中出售，以方便顧客購買攜帶。時間越長，品質越好。我買了六斤，約合八磅[062]，以備在途中食用。窮人扔掉的東西，富人卻視若珍寶。中國人殺雞後，把牠放到開水中浸燙，然後再拔毛，這樣會使毛更容易拔除，肉也更富韌性。外國人喜歡肉嫩點，毛也要乾的，即使因此需要做更多的工作，也在所不惜。外國人已經了解到這種野蠻方式的好處。成百上千噸的羽毛，被中國人運到沿海一帶。這裡鸛很多，近來鸛的冠毛十分走俏，一根冠毛就能賣出 20 兩白銀的好價。就在幾年之前，它們還是無用的東西，分文不值。可現在，這種鳥正在迅速消失，官方已貼出布告，禁止獵殺。然而，這個行業利潤豐厚，捕獵者不計代價，也要鋌而走險。對於官方禁令，並無多少人願意遵守。造紙是四川的又一產業。我曾目睹 50 個苦力走成一字

[061] 「羊毛糰子」即四川的「擔擔麵」。

[062] 1 磅≈ 454 克。

形，都肩挑竹料，送到紙廠去打紙漿。他們每天要擔 100 磅的重量，走 30 英里的路程。在內陸，直至甘肅和陝西，都有極其豐富的煤鐵礦藏。硫黃的產量在四川的部分地區也相當可觀，但是當地的苛稅扼殺了那隻下金蛋的鵝。我對中國的「銀兩」（「tael」，而非豬尾巴的「tail」）雖有一知半解的認識，但從來分不清「錠」或別的計量單位。這種不能估量自己財富的情況，反而使我有一種千萬富豪的感覺。

進口的洋貨，較之於當地土產，所占比例極小，但走在大街上，依然可以見到曼徹斯特的印花布和棉紗擺在店鋪裡出售。普通民眾都穿藍色長袍，但中上階層則選擇色彩豐富的服裝，於是布店裡便擺上了多色外衣。在其他店鋪，我還見到鐘錶、蠟燭和肥皂，但更多的則是「洋火」，「洋火」即火柴。土製火柴品質非常差，歐洲人到來後，中國人學會了製作摩擦火柴（其因緣關係他們以前就知道）。但他們的洋火品質很差，在當地商貿中獨占鰲頭的是日本產品。

揚子江上游的何家三姐妹

至於萬縣的所謂惡習，我不想細說。最為可惡的也許是「洋菸」或「洋藥」，也就是鴉片。我猜想一半以上的當地華人都是它的犧牲品，只是程度各異而已。當地人說，10 人中有 11 人都在抽鴉片！有些旅行家企圖掩蓋鴉片的害處，說什麼傳教士普遍懷有偏見。不過讓我們看看張之洞總督的意見吧，他總該是知曉個中原委的。他說：

近年進口洋貨價八千餘萬，出口土貨可抵五千餘萬，洋藥價三千餘萬，則漏卮也。是中國不貧於通商而貧於吸洋菸也，遂成為今日之中國矣。而廢害文武人才，其害較耗財而又甚焉。悲哉！洋菸之為害，乃今日之洪水猛獸也，然而殆有甚焉。洪水之害不過九載，猛獸之害不出殷都，洋菸之害流毒百餘年，蔓延二十二省，受其害者數十萬萬人，以後浸淫尚未有艾。廢人才，弱兵氣，耗財力……

中國吸菸之始，由於懶惰，懶惰由於無事，無事由於無所知，無所知由於無見聞。……農無厚利，地無異產，工無新器，商無遠志，行旅無捷途，大率皆可以不勤動、不深思、不廣交、不遠行而得之，陋生拙，拙生緩，緩生暇，暇生廢，於是嗜好中之，此皆不學之故也。若學會廣興，文武道藝，城鄉貴賤無有不學，弱者學之於閱報，強者學之於遊歷，其君子胸羅五洲，其小人思窮百藝，方且欲上測行星，下窮地隔，旁探南北極，豈尚有俾晝作夜，終老於一燈一榻者？……故曰興學者，戒菸之藥也。[063]

吃早飯

[063] 引自張之洞的《勸學篇》。

這個地區廣泛種植「硃紅芙蓉」，[064] 最好的土地，最好的肥料，最精細的耕作，全部都用在這上面了。每逢陽春，它鮮豔奪目，十分美麗。令人難以置信的是，如此燦爛的花朵，竟能產生如此毀滅性的災難。1902 年的乾旱持續了近兩月之久。熱浪滾滾，遮蔭處的氣溫有時高達華氏 110 度。當季莊稼絕收，使得次年米價大漲。所謂風不獨惡、禍不單行（此為著名農諺，但忘了確切文字），那場乾旱也讓罌粟枯乾而死。結果，鴉片的售價，從每兩 150 文銅錢，一路狂升到每兩 500 文銅錢，使得普通消費者無力購買，也使鴉片的銷售相應減少。乾旱要比治療方式更有效地抑制了繼續吸食鴉片的惡習。「方法簡陋，但很頂用。」一個船員如是說。他頭上纏著一條白色的頭巾，把一根上面帶有一團奇特物體的竹棒插在我的床邊。他不時地會去啃一下這團看上去像是黏土、黃薑和口香糖的混合物。原因似乎是他吸食了五年的鴉片，而他啃食此物是為了戒掉鴉片癮。他告訴我說，那是他在家鄉敘州時，一個基督徒給他的。吸食鴉片的人都說，他們為了減輕某種疾病才染上鴉片癮的；不過他們也說，一旦上癮，戒菸比治好病痛更難。就像老漁民離不開海洋那樣，很多人希望戒掉鴉片癮，因為它不僅難以啟齒，疼痛難耐，而且代價高昂。不幸的是，在中國人的心目中，洋菸和洋鬼子之間，總有一種特別緊密的關聯。

一個富有的商人在泰勒的戒菸所裡戒掉鴉片癮之後，離去時贈送了貴重的畫卷給泰勒。他說，以前他總是不信福音書，但自從來這裡以後，他確信基督才是真正的主。萬縣的中國教會有 40 名成員，大多在當地有著很高的地位，屬於學者，或家境殷實的商人。每逢禮拜天，他們都要關門停業。主持該教的傳教士就是一位皈依基督教的商人。

雖然城市本身依然如故，但居民對基督教的態度已今非昔比。第一位來到這裡的傳教士，曾因乞丐的湧入，被迫離開他的傳教之所。這已經成

[064] 硃紅芙蓉即指製作鴉片的罌粟花。

為往事。現在，教會有了很好的地產，重要的宗教活動正順利展開，一些殷實的中國人主動讓出房屋，作為獻給福音工作的禮物，使傳教活動更加如魚得水。附近五個商業城鎮都迫切要求教會派遣基督教福音傳道者，並許諾承擔一切相關費用。奧布里．摩爾的話得到了驗證：「人性渴望宗教和理性，缺乏這兩者的生命什麼也不是。」

萬縣周邊地區過去基本沒有受到義和團運動的干擾，直到最近才略有改變。10 月分，一個傳教士在南門鎮遭到這些攔路賊的攔截。他被人包圍捉住並關了三天，那些人還準備殺死他。但準備尚未完成，200 名兵勇及時趕到，那些纏著紅頭巾的懦夫拔腿而逃。從那以來，那位傳教士總是帶著一個貼身保鏢。據說，城外有個拳民挖出別人的眼睛，還放在口袋裡到處走動，以證明他的勇敢。周圍地區依然有些亂。不過我在城裡漫步時，卻總會受到最恭敬的待遇。

有一個奇怪的景象，就是常常可以見到兩個人將辮子繫在一起沿街行走。原來他們起了爭端，各不相讓，都發誓自己是正確的。於是一起前往廟宇，當著鬼神的面賭咒起誓。有時真正犯錯的一方會在到達前收回前言。但一般而言，他會厚顏無恥地為自己辯解下去。信口雌黃、信誓旦旦是所有異端宗教的共同特徵。

在萬縣，我參加了一個儀式，比繫髮辮更加趣味橫生。那是一頓早餐盛宴，是慶祝兩位天朝年輕人的訂婚禮的。在中國，訂婚的約束力絕不亞於結婚。這場酒席於虎年臘月初八在內地會的會客大廳舉行。地板是水泥的，與訂婚早宴的意圖正好匹配。來賓圍著兩張厚重的方桌分別落座，方桌上擺滿各種佳餚。我被安排在左上位，即離大門最遠的地方。我不熟悉中國禮節的細微差別，當即就坐下了。而發現只有自己一人坐下時，才意識到自己的失禮，因為其他人落座，還要過一段時間。用餐的普通說法也就是「開飯」，而作為上首賓客，我的責任之一便是「分菜」。因為主人正忙得團團轉，不停地搓著雙手。我的職責是，放在桌子中央的每道菜，都由我先行「分菜」。然後，那些菜才會到桌邊的小碗裡，到客人的眼前去；之後又到侍者那裡，他們會小心翼翼地看著，在空盤後將它們撤走。所有的菜都要交替上席，自然地，我弄了個錯誤百出，比如該分豬肉時分了羊肉。好在結果都是一樣，因為吃到肚子裡畢竟只用一個胃來盛。方方正正的豬肉看上去就像一個堅固的整塊，我的魔棒（即筷子）一碰，便立即變成了切得很好看的肉片。酒席的大部分菜中都有豬肉，客人幾乎全都蓄著豬尾巴一般的辮子，這桌宴席可謂是「不是冤家不聚首」，只是那些豬尾巴是從頭上長出來的。我有點急事要走，所以沒等職責完成，就不得不離開了，不過我理解，人們都願「認洋人的理」，卻不大習慣「吃洋人的飯」。

出席早宴的客人中有個叫「世榮」的士紳，雖然他已不再精通世故，但由於經營鹽業，賺得不少錢財，所以至今依然榮耀鄉里。他 35 歲時皈依基督教，父親勃然大怒，強迫他揹著木牌，遊街示眾。木牌上貼有布告，宣布他因成為基督徒而被逐出家門，一切責任由自己承擔。我問他背負木牌的感受時，他說那是為了主，所以他的內心一直都很寧靜。他是個虔誠的信徒，每逢禮拜天他的店鋪都要關門停業，而對禮拜天的概念，中國人至今所知甚少。

坐在我右邊的是個姓張的先生，他在城裡最繁華的大街上開客棧。我從船上匆忙下來時，就曾路過那裡，並被人拽了進去，按天朝的風俗在裡面喝茶、吃水果、品點心。這種待遇，即使與費城的任何一張餐桌上的禮遇相比，也都不遜色。他的客棧並不出售任何酒水。

桌上還有一位客人，是泰勒先生的助手，綽號「影子」。人們這樣稱呼他，是因為六年前他從教會學校畢業以後便一直跟著泰勒。他是個優秀的業餘攝影師，我所收藏的他的一些作品可以證明這一點。

舒先生，萬縣附近的一位小官吏。

一天清晨，杜西德(Cecil Polhill-Turner)[065]及其牲口隊一行要前往敘定府，我站在內地會門前看他們做臨行前的各種準備。之後，我決定到熱鬧的大街上去走走。經過上述那個全天開放的客棧櫃檯時，我見到一個看上去非常聰明的中國人。我問：「這就是你接待客人的地方？」他迷人地笑著，用英語回答道：「Good day（你好）。」接著他非常友善地提出領我們去逛街，我接受了他的提議。我們一邊走，他一邊不停地重複說「Sin（罪過），sin（罪過）」。這是一句非常普通的話，但我感到確有很多罪過就在身邊，所以每次我都點頭，同意他的說法。後來我發現，他所指的其實是太陽(英語中的「sin」與太陽一詞「sun」讀音相近)。我們身後跟著一群人，他們彬彬有禮，又充滿好奇。過了幾個街區，前面出現了一群通體黝黑的小豬仔，我指著那群擺動尾巴、拱土覓食的牲口說：「Pig。」令我感到非常有趣的是，跟在腳後的那個衣衫襤褸的頑童，把這個詞重複了一遍，他身後的那些孩子也跟著附和起鬨，在我周圍的人群中，我聽到的都是「Pig，pig，pig，pig，pig，pig」。

我那個善良的陪同，原是萬縣的一名福音傳道者，有著驚人的意志力，以前也曾參加科舉，並通過了秀才的考試，而且還名列前茅。他初次聽到福音書，是在漢口，不久之後，便舉家遷往萬縣。六年前，他開始教一個傳教士學漢語。他所受的是儒家教育，但對基督的故事產生了興趣。他倆一道讀著，當故事臨近高潮、快要講到耶穌受難時，他完全沉浸其中

[065] 即「劍橋七傑」之三，中國內地會傳教士，曾長期在四川傳教。

了。一天早晨，他的學生因故離開了一會，他趁機一口氣讀完了耶穌蒙難的故事。當他學生回來時，發現他低著頭，正在暗自哭泣。他宣稱，從此往後，他將跟隨為人類而死的基督。他將他的儒教朋友們召集在一起，當眾焚燒了家裡供奉的灶神爺。儘管受到鄉鄰的迫害，還被逐出了文人圈，但他始終恪守自己的信仰。他的座右銘是「無所畏懼」。1900 年的義和團運動期間，他孤身一人走了上千里的路程，到偏遠的傳教站向基督教徒送去協助和鼓勵。其間的所有費用，都由他自己承擔。當傳教士逃向沿海一帶時，他還親自去接待過他們。從皈依時起，這位周先生就義無反顧，以他的無所畏懼，投入於基督教事業。

跟揚子江上的其他城市一樣，萬縣也常常遭受嚴重的水災。定期氾濫的洪水，來勢非常凶猛，有時甚至連平常河流淹不到的地方，也會被洪水淹沒。聽說大水逼近，人們就會攜帶物品，搬到地勢較高的街區，並拆除屋頂的瓦片，以形成氣孔，供狂怒的巨龍呼吸。退水後要辛苦好些天，才能將殘留的沉澱物清理乾淨。這個虎年還發生了很多火災。據說芝加哥大火，是一頭母牛造成的。牠把尾巴伸進一桶煤油中，然後在附近一盞油燈上輕輕一拂。萬縣那場五月的大火，緣起於一個粗心大意的當地人。他住在南城門外的一間小屋裡。那天，他將一根點燃的蠟燭，插在了竹子做成的隔牆裡。中國人平時常這樣做，並沒有出過什麼差錯，可這次，蠟燭一路燃下去，最後燒到了竹牆上，乾燥的竹牆很快被點燃，整個房屋隨即燃燒起來。火苗從一座房屋蔓延到另一座，又竄到了城牆上的建築，並且引燃了城內的房子。那次火災開始於晚上 10 點，很快就威脅到全城。整個城市沒有化為灰燼，得益於當局的努力，他們用常規辦法，拆除了幾個街區，才阻止了火勢。這個辦法非常有效，當然代價也很大。幸運的是沒有人員傷亡，直到翌日黎明，大火才得到控制。此時，300 座房屋已蕩然無存，另外 150 座已被扒倒。幾天過後，第二場大火又接踵而至。一個兒童在一家火藥廠裡玩火把。不難預料這個遊戲玩不了多久，火藥突然爆炸，帶著那個兒童瞬間就消失了。耀眼的火光隨即出現，大火摧毀的房屋數以百計。

在經歷了這些災難之後，縣官釋出了一個告示，指示人民如何防止下一個災難。這個告示以中國特有的迂迴說法，嚴厲地命令人們在遇到火災時，要爬到屋頂上，打破六個雞蛋，並且將一把米灑在大火裡。當這位縣官被問及他是否真的認為這樣做會有什麼效果時，他答道：「不，但我們必須做這些事，以便使人民滿意。」事實上，天朝大量的風俗習慣都只是為了「迎合大眾的願望」而設計的。當普通的方法不能夠阻止大火蔓延時，官員的職責要求他為了人民的利益而犧牲自己，即縱身躍入火中，以平息火神的怒氣。而狡猾的天朝官員為了自己活命，就在這件事上投機取巧；他把自己的衣服、帽子和靴子扔進火裡。這樣的獻祭並不只局限於中國人。

前面提到過的那次乾旱的初期，官方曾貼出布告，人人必須戒葷。豬肉店被關閉了，到城裡賣雞鴨的鄉民也受到了嚴懲。而一旦縣令的忍耐達至極限或他的胃口因吃菜太多而厭惡蔬菜的話，他有權指定在某一天暫時取消那條戒葷禁令。再說，偶爾也會有大官經過此地，要是沒了那些無害和必不可少的豬肉，他又怎麼能取悅上司呢？為了抗旱，縣官有時會不辭辛勞，到遠處的山洞，即龍的住所，取一瓶神水回來。這樣的朝聖過後，取回的神水便可以在以後的旱災中用好幾次。人們認為，廢棄的舊水井裡住著魔鬼，它們的惡意搗亂造成了乾旱，所以廢井的井口都會用罪犯的木枷封住，以防止惡魔作祟。木枷上貼著紙條，痛斥惡魔造成的苦難。這種做法就是以世俗的觀念來對付惡魔。

另一做法是找隻黑狗，將牠打扮成女人，再僱一個轎子，由四人抬著，沿街遊行。最後的辦法是負荊請罪。所有的朝廷命官都自戴枷鎖，到龍王廟去懺悔，至少表面應該如此。其中有個更聰明些的官員這樣跟自己說：「在民眾眼裡，我不過是個小神；我們還是從大神開始吧。」於是他把龍王搬出廟來，放到衙門的庭院裡，坐在龍王身旁，和它談論天氣。過了一會，他進了衙門，留下龍王在烈日中曝晒，直到身上的油漆全都起了泡。

抗旱還有一種辦法就是用人來扮演水裡的龍王，並承受人們用汙水桶的夾攻。雖然中國人並不特別愛乾淨，但歐洲人也無法想像，他們會把那種令人作嘔的髒水潑到扮龍王的人身上。

外國人的出現和福音書的傳播似乎並非導致暴亂的唯一原因。在我看來，人們聚眾鬧事，還有著更大的企圖，那就是財富。萬縣城裡有很多錢，因為不過縣衙之地，所以沒有多少兵勇保護。目擊者告訴我說，這裡曾發生過多次搶劫，其中的一次原本是有預謀的，一夥人密謀在子夜時分發動暴亂，洗劫城市。一聽到三聲槍響，全副武裝的暴徒就會衝入城內，把官員都抓起來。但災禍中也存在著僥倖，那訊號沒發揮作用，暴徒們搬起石頭砸了自己的腳。官員們非但沒有被抓起來，反而在周圍鄉間逮捕了幾個叛逆首領，並將其斬首示眾，將頭顱掛上高杆，以警告其他強盜。事後發現，萬縣的一個富豪曾在暴亂的前幾天僱了不少苦力，將金銀財寶等貴重物品，轉移到了俯瞰城區的「天生寨」。他被控是同謀，對此，他堅決予以否認。但他的敵人不願就此罷休，又指控他玩忽職守，沒有稟告，犯有失職罪，他被判罰白銀二萬兩。毋庸置疑，這筆罰金的一部分落在了那些官僚手中，但絕大部分還是物得其用 —— 在各主要街道設置木柵欄。這些木柵欄白晝開啟，晚間關閉，並有更夫負責看護。

萬縣的福音傳道者趙先生

鐵先生的「影子」吳士章

章必成[066]先生告訴我，他認為洋人要時刻準備接觸中國人，這一點非常重要，他還認為客廳傳道的工作不該都讓當地人做。他說將吸食鴉片的病人留在屋裡，而不是當成門診病人，絕對是有好處的。當保寧剛剛開放時，這是了解民眾的唯一途徑。章必成指出：

我敢說，我們治癒的病人所講的故事雖然對我們有利，但和那些不利的報導一樣，也往往言過其實。接受治療的人中，有些人老喊背疼，為了緩解他們的疼痛，我在手上套隻精紡線襪，為他們做按摩。由於效果不錯，他們便傳言開去，說我有隻魔襪，能包治百病。

另有一次，我衝進一座著火的房子，用水澆滅了大火。那些驚魂未定的中國人既欽佩，又驚訝，後來全城都傳言說火燒不死我。我的部分病人，就是那些吸食鴉片的人，邀我去參觀他們的市場，這使我得以從一個地方走到另一個地方，跑遍了整個地區。我做傳教工作已經 15 年了，起初沒有什麼成效，有時乾脆什麼也做不了。但現在不同了，很多地方都忙著，或是買房，或是租房，或是翻修舊房，人們正做著傳教的準備，還請求派教師過去呢。

[066] 章必成（Montagu Beauchamp），「劍橋七傑」之六，英國內地會傳教士，曾長期在四川傳教。

幾年前，我曾和一個農民交談。他承認非常欽佩基督教學說，也說了不加入的理由：入教的文人太少。他說肯定有什麼缺點是他無法發現的，否則皇上和文人為什麼都不是基督徒呢？此後不久，皇帝頒布了告示，贊同西學，引發保守派的反彈，最終就是1900年爆發的動亂。

受過教育的階層準備默認我們所說的那些基督教教義的優點，可是他們馬上又會說，這跟中國聖賢的教誨並無區別。依我看，中國的皈依必須從社會的下層開始。

然而，難道不正是透過那些「明知不能證明」的人，才傳播了這樣的知識——「生命者，起於信而終於愛」？

只有錯買，沒有錯賣。

One only buys by mistake; he never sells by mistake.

第七章

華人也能爭分奪秒－難忘的步行－重慶－無處不在的竹子－中式的苦力合約－重慶的傳教使團－前往瀘州之路

凌晨2點45分，我們到達瀘枝，這是揚子江上游一個較大的市鎮。船夫把一個鐵頭竹篙穿過船首的孔洞，插在前灘厚厚的淤泥之中。船員們蜷著身子，往鋪蓋上一躺，享受了幾個小時早該得到的睡眠。由於6點25分又要起航，所以沒能多看這個地方。瀘枝這個地方相當開闊，部分城區就位於冰磧上。據船夫說，這個小鎮最出名的產品是竹蓆，可以用作船篷。

離開瀘枝，我們很快就穿過了一段湖泊般的美麗水域。我注意到，岸邊的很多地方都有白色的斑點。後來發現，那些東西全是直徑約一英尺的石頭，上面都刷上了白石灰。據說這樣能嚇跑野兔，保護莊稼。我在中國還從未見過野兔，只見過家兔，所以這種說法的真實性只能依賴那位船長的誠實了。

我把祕書留在那艘老爺船裡，自己精挑細選一些船員和縴夫以後，便帶著翻譯登上紅色保甲船，向重慶出發。我的那些船員非常出色，雖然只有五人，但人人認真負責，跟傳教士一樣。還有一個從萬縣就一直跟著我的兵勇，善良能幹，體格強健。我們超越了很多溯江上行的船隻，顯示我們正以破紀錄的速度行駛。即使在吃飯時，也沒有把船停在某個平緩的小水灣，懶洋洋地倚靠著船吃東西，而是只派一個人上岸，只要還能划船，舵手就會搖櫓，所以船也一直往前走。甚至縴夫上下船隻也不停船，他們只能在方便的地方跳上跳下。這證明了我一直堅信的一個事實，即儘管在通常情況下，「中國人懶散而無精打采地虛度光陰」，但他們也能爭分奪秒，假如有必要，他們做事完全可以跟任何人一樣快。

停泊在重慶江邊的作者搭乘的那艘「老爺船」

我曾提到過那些富裕農民的農舍寬大開闊、惹人注目，坐落在揚子江沿岸如景似畫的地區。《聖諭廣訓》倡導弟兄們要和睦相處，加之當今皇帝要嘉獎四世同堂的和睦家庭，不難想像，這些巨大而漂亮的民舍中住著眾多的人口。

我站在重慶下面的海關關卡處，發現離城的距離，若走水路大約有 30 里，但走陸路則不超過 12 里。儘管天就要黑了，紅色保甲船上的人都非常疲倦，於是我決定走陸路。海關的倫德先生叫來兩個苦力，借我一盞大燈籠，送我上路。在渡過了大江之後，我們開始了夜間的徒步旅行。翻過幾座小山丘，前面是座獨木橋，橫在溪谷上，我並不喜歡過這樣的橋，可又別無選擇，只能過去。然後又沿著一層層的梯田爬上山去，過了一些稻田和不少墳地以後，腳下的小路變得只有兩英尺寬，有時甚至更窄。每邁一步都得謹小慎微，因為一步有誤，就將意味著掉進水稻田洗冷水澡，而裡面所施的肥料都是人糞！就這樣，在一個半小時後，我們終於從陡峭的石階走下來，到了岸邊。我們搭乘一艘小型渡船過江，前往重慶。三艘英國砲艦在江面停泊，艦上燈火通明，似乎在用閃爍的燈光向我們致以友好的問候。過了大江之後，我們又登上了更多的石梯階，不僅陡峭，而且溼滑，因為在這座城市，有 6,000 名苦力靠擔水為生，從江裡擔水到城裡，送給商店和居民區。就這樣，我們完成了一次破紀錄的旅行，從萬縣出發，僅用了六天時間，就走完了通常要十天才能完成的路程。

我們直接去了內地會的新址，受到了衛保哲（T. G. Willett）先生的熱情歡迎。英國聖書公會的何永學（C. E. Hicks）也在那裡，他走了 1,600 里路來尋找英國領事，為他和一個女傳教士舉行婚禮。這兩位傳教士都掌握了不少漢語詞彙。

山城重慶有 30 萬人口，來自兩個以上省分的各個角落。這裡是個傳教士的活動中心，包括女士在內的 50 位傳教士在此生活。他們的工作範圍以重慶為中心，涵蓋周圍的邊遠地區。他們舉止高雅，具有良好的教養，可使任何城市蓬蓽生輝。

徐麗生 [067] 是被派往藏區工作的挪威籍內地會傳教士，能說四種語言。七年來，他在藏區邊陲的各個部落工作，致力於他們的皈依。有一次，他已經越過了邊界，但為了避免不必要的犧牲，他發現改時再去更方便些。我們到時，他也在重慶，正準備前往藏區。談到他傳教的種種努力時，他告訴我說：「最最難受的是，都工作六、七年了，還沒見有一個人皈依，而與此同時，家鄉則享受著福澤。」他說著，眼裡噙滿了淚水。如此具有天賦的紳士，花費了如此大的辛勞，結果卻什麼也看不到；但有許許多多的傳教士，像這個斯堪地那維亞人一樣，將自己的最好年華貢獻給了拯救異教徒的工作，雖身處他鄉，工作沒有收穫，依然無怨無悔。他們的熱情認真，他們的真摯奉獻，都是毋庸置疑的。正因為有他這樣的人，

[067] 徐麗生（Theodore Sorensen），中國內地會挪威籍來華傳教士。他於西元 1896 年來華，先在北京和天津學習漢語，然後被派到了四川北部的打箭爐（今康定縣 —— 譯者注）藏區去從事傳教活動。

「人生才能在看似失敗的地方獲得成功」。他還跟我說起一個藏族喇嘛對基督教真理有著極為濃厚的興趣，並曾告訴他說：「我一生都在尋求安寧，或許你們的宗教對我更合適。」可他突然間就不再來了。他是否已被他那些狂熱的同胞所殺害？

重慶有不少工業。這裡的豬鬃品質上乘，每年外運豬鬃多達萬擔，約合 1.3 萬磅。外商主要靠這個豬鬃產品來賺錢。我曾試圖了解為什麼豬鬃那麼走俏，但沒有成功。當地的藥材也大量出口，每年百萬擔左右。我曾問海關的稅務司，重慶生產的藥材有多少種，他指著一個兩英寸厚的冊子說：「那本書裡全是本地生產的藥材名稱。」最有價值的出口商品是鴉片。本地產品正在迅速取代洋貨，目前的出口量為每年 1.6 萬擔。去年從這個碼頭運走的山羊皮為 40 萬張。

這裡是四川的一個忙碌的商貿中心，在擁擠不堪的大街小巷裡，可以看到許多竹製品。事實上，在這個省，一個人可以住在竹房裡，頭頂是竹簷，坐在竹椅中，面前擺著竹桌，雙腳放在竹做的腳凳上，頭戴竹斗笠，腳穿竹涼鞋。同時，他還一手端竹碗，一手握竹筷，津津有味地吃竹筍。他的飯菜是用竹枝葉燒的。用完餐後，用竹布擦乾淨飯桌，再用竹扇為自己納涼，躺在竹床上睡個午覺，床上墊著竹蓆，頭下墊個竹枕。他的小孩就躺在竹搖籃裡，玩著竹玩具。午睡過後，他抽一會竹菸斗，取過一枝用竹子做筆桿的毛筆，在竹子做成的紙上寫封書信，或者把物品放入竹籃，掛上竹扁擔，撐開竹傘，準備上路。他走過一座竹子搭成的吊橋，用竹子做成的水勺舀水喝，用竹子做成的汗帕（即手帕）擦汗。竹子既輕便又堅韌，各式各樣的竹產品，顯示著中國人各式各樣的潛能和想像力。

重慶是中國最好的城市之一，上面所猜想的人口，僅僅是城區內的人口，另有 10 萬人住在郊區。大約 10 年前，官方在這裡興建了一家鑄幣廠，配備有最現代的機器。那是由一位美國專家協助建起來的，但是，

因吉卜林 (Kipling) 所說的「官方罪過」，不久便關閉了。然而就在一個月前，它又重新開工了，現在鑄造的川銀圓，當地各家錢莊都視之為合法貨幣，準備正式流通。白銀的運輸由苦力承擔，每擔 1,200 兩。70 名苦力排成一條線，並非罕見。他們停下來過夜時，白銀被堆放一處，由全副武裝的人看守。不過，儘管防範嚴格，搶劫之事卻並不鮮見。有個苦力受到亡命之徒攻擊，被砍成重傷，被送到美國人開的醫院接受治療。他英勇抵抗，脖子右側被扎了一槍，深達二英寸，臉上被砍了一刀，差點砍中眼睛，但頜骨被砍裂，耳朵也被砍傷，雙手也從腕關節處被砍掉。另有一個護衛在子夜的偷襲發生時正好在屋裡，藏在棺材裡才躲過一劫；而第三個人則被活活打死。

在重慶，木匠的收入是每天五美分的工錢，另加飯菜 —— 價值相當於兩美分半，每十天還能再得到半斤豬肉。普通勞工的收入則是每天二美分，外加一頓飯。

中國人從來不知道在機械裝置中使用螺絲釘，所以天朝人也就沒有老虎鉗。城裡正在興建洋房，所用的木材，運來的都是原木，或是新砍的，或是陳木，放在地上風乾後，供人仔細挑選使用。由於工具簡陋，技能缺乏，偶爾還要加上懶惰，所以一個美國人做的工作，往往需要十個中國人才能完成。

慈禧太后及其大臣們的怪癖行為所造成的割地賠款增加了國民負擔，這些賠款列入條約很容易，而要從子民身上榨取就難了。因為絕大多數百姓僅能餬口，正如常言所說，「今天只有今天的糧」。於是，四川總督奎俊下令，在全省範圍內，每殺一頭豬，屠夫要多繳一百文銅錢的課稅，想藉此徵收分攤給他的部分款項。當重慶官方著手收取這筆課稅時，屠夫行會（在中國，每個行業和每個人，包括乞丐和小偷，都有一個行會）奮起反抗，團結得猶如一個人，企圖捍衛自身的利益。他們發起了一場聯合抵制運動，拒絕宰殺生豬。屠夫們希望，透過這一行動，能最有力地喚起大眾，反對總督的勒索。他們中有 50 人攜帶口糧占領了城隍廟。這種行動相當於矛頭直指天子陛下的一場謀反運動。官方下令炮轟屠夫們的所在位置。屠夫們沒能獲得所期盼的支持，被迫投降，結果可想而知。豬沒有殺掉，被殺的卻是人，所謂「殺一儆百」。暴亂平息了，聯合抵制解除了，豬肉也課上賦稅出售了。

據我的經歷，在中國陸路旅行，最重要的事情之一，便是與抬轎和搬運行李的苦力簽約。一個明智的做法似乎是去找「麻鄉商號」，那是中國西部最大的「苦力行」，從那裡僱用苦力。用來寫契約的紅紙，長兩英尺，寬一英尺半，看上去令人非常敬畏。這裡給出的是譯文，更確切地說，是一種譯法，因為像西方的公文一樣，這紙公文也有多種解釋。

僱苦力往瀘州的契約（譯文）

麻鄉商號東區先生

茲有蓋洛先生，美利堅國紳士，欲僱腳夫以抬轎擔物，是故前來接洽。蓋先生將自渝啟程，須送至瀘州，價目已定，每人二吊二百，空口無憑，立字為據。所僱腳夫，無論出力多寡，人均半斤豬肉。論功行賞，多勞多得。所用轎椅，或頂角三人轎與或四人轎，或雙擔轎，按人計酬，現錢付給，前者每人六百錢，後者每人八百錢。擔架繩索由蓋先生準備。單人肩挑貨物，每擔八十斤；二人合擔，最大毛重一百二十斤，過秤為準。渝地首付，人均千八，餘四百至瀘州付清。途中所花茶錢之多寡，由蓋先生慷慨裁定。

此為原契，存於商號。

腳夫眾人，舉一人為首，若出差錯，此契備查。

為免欺詐，立此文契。主事腳夫，鄭太平。

行程期限一併約定，臘月十九日夜裡三更之前，進入瀘州。

立據日期：光緒二十八年臘月十六日。

立據人：麻鄉商號渝城分號東區先生（簽字）

東區先生曾是這個行業的一名苦力，現在是一個頭面人物，掌管著可能是中國最大的一個苦力和郵件行。一位官員發現了他的才幹，幫了他一把，將這個行業交他負責。有一次，他曾在運貨途中丟了這位高官的部分珍貴貨物。好在後者知道他的誠實，所以不但原諒了他，還繼續給予支持。這個故事，聽起來像個美國年輕人的故事，但說明，即使在中國，一個人只要敬業，同樣有機會成功。

25 年前，內地會便在重慶開始了重要而成功的工作。傳教士們普遍認為，這個傳教站所在地，不利於身體健康。他們的生活經歷也為此提供了堅實的證明。在過去的 25 年裡，有 30 名傳教士在此工作；事實上，該會有 5% 的力量集中於此。在我看來，這個數字顯示，有相當多人的人生都耗費在這裡。據說，跟在華的其他傳教使團相比，內地會傳教士的死亡率高居榜首。至於重慶是否利於人體健康，人們各有看法。一位外國醫生（在砲艦上服務）認為這裡非常有利於健康；其他人則認為，這裡到處是能滲水的多孔岩石，它們能吸收水氣，也能釋放瘴氣，從而帶來瘧疾和痢疾。

內地會的禮拜通常約有 350 人參加。那是一座漂亮的禮拜堂，有能容納 500 人的座位。整個建築約值 1.5 萬兩白銀。重慶是個商貿中心，內地會也在這裡有家自己的商行，負責該商行的就是衛保哲先生。他掌管財務，經營金條銀元、郵務和日常必需品。為了使分散在中國西部的傳教士生活更加舒服和方便，他幾乎無所不作。這位精明的經理，精心地處理每個細節，密切地注視上海的貨幣市場，很快結清了所有的辦公費用，頭一年下來就有了盈餘。無論內地會，還是其中的每個成員，都有了可觀的積蓄。可以說，他這個人「誠信經商，必將出人頭地」。

尤其讓我感動的是，衛保哲先生在處理我某些個人事務時所顯示出的才幹。聽說他身體不好，可他快樂而隨和，處處與人方便。在他看來，要是更多的人都「病」了，那他就更有事可做了。

以都柏林大學畢業的韋濟恆（L. Wigham）為首的英國公誼會創辦了一所學校，無論什麼教派，所有傳教士的子女都可以入學。只有一個英國公誼會傳教士的孩子在讀，這說明學校純然是慈善性質的，不分宗教派別。城裡最大的華人男童學校，也是英國公誼會創辦的，學生們學習數學和英語，勁頭十足。他們的教會共有 28 個會員，另外還有 50 名候補成員。貴格會講述過一個有趣的故事，說的是一個名叫韋哥的中國富紳，今年 36 歲，家住離重慶 200 里的一個縣城。他得到一本基督教的書，透過仔細閱讀，逐漸認識了基督教的真諦。他隨即開始實踐，凡他認為救世主的信徒該做的事情，他都去做。他向親朋好友宣講自己發現的新的真理，讓許多人認識到了耶穌基督。時隔不久，一個傳教士來到這裡時驚奇地發現，基督徒已達 80 人之多，而且定期聚會做禮拜。他向縣官和村民打聽情況，了解韋哥先生的人品，人們都異口同聲地說，他以前的口碑不是太好，可現在改邪歸正，判若兩人了。去年，當他離家布道時，義和團來到他的家裡。朋友們寫信給他，勸他回來照看家業，他卻回信說：「我這裡正準備宣講福音書，這比什麼都重要。」「兩軍對壘之時，掌握真理的一方豈會一敗塗地？」[068]

倫敦會的傳教士曾改變過薩摩亞群島[069]，現在，在重慶也有著意志堅定的倫敦會[070]傳教士，其中的佼佼者是帕克先生。他們不但傳播福音，還廣泛從事醫療救治工作。然而，傳教士們儘管做了種種努力，依然有人到處批評他們，指責他們的工作；依然有人不清楚：這些淑女和紳士

[068] 米爾頓（John Milton），《論出版自由》（*Areopagitica*）—— 原注

[069] 薩摩亞群島，位於南太平洋。

[070] 倫敦會（the London Missionary Society），創立於西元 1795 年，由國教會和長老會發起，後得到公理會等的支持和參與。其宗旨是向「異教徒地區」和「未開化民族」傳教。其傳教士不分宗派，專注各主要宗派認同的基本教義。曾得到英國政府和東印度公司的贊助。基督教新教第一個來華傳教的馬禮遜（Robert Morrison），即為其所派。

究竟是什麼樣的人，為了人類的幸福和世界的安寧，他們究竟是如何辛苦工作的。

除已經提到的以外，在重慶的教會還有兩個，一是羅馬天主教會，一是美以美會，二者都頗具規模、事業順利。美國人更多地傾向於從事醫藥工作。我還發現，中國人都喜歡「吃」洋藥。所以，除了一次對當地人來說是既有趣又愉快的騷亂以外，人們對我的同胞們一般都是喜歡的。一家大醫院正在建設中，需要僱用大量的工人；因此保持和平安寧對大家都有好處。僅在去年，就有 1.8 萬個當地病人接受了治療。美以美會還創辦了一家聖經學校，培養福音傳道者，以適應日益發展的事業。這些洋基人正在那裡做著許多艱鉅的善事。

虎年臘月十七日凌晨 5 點 30 分，我帶著遺憾離開了重慶。那天，我起床後，喝了杯咖啡，吃了些葡萄乾發糕，準備出發。隨行人員除了祕書和翻譯，還有在「東區」商號僱用的那些苦力、衙門的幾位差員，以及一些士兵。苦力和轎夫都十分準時，工作也很賣力。

6 點過後，我們一行過了九節橋區，沿著一條狹窄的街道，經過幾家新建的法國天主教學堂，兩個神父站在門口，胸前大大的十字在他們的黑色長袍上擺動。之後，我們又穿過了「南場門」。衛保哲的貼身助手在這裡向我們道別：「慢走啊。」我們回答：「請回。」在依稀的月光下，我們走過了城牆外幾英里的墳地。自從尤鑾子謀反以來，那段城牆已經加強了防備，以抵禦強盜的偷襲。

在長排的亂墳堆中間豎立著的電報電桿，頗能引起種種聯想。路邊到處可見供奉土地神的神龕祭壇。離城 15 里處是「浮屠關」，石壁正面雕刻著一尊鍍金大佛，近處刻著「公正、仁慈、博愛」等字樣。一個和藹的老人見到我，微笑著問：「您這樣人先生，上哪裡去呀？」「去瀘州。」我答道。

那天我走的是從重慶去成都的寬闊省道。這條大路寬 7 英尺，路面用石頭鋪成。它令人想起兩句著名的詩句：

人情冷暖秋雲薄，
世路崎嶇蜀道難。

我們在「恆供」客棧停下休息，並於 7 點 40 分的時候吃了早飯，我吃了兩大碗米飯和豆腐。客棧前廳非常開闊，木頭橫梁上釘著竹條，大地母親就是天然地板。那些四面都雕刻著花紋的方桌承托著美味佳餚。上午 10 點半，我們經過了「石橋店」村，那裡有好幾道石牌坊，上書「忠孝貞節」、「至善美德」等字樣。正午時分，我們到了「龍洞山寨」，它的四周修有圍牆，用來阻止盜賊進入。附近一家茶館取了個響亮的名字，叫「敬德堂」。午飯是在沛市（Peshih）村的馬氏客棧吃的。這個村子只有一條長約兩里的街道。馬先生說不清楚到底有多少人在村裡居住，也說不清自古建村以來，有多少人死在那裡。三個人的一頓午飯共計 134 文銅錢，約合金幣 6 美分，包括燉肉 82 文、米飯 42 文、蔬菜 10 文。這些東西，足夠我們所有人吃的。下午 3 點半，我們來到了召馬坑村，看到一戶人家正在一口鐵鍋裡燒紙錢。據說這是那家一個死者的忌日，親人們正替他準備錢財，好讓他平安抵達冥界。

下午 5 點半，我們走進鳳凰臺鎮的「榮華客棧」。至此，我們在一天之內走過了 110 里的路程。大家都睏倦了，但還是狼吞虎嚥地吃完了飯菜。飯後，其他人無疑是去了哪裡都能找到的鴉片窯子。我在打字機上寫了一陣日記，便早早休息了。入睡前，我已在床上放了塊油布，就放在棉被下，以防備那些活蹦亂跳的昆蟲，這些跳蚤數量龐大，似乎總在伺機而動，對客人提供特殊的款待。

前往瀘州途中的皮市附近的一家黃氏宗祠

由於第二天，即 18 日，要早早動身，淩晨兩點半，我就匆忙起床，開始盥洗。3 點 15 分，我們動身出發，踏上了當天 150 里的漫長路程。冬天的淩晨，天氣十分寒冷，我決定步行，這著實讓四個轎夫感到高興。到 7 點整，我們正在穿過紅褐色土地的鄉間。成群的苦力不時地從我們身邊走過，他們都用扁擔挑著兩個裝滿了煤炭的圓竹筐。到了小馬村時，我們停下來吃早飯。在這裡，我見到了大串的銀錠，都是用紙做成、用來愚弄那些幽靈的把戲。在柑橘集市附近，有一道石牌坊，上面雕刻著的座右銘是「樂善好施」。一路上，有大量的這類格言，都銘刻在紀念碑似的牌坊那冰冷的石頭上。這類建築耗銀多達數千兩，有許多甚至是在皇帝的讚許下興建的，其中相當一部分是出於對那些貞烈寡婦的紀念，她們成功地抵制了追求者的再婚請求。在這種情況下，孤身死去就變成了一種美德。

上午 11 點，我們爬上了一座小山。我停下腳步，向四周眺望。美麗的山谷就在下面，整個區域中凡能耕作的地方，哪怕只有一平方英尺，全都開闢成了農田。幾頭水牛正在田間耕耘。幾座墳墓點綴其間，以示對那些「不幸死者」的紀念，上面覆蓋著棕色的野草。舉目望去，許多田埂縱橫交錯，將整個山谷分割成無數的不規則的小塊。當這些田埂一直延伸到溝渠兩側時，田野的輪廓顯得越發完美，恰似一幅宜人的畫卷。當鄉間的地形起伏不平時，田埂也就顯得越發密集。道路兩側，到處可見紅色的罌粟花。其果實支撐的鴉片將把可憐的天朝人送入恍惚的仙境，然後再把他們扔回到沒有鴉片的現實中，來品嘗更深的貧窮。一排排的小麥，間距在6英寸左右，給大地一絲綠色的氣息。其他水田已經翻犁，灌入了清水，準備種植水稻。我看到山谷中有一些樹，其中有幾株冷杉樹，下面的枝杈已被砍去。平地上鬱鬱蔥蔥，長著那用途廣泛、極富觀賞價值，而且無處不在的翠竹。精耕細作的田地中央，聚集著農舍，家家茅草蓋頂，竹條窗格，泥灰塗面，看上去非常舒服。

中午，我們到達永川縣，在一家名叫靜心的客棧吃午飯。這裡約有25座異教神廟，另有羅馬天主教和新教的傳教使團。自我踏上這條山路以來，這裡也是第二個興建了福音堂的市鎮。這些福音堂正在默默地產生著強大的影響，使老百姓對救世主有了或多或少的認識。沿途我常會看見一些深褐色的地方，因其色彩與土地沒有絲毫差別，所以很容易使我上當受騙 —— 幸虧這種欺騙只是觀念上的。有隻當地土狗的運氣就比我差多了，竟真的受騙，誤將它們當成旱地。不想卻掉進了一個水塘，掙扎了好一會工夫才脫險。我這才發現，那些深褐色的生物原來竟是一種真菌。它們重量極輕，漂浮在水面，不僅騙過了那隻不諳世故的川狗，也騙過了見多識廣的美利堅旅行者們。

通向成都的一條大道上的牌坊

下午 7 點，我們一行拖著疲憊的腳步，終於走完了 150 里的路，到了王家亭村，住進了天源客棧。不久前，這裡曾發生過一起特大搶劫銀兩案，主犯已被抓獲，現正押在大牢，等候北京當局的裁決。我那幾個轎夫剛剛完成或許前所未有的重任，事實上，我認為他們已經打破了所有的紀錄。放下飯碗，他們便蜷作一團，呼呼睡去了。

第二天是週六，要在上午 4 點到下午 5 點間，走完剩餘的 129 里山路。那天早晨發生了一段有趣的插曲。前晚入睡前，我們便與睏倦的轎夫做了安排，動身的時間定在「雞叫」的時候。這是因為，像大多數古代居民一樣，中國人根本不在意什麼鐘錶的時間。凌晨 3 點半，當我們叫他們起床時，他們睡意朦朧地回答了一聲「雞還沒叫」，便轉過身繼續睡覺。他們沒有聽到公雞打鳴，所以也就沒到雞叫的時間。由於我們堅持要走，他們最終還是起來了。上路一小時以後，公雞的啼叫終於傳入耳鼓。這時，我們已經在前往瀘州的最後衝刺中，走出了很長一段路程。

經過一個名叫立石山的鎮子時，我見到一個幾乎全裸的男子正躺在狹窄而骯髒的街道上，離他的頭僅幾步之遙，就是一個衛兵的哨所。他已經奄奄一息，大概是從哪個屋子裡被弄到這裡，好讓他死在露天裡的。一個人，尤其是一個陌生人，如果死在床上，是件很不吉利的事。這樣的場景，在中國是司空見慣的。窮鄉僻壤是如此，就連重慶那樣的富裕城市也是如此。乘坐渡船過了揚子江（我們在此又回到江上）後，我們就進了瀘州，找到了澳洲傳教士的教堂，受到了他們的熱情歡迎。

前往瀘州途中奇鴉村的牌坊

作者的轎子停在重慶附近一條石板路的橋上

人惡人怕天不怕，人善人欺天不欺。

People fear a bad man, but Heaven does not fear.

The world impose upon a humane man, but Heaven does not.

第八章

傳教的需求－當地人的服飾－瀘州－拜訪官員－中國囚徒－包票－鹽井

我的中國之行旅途漫漫，又逢多事之秋。然而，我所受到最為真摯的歡迎，是來自瀘州的澳洲傳教士。雖然他們是浸禮會的成員，但仍然壯大了中國內地這個由各大教派所組成的傳教團體。他們甘願自我犧牲，對當地皈依者的教育卓有成效，並率領他們去忍受迫害甚至死亡。這真是值得大加稱頌。這些澳洲人的努力贏得了中國各個階層的信賴，成效之大，值得效仿。他們顯示出了每一個真正傳教士所特有的那種好客和殷勤。傳教士們很少被號召去無緣無故地款待來訪者，但某些沿海城市的傳教士們應該從他們的傳教使團中獲得補貼，以便能招待客人，讓陌生人有賓至如歸的感覺。如果讓一位遊客帶著外國傳教士刻薄吝嗇的印象離開，那可是非同小可的事。甚至一點點小氣或缺乏友善的表示都很容易讓遊客產生偏見。他聽說過好多關於頹喪的傳教士的故事，他們逃避社會，不想讓人看到他們。真正的傳教士會主動與廣袤和繁忙活躍的外部世界打成一片。因為關於從業兩年之後，傳教士便不再會進德修業的說法或許不可全信，但肯定預示著某種危險。「記住，當判斷力減弱時，偏見就會增強」。

讓慷慨善良的傳教使團朋友們向遠在異教土地上的傳教士贈書吧，而且要贈好書。對富裕的美國人或英國人來說，三個月捐出一本真正有趣的書，也不算是什麼犧牲。但是對傳教士而言，不僅能增長知識，而且還能在勞累之餘有幾個小時放鬆消遣。這些書無須是宗教類書籍，有許多作家的作品趣味盎然，深得東方國家裡那些「勇敢」和敏感的讀者喜歡。有人認為，高尚的傳教士墨守成規，並且相信除了他們採用的或先輩們在同樣的狀況下創立的辦法之外別無他法，這種想法是危險的，但若還像義和團運動爆發前那樣一成不變地在中國傳教也是愚不可及的。對這種布道方法樂此不疲的傳教士個人或團體不過是浪費他人的錢財和自己的精力。

世道變兮舊復新，
永珍自可識真神。

在瀘州，我發現傳教士們都是當地人的打扮，但個個衣冠楚楚。苦力們會聽命於衣冠齊整的紳士，也會聽命於不修邊幅的洋人，儘管他們會認為這些洋人太小氣，捨不得穿得好一點，而一身苦力打扮、穿著平平的洋人肯定令士人所不齒，留不下多少好印象。傳教士該不該穿當地人的服裝，三言兩語難以說清，而至於留辮子則沒啥可說的了。對我而言，斤斤計較於此實無必要，而且很蠢，特別是還有數百萬的人希望掙脫這種強加在他們身上的奴役象徵時。「中國蠻子」稱不留辮子的洋人為「真鬼子」，稱留辮子的洋人為「假鬼子」，由此可看出絕大多數的中國人對洋人的態度。我說的不是義和團運動之前的情形，而是現在！像滿人那樣盛氣凌人的洋人是無法向大眾施加影響而讓他們去接受一種陌生、玄奧而不便的宗教的。穿當地人的服裝或許會有某些優勢，但是讓可惡的辮子從每個傳教士的腦瓜子上去掉吧，或者至少讓每個傳教團有自行選擇的自由，相信每個傳教士會處理好此類事情，否則他就不適合在異國傳教了。

據說，如果外國傳教士不留辮子，不穿當地人的服裝，中國人就會直勾勾地瞪著他們，根本不在乎他們講什麼。這使我想起了一個人，他說每當他布道的時候，當地人都會站在那裡目瞪口呆；我全然相信這種說法，因為他幾乎不了解中國人，而且在那幫聽他布道的當地人眼裡，這個居然能結結巴巴講中文的傳教士肯定成了一個大活寶。但基督福音並不要求民眾屈從於昏庸無道的官府的淫威。讓傳教士們穿上文明開化之邦的普通服飾，並把那條慘兮兮的辮子弄掉，應該是由優秀民族把他們的習俗強加給衰弱的民族。若說惹人注目，難道傳教士不該盡量惹人注目嗎？單靠外國傳教士將永遠不會使中國人皈依基督教。確實還需要更多的傳教士來訓練皈依者，使他們增強信仰，但大量的工作必須由中國土生土長的傳教人員來做。目前在世界上已經找不到多少比在華傳教士更高尚的人了，而他們需要做出調整，以適應那些已經改變和正在改變的環境條件。「時代變了，我們也應做出相應的改變」。[071]

這個名聲不錯，但人手不夠的傳教團掌管著 30 個布道點，即每天舉行傳教活動的地方。目前這裡的傳教人員中，除了海哲士（W. T. Herbert）先生和他那勇敢的妻子，還有裴光華（F. Bird）先生和一位不久就要嫁為人婦的年輕女士。另外，在大江的對面還住著兩位傳教士。其中一位是麥金泰爾，來自昆士蘭州的美麗城市布里斯本。由於新來不久，他把大部分工夫花在了努力學習漢語上。最新結果顯示，他的學習「大有進步」。在這 30 個布道點上共有 104 位中國教會成員，但在 5,000 多名自稱的慕道友中，有 1,500 人被列為真正的慕道友。在過去的 6 個月裡，當地人已經捐出了 256 萬文銅錢作為修建、租賃和維持教堂的費用，這一結果令人大受鼓舞。多少年來，錢先生 [072] 一直在此處一個布道點苦心經營。今年他那裡又增添了 29 名教會成員，並從當地人中僱了 10 個福音傳道者。據猜想，中國 30 個城市中的每個人每年都會聽人講福音，或者說有上百萬人聽到過真正的福音宣講。在這 10 個福音傳道者中，有 8 人的經費來自當地人的捐贈。

傳教士把目前的成功歸因於一樁搶劫案。有幾位傳教士價值 400 兩銀子的財物遭搶。凶犯後來被捉拿歸案，但傳教士們拒絕索賠。這幫傳教士就是在底蓬的官道上被一個匪首領著造反蠻子搶劫的。劫匪們服了兩年的刑，錢先生便要求放了他們。據說這種善意使他們大為感動，樂意去聽講

[071] 原文為：Tempora mutantur,et nos mutamur in illis.，拉丁語諺語。

[072] 錢先生（Tom James），中國內地會來華傳教士，西元 1882 年來華，在四川瀘州傳布福音。

福音。一幫強人還為此立誓，要保護福音堂的人員及財物的安全，而且說到做到。有一次，一位苦力拿走了幾串傳教士的銅錢，被強人截獲，問道：「這些錢是哪裡來的？」答曰：「拿福音堂的。」強人們立刻喝道：「拿來，拿來！」然後就平安奉還給傳教使團了。有幾個劫匪已經皈依了教會，其中有曾經打家劫舍的大盜，現在他們已是出色的基督徒了。我在瀘州參加過一次早禱，來聽講福音的有文人雅士，而且人數眾多。要知道，時下已近年關，每個中國人除了找樂子之外，對其他一切都很少感興趣。

瀘州城裡住著 4 萬多人，有一個大的鑄鐵廠。當地製作的傘也相當有名，而且瀘州還是西方的大鹽倉。城裡還有 66 座廟宇，諸如夫子廟和關帝廟之類，一大幫名聲不佳的和尚、道士負責對人們進行教化。城牆周長 15 里，7 個城門通常是開著的，但是去年這個時候是乾旱季節，城裡百姓開始祈雨。不到萬不得已，他們是從來不祈求任何東西的。他們所做的第一件事就是關閉南門，因為南方相對比較熱的緣故。雨並沒有求到，而乾旱倒是進入了城裡。人們不斷地向天祈求，可還是不見半點雨星兒。自道臺以下的官老爺們來到了龍王廟，趴在地上磕頭，祈求龍王送雨來，因為太陽菩薩是管晴天的，而龍王則是管下雨的。道士們唸著符咒，舉著道幡，每天繞著祭壇打轉三個小時，但還是無濟於事。南門一直關了兩個月。為了讓龍王留下更深的印象，人們用紙紮了一條巨龍，然後抬著它走街串巷，一邊往它那醜陋的腦袋上潑水，一邊祈雨。在整個祈雨過程中是不能殺生的。但龍王是個聾子，什麼也聽不見。到了一定時候，雨就自己來了，與諸神並沒什麼相干。

在這個地方，如果女人病了，就要到「瀘州藥母」那裡問醫。那位老巫婆要病人說出病症、姓名和生辰八字，生病的女人就透過讓藥母「看看蛋」，藥母就會呼喚著神靈，報出病人的名字，說：「某某人，回來吧！」意為替她招魂。然後，老巫婆會用紙錢包起一個雞蛋，顛上顛下，擠眉弄眼，哼哼唧唧，吱呀怪叫，然後把雞蛋扔到火中。過了一會，雞蛋炸開，老巫婆撿出來，檢視炸開的形狀。如果看起來像豬，她就說：「你的魂附在豬身上了，但現在已經附著在這裡了。」病人吃了蛋，靈魂就重新附體了！這樣治病簡直再簡單不過了。中國人說人有三個魂，丟了一個，人就死去三分之一了，把那個丟掉的魂招回來，人也就安然無恙了。

當我去拜謁該城的「父母官」和探望囚犯的時候，由一位叫林正田的先生陪我同行。他是個秀才，在城裡頗有名望，也是福音堂的成員。他平時吃素，皈依基督教之後，被尤蠻子叛匪首領抓獲並帶到一座廟裡，這位自封的法官對他說：「你是個文人，憑什麼要去信洋教？」他們強迫他退出洋教，但沒成功。只是在付給這位首領 23 吊銅錢之後，他才免於一死。

我動身前往衙門時已快到中午了，跟隨我去的有海哲士、林正田和一幫皮膚黝黑、前來看熱鬧的當地人。街道上經常會碰到臺階，忽上忽下的，幾經磕磕絆絆，終於看到了南角頭街。街道兩邊是肉舖、藥鋪、鐵匠鋪、染坊和棺材鋪 —— 好繁華的街道！我被吸引住了，即使沒什麼稀奇東西可看，我也可以觀察那些拿著碗、拖著棍子的叫化子 —— 他們是中國唯一拿著手杖走路的人。店鋪裡養的狗往往只同情店主人，對叫化子們很凶。這些衣衫襤褸、汙穢不堪的叫化子站在每家店鋪前面敲盆打碗，大呼小叫，直到一枚銅錢扔在他們那髒兮兮的討飯碗裡為止。穿過店鋪並立、雜種狗成群的婆口街，就到了大十字街。從那裡我們就進入了三牌坊街，只是石坊已經拆掉，誰也說不清楚那是些什麼牌坊。在中國，雖然人們起勁地壘起一些石頭牌坊，以永久表彰那些守寡守節、不肯再嫁的貞婦，但也許過不了多久就把她們忘記了。街上，人們的腳步已經把埋入地裡的鐵樁的上端磨得光溜溜的。當地人說鐵樁沒有下端，怎麼挖也挖不到，在世上竟然只有一端的鐵樁，太罕見了！因為這個緣故，這條街又叫鐵樁子街。我們很快穿過了這條街，就到了衙門的大門口了。

在瀘州「父母官」衙門前的囚徒

在中國城市裡，只要站在高處，總能找得到衙門的位置。因為那裡具有明顯的「炫耀權力」之標記。當看到兩根30英尺高的柱子，其上部三分之二處有個塗成猩紅色的、看上去像是烏鴉窩的盒狀物時，那就準是官府了。當走進瀘州衙門時，我們注意到在門口附近有幾個可憐的傢伙脖子上戴著方形的木板。這叫枷，每個約有60斤重。在戴枷囚犯頭頂上方的衙門大門上，刻著一行非常具有中國特色的格言：「愛民如子」。當我進去時，那位身穿裘皮官服的官員在最好的接待廳裡接見了我。這裡尊卑分明，我只能坐在他的左邊。這個官府令我聯想起了一所人去室空、房產權尚有爭議、因失修而顯得破爛不堪的賓州農舍。在吃點心時，那位官員問我年紀多大，從哪裡來，家裡有幾口人，我的衣服值多少錢，來此旅遊花費多少，我身上是否帶著什麼好東西。說到最後一點，我準備進入正題了。我一直在中國內地遊覽，在當地店裡住宿，如果我身上一無所有，那可不是我的錯。我讓他看了我的錶。他那張黃臉上閃射出了中國人特有的笑，滿心歡喜地接過去，還想要看一下裡面有些什麼玩意。他是想看這塊錶的心、肺和腸胃吧？這位「父母官」有著難以抑制的好奇心，想看看那些「轉圈的齒輪」。然後我又掏出一個袖珍華氏溫度計，在不用時，它總是跟自來水筆一起放在我靠近心口處的口袋裡。我把它放在了這位狡黠官員留著長指甲的手裡。他瞅著上升的水銀柱，那副喜滋滋的模樣倒像一個發現了新玩具的孩子。然後，他把水銀球放在我手裡，當水銀柱下降時，他笑得更歡了。看到這小玩意在他手裡時裡面的水銀柱升得要比在洋人手裡高，這位官老爺喜不自勝。

這位官員叫李忠鏡，他問我去過法國嗎？當然去過，不過不如去英國的次數多，因為大不列顛是一個偉大的國度。然後他走了出去，來到涼閣，穿著官袍坐在門廊下的椅子上。他身邊是一個方形的架子，上面放著一個走時不準的鐘和一個不可或缺的水菸袋。在他的身後，站著他的兩個貼身隨從，還有兩排「兵勇」，按軍隊的樣子排列。我替這幫人拍了照片。又上了不少甜點，這位官老爺倒不拘束，一會喝茶，一會吃蜜餞。我告辭時他拱手致意。經過門口時，一班鼓樂開始用鼓和某種聽起來類似美國馬琴的樂器，演奏一曲迎親的歡快調子為我送行。走去之後，我來到了牢房。

瀘州的貞節牌坊

在探視牢房的整個過程中，都有衙門指派的隨從和穿著紅衣的衙役陪伴著我。牢房給人的感覺像一個破爛不堪的動物園，只是在年久失修的籠子裡關押的是人，而不是野獸。囚犯們有的是單獨關押，其他則是幾人擠在一起。在衙門的院子裡就有一個牢獄。在一間牢房裡關押著三個頸上戴著沉重木枷的囚犯，愁眉苦臉地站在那裡，脖子上的鎖鏈從木枷和赤裸的肩頭間垂下來。這幫苦命人站著的時候，木枷的全部重量全壓到鎖鏈上，鎖鏈又一道道勒進肉裡，要想歇息一下，他們只能弓下腰來。用這種痙攣的姿勢可以得到一些放鬆，但只有一小會。到了晚上，這間牢房要關 30 個人，像牲口一樣擠在一起。那些有錢的囚犯可以在夜間讓人把木枷卸下來放在一邊，這樣會休息得稍好一些。從衙門大門口走出去，我們在外面經過了一間拘捕房。在一個很小的房間裡也塞進了 20 多個人犯。

華中一處衙門前五個戴枷的犯人

獄卒們有許多從犯人身上榨錢的法子。一種方法是將一根槓子插過囚犯的左臂下並把槓子的一端固定在潮溼的牆上，接著又把槓子的另一端穿過囚犯的右手臂，直到它碰到牆。這種做法經常會壓碎犯人的胸骨。還有一種方法是命令其他囚犯在自己身上捉蝨子，然後放到被勒索的囚犯身上。另一個更殘忍的法子是用繩子拴住囚犯右大拇指和一個大腳趾，然後提起來，直到其他的腳指頭剛好碰到地面為止。當別的法子不管用時，這種邪惡的辦法還是很有效的，拷打幾乎總能達到目的。我想起了《泰爾親王佩利克爾斯》（*Pericles, Prince of Tyre*）劇本中兩個漁夫的一段對話：

「師傅，真奇怪，魚在海裡是怎樣生活的？」
「啊，就跟地上的人一樣，大的吃小的。」

在拘捕房裡，囚犯們都在拜一個神人的像。他曾被關押並死在那裡，他後來被證明是無辜的，然後就成了神靈。

從那裡我來到了外面的一個牢獄。此時，這裡已經聚集了一群人。讓新來的外國人來衙門參觀並流連忘返，是一件非常重要的事。在這個位於衙門之外的牢監裡，好多劫匪和其他面目凶惡之徒正等著受審。在往外走的時候，我又在一間髒兮兮的大房子裡看到了一個可憐巴巴、苟延殘喘的癆病鬼。他赤身露體，抱著骯髒的破衣服，用低沉的嗓音向我喊道：「大人，大人，行行好吧！」我弄清了他的意思是「讓獄卒放了我，等我好了的時候再回來受罰」。在這個既可憐又骯髒的牢房兩側立有兩尊神像，一尊是大慈大悲的觀世音，另一尊是無罪受罰的蒙冤人。

下一步是去參觀死牢，我們等著看守死牢的獄卒走過來，手裡拿著撬棍模樣的大鑰匙，他把這些鑰匙拴在一塊小桌面似的圓木盤上。一陣摸索之後，他終於打開了兩把鎖。我們彎下腰，鑽了進去，首先看到的竟是一個當鋪！這些可憐的囚犯遭受著貪婪看守的非人折磨，甚至不得不當掉身上穿的衣服，用當來的錢去賄賂這些看守監獄的凶神惡煞，以求得片刻安寧。沉重的手銬和其他鐵鐐鎖住了這幫囚犯，但若說我看到的沒有原先預料的那樣差勁，那麼骯髒，那是不會錯的，也許在我來之前這裡就已經打掃過了。但除了勒索和與之相伴的恐怖之外，罪犯們住在裡邊其實比外面差不了多少；有些甚至要比以前自由的時候住得更好，也吃得更好。

在這期間，和我隨行的有三乘轎椅、兩匹馬、四個兵士、五個苦力、十個轎夫、兩個衙役，還有一個專門為瀘州知府傳令的人。我們從陸路動身向敘州（也稱綏府）出發。在離開瀘州的時候，我們穿過了一塊很大的墓地，那裡有一個人正在撿地上寫著字的紙片。他是被一位富有的士紳僱來做這事的，他把這些紙片用火燒掉來祭文神。這個衣衫襤褸的傢伙用的籃子上寫有兩行字：「莫扔紙張」、「敬惜字紙」。對漢字表示尊敬的現象是很常見的，在好多店裡都有這種籃子專門用來盛廢紙。

上午 10 點半，我們在馬平臺客棧停下吃早飯。這家飯館自己用高粱釀酒。他們每天用 224 斤高粱釀出 27 斤高粱酒，每斤賣 427 文錢。飯館的釀酒鍋對面是一家鴉片館，飯館和鴉片館之間還有一座祭壇和一個菩薩，祭壇的上方寫著：福祿壽。中國人渴望得到三樣東西 —— 現世幸福、高官厚祿、健康長壽。

衙門的差役在出發時暫時落在了後邊，現在又趕上了我。差役頭目用一個非常大的官方信封帶來了一張「包票」，這種包票是由各處官府簽發的，當地朋友幫我翻譯了出來：

該包票由四川省瀘州縣衙今日所簽。持票者為大美利堅國總捕頭大人，當受各方共同保護，兵勇當隨行至南峰城縣衙。差役回瀘州之後，要當面回稟都監大人。兵士和差役切勿驚嚇該大人，而應根據此包票行使接待和護衛之責。故特此指派眾兵勇和差役前去小心侍奉和保護該大人，不得有誤。一切按此發給大美利堅國總捕頭大人（蓋洛）的包票行事，不得懈怠。光緒二十八年十二月二十一日。

授權人：兵士　曲福
差役　李開

裝文件的信封有 14 英寸長，6 英寸寬，外面寫著「裝函一封，相機呈交」。這似乎是一份完備和令人滿意的文件。至於為何把我稱作「大美利堅國總捕頭」，以及這背後的整個過程，都是一個不解之謎，不過也是意外的榮譽。與我同行的人，從官府代表到士卒都做事麻利，所以我平安地到達了敘州。

瀘州附近的美麗風景

第一天旅行，我們來到了南井村，這是一個出產步槍的村莊，十個人每月能製造九把步槍。到達這個村莊以後，我第一次看到了中國鹽井。轉過城隍廟的拐角，我們便可以俯瞰整個鹽場。據鹽工們說，鹽井深達1,150英尺，裡邊是黃色的鹽水。40英尺長的竹管底端帶著一個桶，由一條竹索纏繞到一個水平的大絞輪上，兩頭水牛牽引絞輪，把桶拉上來。鹽水倒入石槽，透過竹管流入蒸鹽池裡，一個個大鹽鍋就擺在這裡。蒸鹽用的燃料是無煙煤，價格昂貴。這個小鹽井由私人經營，而作為對比，四川省其他的鹽井都是由官府壟斷。顯然，這是北面160里處一個大鹽礦的延續部分。在這些鹽區裡，有3.5萬頭水牛被用來抽水蒸鹽，這些牲畜本身作為一項本錢，其價值就達175萬銀兩。水牛的死亡率很高，其中一個業主的100頭水牛在一年內就更換了80頭，這使得業主們不敢大意。有三個城鎮的20萬人口幾乎全是靠鹽業為生。一家牛皮和油脂公司專門做死牛的生意，靠鹽井業主們的不幸著實賺了一大把。大約有4萬頭水牛的糞便在晒乾之後被用作燃料，這對當地人民來說是有利的，因為其他燃料非常昂貴。

瀘州附近的水稻田和舒適的農舍

鹽井坐落在福山區。兩個月前，一座新教教堂連同幾所學校和其他建築在這裡完工。這座教堂在中國算是大的了，能容納幾百個成人，三分之二的建築費用是由中國人支付的。負責這個教堂的牧師有一筆私人的生活來源，所以他把全部時間都花費在教堂事務上了。教堂的學校每年從那個牛和油脂專營公司收到 10 萬文銅錢。這裡的地方官十分開明，他下令禁止種植鴉片。被派去向鹽業工人傳教的外國傳教士是來自紐西蘭的 W·S·斯特朗先生，他掌握七種語言，詼諧幽默，工作勤勉。

走山路據說很累，我們便搭船從蘭池前往敘州。第二天剛過午，位於岷江和長江交會處的這座城市就映入了眼簾。岷江的水清澈美麗，而揚子江的水又黃又濁。當地人稱這段揚子江為金沙江。中國人喜歡美麗動聽的名字，所以稱「金沙江」是再合適不過了，它肯定能給人帶來美好的聯想。

正當我們在等待遲到的早飯時，我的翻譯發現了一本又髒又破的中文書，它綁在一根筷子上，那根筷子則插在我們乘坐的那條舊船的船篷上。

他讀了下去，一字一句地翻譯著，而且還吹去了書頁上的灰塵，說廢棄的書上會繁殖無數細菌。我同意他的說法。該書的書名是《春秋通典》[073]，是一本詩集，我記得書中有這樣的話：

春夏來兮，繼之秋冬；
年年歲歲，似而不同。

這幾句詩使我想起了一首題為「瑞雪」的非常優美的詩。它表現了詩人的非凡才情：

雪正在到處下著，
在這裡下，在那裡下；
雪從天空中飄落，
也從空氣裡飄落。

但還是繼續欣賞這部被細菌侵蝕了的大作吧：

花木南渚夢，
茵茵可通靈。
何期官民意，
只為澤芳庭。
行善衣食足，
積福樂盈盈。
心平耳自順，
或可致安寧。

[073] 《春秋通典》是一部明代的詩集，作者曹宗曾官至國子監佐教。

觀棋不語真君子

He is truly an ideal man who can watch a game of chess in silence.

第九章

乾旱和當地迷信－中國的水利灌溉工程－官員的荒淫－傳教歷程－一位中國鄉紳

敘州美麗的白塔就聳立在岷江和長江交會處東邊一角的高坡上。這個位置正對著敘州府，又在大江的江岸上，所以被認為風水非常好。它的特別功能就在於防止該城的財氣順江水流走。過了晌午不久，我們就來到了金沙江和岷江的交會處，準備再溯流前往南門，但是在高高的石砌江堤上有一個兵勇向我們叫喊，說由於乾旱，南門關閉了（當需要乾燥天氣的時候，人們就關閉北門）。城裡已經宣布要齋戒三天，以祈求掌管湖泊江河的河神為乾旱的莊稼帶來甘露。雨神原本是一個凡人，他活著的時候，曾在四川平原上興修水利，開墾荒地，造福萬民。在塵土飛揚的田野裡，發育不良的野草和莊稼都長得矮矮的。顯然，我所看到的預示著下一個收穫季節來臨時，會歉收。一場大旱和隨之而來對饑饉與瘟疫的恐慌將使迷信的人們陷入騷亂，許多當地人和外國人的寶貴生命很可能會成為這幫群情湧動、飢腸轆轆的暴民的犧牲品。正如伯克所說：「那些眼巴巴盼望著官府會救濟麵包的人，一旦得不到，會扭頭去咬那隻給麵包的手。」就在我們到達的那一天，官員們已經去寺廟向菩薩祈福了。為了表示他們的謙卑和對黎民的關愛之心，他們步行前往寺廟的神龕。但是在回衙門的時候，他們又坐了豪華的大轎，在那些沉默和免交納稅的神祇面前，顯示了一下他們的重要性。

敘州府和江門外。請注意路邊的一座佛像，佛像被放置在危險之處，圍著祈求佛祖保護的人。
我正想指出這是迷信，有一個男人叫道：
「請閉嘴，我正在祈求佛祖保佑，否則我的眼珠子會掉出來的。」
這是下層人民中一種非常普遍的迷信。

在上一次可怕的乾旱期間，農夫們把他們的犁和其他農具放在縣衙的大門前。此舉無聲勝有聲，意味著縣太爺休想從農夫手裡收稅了。為緩解困境，求得甘霖，城裡的官員們天天都去廟裡，祈求上蒼憐憫受苦的下民。眼看這麼做無濟於事，他們就穿著便衣，光頭赤腳，來到祈雨的地方，在繚繞的香煙裡匍匐在菩薩面前。縣太爺還以同樣謙卑愧疚的方式，一連數天登上北門之外的關公山，在仲夏的烈日下曝晒一番，直到頭上手臂上晒得滿是水泡。連中國人也知道，要祈雨見效，就必須勇於自我犧牲，自我克制。但一切都是勞而無功，可怕的乾旱持續了幾個月，不僅沒有丁點雨星兒，而且未見一絲雲彩。

何大人閣下的全家福，當時他正在敘州城裡任職。

與此同時，中國人還是完成了一些引人注目的龐大工程。看看那座建在崇山峻嶺之上和懸崖峭壁邊緣的、長達 1,500[074] 英里的長城吧，也看看大運河和富饒的四川省的水利灌溉系統吧。現在人們常說的「水利灌溉之父」是指大約 2,000 多年前的一位人物，他想出了從離堆山劈出一條水道，引岷江水入渠的計畫。他著手在成都北面的大平原上修渠引水，此舉獲得了成功。在水的魔力下，荒地變成了出產稻米的良田，兩千多年來使百姓豐衣足食。多少年過去了，這個水利灌溉系統已有所改善，其中人們鑄造了一個 30 噸重的大鐵龜，它被繫在一根鐵柱上，沉入江心以抵禦洪水。後來一位官員得到特許，又鑄了兩頭大鐵牛，每頭 10 英尺長，他把這兩頭鐵牛頭部相併，尾部分開，形成一個人字形，意欲用兩牛形成的銳角來抵消洪水的衝擊。兩頭鐵牛的頭高高揚起，高過了堤壩的邊緣，上面刻著一行字：「問堰口，準牛首，問堰底，尋牛趾。」有一句古語也提到了這兩頭牛，大意為：「牛角觸浪，五穀滿倉。」

[074] 原文如此。在蓋洛眼裡，長城的長度就是長城兩端之間的距離。而中國「萬里長城」的觀念是把所有的長城城牆都加起來的長度。長城彎彎曲曲，而且在某些段落有兩道，甚至三道平行的城牆。

物與水激，其重必克。有可能會將成千上萬的石塊沖積在一起，但是你無法將它們聚為一體；而數十萬斤的鐵卻可以熔為一體，且成型之後，其重無比。當洪水衝擊到如此沉重的龐然大物時，就會反衝分流，其衝擊力也會減弱；在這種減弱的條件下，即使用竹木沙石都可以阻擋了；故堰莫急於衝，莫要於鐵。[075]

敘州府北門外的一個幽靜去處

一位官員專門監督修渠工作，在某處需要增加大量人手，工作量之大，每天需要 25 萬人。每年須徵稅 125 萬銀兩作為修渠的費用。據說每年還需要 40 萬根竹子作為修渠之用，每一個 30 英尺長的巨大筐籃大約由 40 根竹子編成，裡面盛滿了石塊。這些大竹籃被大量使用，是防止塌方的極好措施。

我們在岷江上停停走走，上行了一段路。然後又停在了一艘裝有碎天竺葵葉子的船旁邊，上岸之後，一個士兵舉著一面寫了字的牌子向我衝了過來，他是由一個住在敘州的美國浸禮會著名傳教士勞益謙[076]先生差來的。勞益謙和夫人真誠地邀請我去做客。我高興地接受了邀請，便僱人把我的箱子和旅行袋運進城去。我們從東城門進入，沿著窄窄的街道左繞右拐地前行。運水車把街道弄得溼漉漉的，滿是泥漿，散發著種種氣味。最後，我們到了這位洋基人基督徒的安樂窩。我在揚子江上一路漂泊，歷經勞頓，忍受過中國小客棧和笨重漏風、像肺癆病人般行駛緩慢的揚子江舊

[075] 引自《皇家亞洲文會北華支會會刊》第 33 卷。

[076] 勞益謙（Robert Wellwood，西元 1864 年— 1918 年），美北浸禮會來華傳教士。他畢業於倫敦吉尼斯學院。西元 1887 年攜妻子一起來華，先後在四川嘉定（樂山）、寧遠、敘州等地從事傳教活動，在華服務整整 30 年。

船，現在一下子走入帶有精緻園林景色的西式庭院，確實令人耳目一新。這幢洋房有著家庭的溫馨舒適、美國的擺設、白色的亞麻桌布等，一切由那位資深傳教士的可愛妻子所布置。這是此次旅程中一個值得紀念的事件。我也遇到了唐澤華（C. E. Tompkins）博士和他那風姿綽約的妻子。他們最近也加入了美國浸禮會的敘州傳教站，期待著立刻開始工作，以便能大顯身手。

敘州府的水保甲局

浸禮會傳教使團的駐地就在府衙附近，其中部分房屋用來保存官糧，以便在發生旱災時由官府以適當的價格賣給飢民充飢。

中國的新年已經臨近，人人都在準備過年，繁忙的大街上也不時地看到一堆堆過節用的大頭娃娃和鬼臉面具，以及其他新奇的糖果。我注意到有許多中國人都去一家大當鋪典當東西，以便換一點錢用來過年。算命先生和寫對聯的師爺比比皆是，後者靠賣對聯賺得微薄收入餬口。

趁著一大早，我和傳教士們出去照相。我們先到了半天寺，它坐落在美麗的岷江南岸的陡峭山坡上。建寺的地方是直接從岩石上鑿出的，費銀兩千多兩，裡面供著觀世音。整個布局看起來像個療養院或客棧，有時確實也有這種用途。在夏天發大水的時候，這裡就是富有的中國人聚會的地方。他們呼朋喚友來到此處，找一個能夠俯瞰江水的房間，在裡面飲酒作樂。不遠處是一座著名的達摩像，據說那就是聖湯瑪斯，就連一些基督徒也這麼說。中國人認為達摩是坐在龜背上從印度來的。有人偷走了那隻龜和塑像的頭部，因為這兩樣都是用黃銅鑄成的，與其做聖徒，還不如在市場上賣掉更值錢。當靠近半天寺的時候，撲面而來的是一種洗衣鋪、停屍房或者某種其他骯髒地方散發出的氣味。我發現這些氣味是從一個熬膠的地方散發出來的，進一步詢問之後，方知道這裡有一個很大的熬膠中心。從這個地方向北約 60 里處有一些鹽井，在製鹽過程中累死的老馬和老水牛就被拉到這裡來熬膠。

離開這個熱鬧的地方，我們又來到了一個熙熙攘攘的胡蘿蔔市場。這正是人最多的時候，10 英寸長的胡蘿蔔大堆大堆地擺放在那裡，拖著長辮子的人們站在四周熱烈地討價還價，忙得不可開交，好一幅動人的畫面。一大堆精壯的人圍著買這些適於在中國生長、美味可口、淨化血液的胡蘿蔔，這種情形只有在中國才能看到。我們乘坐著小舢板過了岷江，每人付了兩個銅板，然後爬上了對岸陡峭的江岸。我們打算參觀一下坐落在鄉間的「永珠泉」。經過一片墓地時看見兩個石獅子靜靜地站在那兒，栩栩如生。它們是在幾年前被安置在這裡的，以保護現有的風水。在我們經過時，我注意到在岩石上有一條特別的缺口，很顯然是人弄出來的。一位中國紳士告訴我，那是太平天國造反時特地鑿出來的，意在迷惑那些駐紮在敘州的官兵。造反的隊伍人數不多，為了示形於敵，他們把所有的隊伍拉上山坡，再悄悄退去，然後如法炮製，以此來造成大隊人馬浩蕩進軍的假象。

這個古泉在城東大約 5 里的地方，在岷江的對岸。1,000 多年來一直是官員們喜歡去的地方，每一個稍有名氣的官員都會參觀一下「永珠泉」。泉水從人工開挖的河道流到假山園林之中，在「流觴堂」，泉水從一條彎彎曲曲的小石槽中潺潺流過，在每個拐彎處都有一個座位。人們用一個漂亮的酒杯盛滿了酒以後放在水裡，從水槽頂端像小船一樣往前漂流，直到拐角處停下來，坐在那裡的那位官員就必須把杯子裡的酒喝掉。隨著時間的流逝，人們的興致愈濃，宴飲愈歡，一醉方休。在這個地方的石壁上雕刻著好多巨型的漢字，那都是喝酒的人詩興大發時留下的。有一些字型是非常古老的篆體，除了少數幾個有學問的人之外，沒人能夠看懂。

乾隆年間由民眾捐資修築的這座石橋在乾隆三年（西元 1738 年）九月廿日對公眾開放。
它位於離敘州 20 里處前往鹽井的大路上。

那裡還有兩座寶塔。其中的黑塔在長江對岸，塔頂已經沒了，傳說在一個漆黑的夜晚飛走了。白塔坐落在「七星岩」上。在白塔附近的茶店寺裡，有一個很大的觀音菩薩，騎在一隻頭上長角的大老虎上，左手拿著一個盛著長生丹藥的瓶子，兩側站著金童玉女。我拍了一張照片，感光時間一分半鐘。中間立著御匾，上寫「吾皇萬歲，萬歲，萬萬歲」，這相當於「啊，國王，祝您長壽」。

敘州福音堂附近的一處街景。請注意圖中的棺材和靈位。
人們通常認為，人死了之後的三年之內，死人的靈魂會附在棺材和靈位裡。
三年後這些東西會在死人的墳墓前面被燒掉，這樣靈魂就會被釋放，以便去陰間安息。
死人的姓名會用金色的字體寫在木牌上，供奉在靈位裡。
那一串串的是金銀色的冥錢，要在墳前燒掉，以供死者在陰間享用。

這座廟宇之所以叫這個名字，是因為這地方以前是一個有名的茶葉店，雖然改作寺院了，茶還是照賣不誤。這個地方是由三個誓不再嫁的寡婦經營。我們給了她們每人 3 升米。我希望能替殿裡的菩薩拍一張照片，但菩薩身上的飾物擋住了視線，我們試探著要求寡婦們把飾物拿走；在察覺了我們的難處之後，寡婦們高興地應允了我們的要求。

當我在熙熙攘攘的街道上架起照相機，準備替南城門拍一張照片時，我要求隨行的四個士兵攔住人群。正當我在找地方支三腳架的時候，我差點踩著了一具被扔在地上的男屍。他被扔在靠近城門口的一個角落的一尊菩薩旁邊，說句稱讚中國人的話，每個城市裡都會有一些慈善機構在「留意那些無名的死者」，並為其提供棺材。有人已經用草蓆蓋在了可憐的死者身上，還有人告訴我棺材一會就送來。寺院裡有好多簡陋的棺材，就是為了應急用的。

這個繁忙的城門在乾旱期間經常關閉，肯定會對店主和鄉下人帶來很多不便、不安和損失。好長時間沒下雨了，若不是春節臨近，這個城門還會繼續關下去。如果在生意旺季關了城門，一年中的這筆大買賣就泡湯了，官員們也就無「油水」可撈了。在中國是無公理可言的，官員們通常為所欲為。以廣元城為例，通往主城區的城門已經關了 1,090 年了，造成如此不便的原因，就是知府大人的妻子對夫不忠，從該門私奔了。我相信這個故事是真的。若此門一開，連接城門的那條街自可營利 10 倍，但也會有更多的妻子私奔！

法國人正在修建一條從東京（今越南河內 —— 譯者注）通往雲南府的鐵路，也許它會延伸到敘州。他們正在買地皮，投資興建醫院和學校。透過天主教傳教使團的活動，法國已從占有那些在將來極有價值的土地中，促進了它的世俗利益。

浸禮會有 32 個布道點，74 個經常領受聖餐的人。他們在發展教會成員時非常小心，但是在每個布道點至少有 100 個是真心信教的人。另外，此處還有 3,200 多名當地人急不可待地渴望得到拯救。這對傳教士來說是令人鼓舞的，因為在以後的一、兩年內即使只有一半的人入教，其陣容也頗為壯觀。對基督教書籍的需求也大大增加，勞益謙先生說今年的書發行量比以前任何一年都多。以前只有窮人對傳教士感興趣，而現在識字的和富有的人士似乎在躍躍欲試地聽講福音了。

敘州府的一組土地菩薩。在土地爺生日那天，人們會在街上搭一個祭壇，
把土地菩薩們放在祭壇上，並在祭壇前演酬神戲，以示慶祝。

在星期天，當我到浸禮會教堂做禮拜時，大廳裡擠滿了相貌特別的中國人，有一個人使我想起了愛默生（Emerson），另一個使我想起了拉法葉學院校長沃菲爾德，有幾個是我赤手空拳走在僻靜的路上不願見到的。但所有的人都聽得很認真。聽講布道的人中有幾個婦女。有四個人還纏著白頭巾，表示他們家裡死人了，因為白色在中國是喪服的顏色。這是一年中最後的一個星期天，浸禮會和內地會傳教士共同舉行了禮拜。他們用流利的中文進行布道，對中國聽眾效果很好。考慮到當地皈依者貧窮狀況，他們的捐獻是極為慷慨的。如果美國的教徒獻出相同的數額，那麼金融市場的調整就勢在必行了。

內地會傳教使團擁有的房產在永盛街，但那座即將建成的新房子面向土地神街。如果名字能說明什麼的話，這或許顯示基督傳教使團正向眾神祇所主宰的領地出發。這裡的教堂裡有 1,500 名告解者，大多都很虔誠。中國人確實對基督教的真理表現出了極大的興趣，而且，當鄉村和城市需要福音傳道者並要主動出租甚至提供傳道場所，還負擔布道者的費用的時候，同工[077]們是很高興的。這或許不是出於最高潔的動機，但事實是，這些千載難逢的收穫機會出現了，而傳教士們正勤勉、審慎和周全地推動傳教工作的發展。或許，他們有點過於強調謹慎和周全了。

上個禮拜天，在北門附近有一個年輕人被用麻繩綁在了城牆上，或許是作為對小偷小摸的懲罰。他的雙手鮮血淋漓，將他示眾是為了警告所有不法之徒，以儆效尤。

在敘州，我把一路上拍的照片整理了一下，並對扶學富先生感激不盡，他這方面幫了我的大忙。我們在一位富裕的中國人陳先生那優雅而溫馨的府上度過了一整天，他的兒子也曾幫過我們很多忙。陳先生住在西內城牆街，家境殷實。當我們完成了照片整理工作之後，這位先生走進來了，他拱了一下手，把我帶到了花園客廳的方桌旁。桌子上，一個帶隔板的圓形點心托盤放在我面前，裡面放著一大堆分別用糖、蜜、罌粟籽、麵粉、雞蛋、鹽等製成的麻花狀美味點心。在我向好心的主人告辭時，他又送給我一個三角形的包裹，裡面全是糖果，然後，他又彬彬有禮地把我從花園的曲徑送到大門口，一直看著我平安走到街上。然後他又朝我拱手，為了確保我的進一步安全，他派兩個兒子跟僕人們一道，提著跟氣球一樣形狀的大燈籠為我照路，一直送到浸禮會傳教使團的住處。

「他是一個在明媚春天所能看到的好人。」

1903 年 8 月 28 日，敘州新福音堂落成時人們送給扶學富牧師的十九塊賀匾之一，上書「共享永生」。

[077] 傳教士和教會的人把同事和同僚稱為「同工」。

飲血茹毛，巢居穴處。（古詩）

They drank blood and ate herbs, nestling in trees and dwelling in caves.

—— Ancient verse.

第十章

盛大的歡迎－石洞－「代理」的美德－街頭混戰－土著酋長－老兵勇阿仁－漆樹

當西城門在早晨 7 點整準時打開時，我那個模樣有點奇特的車隊便魚貫而出，離開了繁忙的敘州城。我是在 15 分鐘之前離開了那位美國洗禮會傳教士的舒適寓所。一個為表彰貞節寡婦們修建的帶有雕飾的石牌坊就橫跨在大橋街上，走出了這條街，再拐個彎，右邊就是文廟。我在陸地旅行的行頭包括兩抬滑竿、四個健壯的苦力、八名瘦瘦的兵勇和兩個衙門的差役。這支隊伍給予人深刻的印象，因為他們護送的那位外國人身穿當地人的服飾。早起的人忙著往門上貼春聯，以迎接新年。穿過天池之後，腳下這條大道在溝渠縱橫的田野和雜草叢生的沼澤間不斷地向前延伸，兩個農夫正在腳踏水車上勞作，從低處往高處車水。就這樣，我們很快踏上了通往省府的石板路，據說在這條大道上肩挑背扛從事運輸的苦力有 10 萬名。

當我們靠近了柏溪村時，一支扛著 18 把槍，打著四面方旗，吹著兩管長號的隊伍前來迎接我們。他們先是鳴放禮炮，然後轉身，隆重護送我們前往福音堂，那裡已擺好了宴席。如果這種款待別花這麼多寶貴時間，將會更令人高興。這個鎮只有兩位基督徒，但是福音傳播得很快，登記在冊的慕道友足有上百人了。兩位虔誠的教會成員和諸多著名士紳主持了這些安排。拖延了好長一會之後，一個特大的鐵盆端了出來，裡面盛著一隻全雞，頭尾俱全，還有兩大塊蹄膀和一些粉蒸肉。這些分量很足的菜餚上來之後，緊接著又上來了幾道素菜甜點。歡迎儀式隆重至極，皈依者和慕道友們的紳士風度和才智讓我留下了深刻的印象。

從敘州去往老鴰灘路上的作者騾隊

平安坡離敘州大約有 90 里路。一個苦力在這附近陷到細沙裡去了，但我們派了一個救援隊把他弄了出來。這座小城坐落在金沙江、平溪和漢江的交會處。這裡有一個福音堂，有 120 名慕道友，大多屬於精明務實的中產階級。一位信差已經被派去備船，沿平溪上行把我們送 50 里。但這些人過於好奇，只顧看我們而忘了他們的正事。我們不久便到了江邊，要了兩艘船。官員們派了 11 名士兵和 8 名縴夫與我們同行。一週前，一名傳教士遭到了 30 多名暴徒的攻擊，幸虧他及時亮出了連發來福槍，才得以脫身。我們現在已經走出了外國遊客旅遊路線的範圍了。平溪的水流純淨清澈，河底的鵝卵石清晰可見。把這條溪水跟渾濁的揚子江水做一個對比的話，非常好玩。河面不到 100 碼寬，湍急的水從秀美的山坡和崎嶇的山巒間流過。在陡峭難攀的山坡上，有一些小土房掩映在美麗的竹叢中。

我乘坐的是一艘古怪筏子，船老大面容誠摯，但沒有上牙，使他的鼻子有一種要掉到嘴裡的感覺。他有一次對著縴夫們喊道：「快走啊，過一會就到了。」又走了 20 里，我們到了明灘。這裡有一家客棧，屋頂是單面坡，茅草蓋頂，最近剛發生過一起命案。這是一個關於兩個合夥人的老生常談：一個人為了吞併所有銀兩而殺死了另一個，死者的母親向另一合夥人打聽兒子的下落，他假裝不知。但案情總會水落石出，即使在中國也不例外。她僱用了一個可靠的苦力，與另一個幫手一起查出了凶犯，並在一天夜裡把他帶到了這家客棧。他們跟他一起喝酒，第二天趁天不亮便攛掇他走向了僻靜崎嶇的山路。在路上，他們捅死了他，把血肉模糊的屍體扔進明灘。我們還沒到達靠岸處夜幕就降臨了，最後幾里路是摸黑行進的。我們的船曾經碰到了岩石，但幸虧這些河船是用韌性很大的木板製的，否則我們就要沉下去了。在岸上，一些人在燒紙錢，為死者提供在冥界的費用。一大幫護送人員正在黃江村等待著我們，我們就被安排在耀榮客棧歇腳，店裡已經擺好了一桌豐盛的宴席，床鋪也已鋪好，一起都收拾停當，這個效率在中國難得一見。這個地方有 20 座廟宇、一所由公共捐助建起來的學校、

從敘州去往華西昭通路上的兩座橋

1,000 戶人家、20 家藥鋪，另有 10 家產業。福音堂裡沒有傳教人員，但有 80 名登記在冊的信眾。用苦力們的話說，我們今天走了兩站路。在中國中部，一站是 90 里。

離開敘州的第二天，我們從黃江到了泰町場。我們起程順利，到 9 點才吃早飯。兩個小時後，我們接二連三地在峭壁上發現了一些洞穴。這些有趣的歷史陳跡是在鼠山山頂附近發現的。過了位於崇山峻嶺之上的火燒田，再往前走一小段，在道路下面幾碼處的地方，可以看到一系列直立的石臉。在這些石臉上雕鑿出了 12 個 3 英尺高、18 英寸寬的門。其中有塊突出的岩石被雕刻成人臉的形狀。在這個臉上的一扇門構成了嘴巴，上面一塊突出的石頭就是鼻子，鼻子的兩邊還有雕造出來的眼睛和眉毛。其中一個門通向八角形的房間，房間高 4 英尺，有 10 英尺見方。在外面所有峭壁上的洞穴門口都雕刻有一些圖案，跟埃及的圖案十分相似。很顯然，這些圖案中的人物是戰神，因為他們都緊握著戰斧，斧背長而尖。有些人物是側面像，他們的腳伸向外面，他們穿著帶多道褶皺的過膝戰裙，不是那種長而直的褶皺，而是七層的短褶。其他雕像臉龐豐滿，而且我還注意到有一個是斜眼。有些人物像是立體的浮雕，形象生動；有些則是平面的線雕，藝術性較差。有些已經模糊不清了，有的則保存完好。我們在「火燒地」的那個人是個新來者，對這些洞穴知之甚少，但告訴我們，根據傳說，這些洞穴在 1,000 年之前是有人居住的，不過中國人對時間的猜想是沒什麼價值的。這些住在峭壁上的蠻族做事細心。所有的洞穴都朝南開，視野開闊。而且，洞口有高大沉重、經過雕刻的石板鑲嵌在石槽裡，充當門板。這些洞穴海拔在 4,000 英尺以上，從那裡眺望遠方，其景色之優美，世所罕見。這裡的空氣純淨清新，這些古老的峭壁上的居民肯定是一些吃苦耐勞的人。離開這些有趣的遠古遺跡，我們進入了山谷。在一家茶館裡，一個兵勇正與一個苦力爭吵，兵勇罵那個苦力說：「日你祖宗。」那天我走了 100 里山路，就在我們到達全三客棧之前，店主已帶著細軟到山上一城堡過夜去了。這座客棧的房子很大，夾在急流和石壁之間。這個建築使人聯想到廟宇，如果你穿著中國人的服裝，在這裡過夜是再舒服不過的了。

第二天，我們按以往的時辰動身，上午 9 點在天灘停了下來吃早飯。我喜歡先走 30 里再吃早飯。當我們跨越了四川和雲南這兩個省的分界線時，我的錶剛好是 7 點 45 分。該分界線實際上是一根從 300 英尺高的石壁邊緣垂下來的葡萄藤，特意掛在那裡作為邊界標記。我是第一次看見這樣的東西，因為這樣的分界線通常只是虛擬的。但是，中國人是講求實際的民族，有人告訴我這些葡萄藤就是官府種植栽培的。我在雲南的山上看到了雪，景色優美，白色的雪線上面雲氣繚繞。在這裡我發現我處在天國的另一大地域內。當我停下來吃早飯時，除了那個背著黃口袋的人之外，所有的苦力都到了。那個黃口袋裡裝有我的重要文件和相機。我們擔心他遭劫了，我開始變得憂心忡忡。一個聽差說這個失蹤的苦力僱了另外一個人背口袋，後來就跌下懸崖了。這聽起來像是搶劫。因此，我扛著連發來福槍，老兵勇阿仁拿著他的滑膛槍，一起搜尋。勞益謙先生羅致了幾個人，也趕了上來。我曾注意到有一個像是我的隨從的人離開了大路，消失在山間。「肯定是搶劫，」我說，「而且其中一個壞蛋在逃跑。」我們在一條深溝邊上的一家茅屋茶館前會合之後，又繼續往前走了十里，這時我們發現了那個口袋。背口袋的人已經掉下去了。那個 O 形腿的苦力沒有把口袋送到村裡，而是一直在等，等別人來替他背這個口袋。那個兵勇為他做的傻事狠狠扇了他一巴掌。對一些當地人來說，沒有什麼比這更「多此一舉」的了。

蠻人的洞穴，位於敘州南部 180 里處鼠山的山頂。

就在這天，我們進入了仙人掌地區，一路所見，景色不凡。我那天走了 120 里，全是步行，仍覺得精神抖擻。到了星吉坪以後，我便在這裡的宏大觀客棧過夜。從這裡往北走 20 里就是普洱村，這裡有一些明朝的墳墓。有一座著名的陵墓就在村子附近。在為數眾多的墳墓當中，一些墳墓的建造耗費龐大，其中一座就花了一萬多兩銀子，裡面是一個酋長的屍體，還有他六位默默無聞的妻子。墓穴內部設計精美，墓室的頂部是拱形的，墓室的牆壁上刻著格子狀的圖案。透過墓穴的入口可以進入一個墓室，然後可依次進入其他的墓室，墓室之間有雕花拱頂的門廊，顯得很美觀。這裡有一種野蠻風俗，就是一旦一個新王朝掌權，就要毀壞前朝的墳墓。但這些墳墓地處偏僻，故免遭毀壞。一些富人已經知道從遙遠的地方僱人修墓，而其他人則在宏大的墓穴修成之後，就在修好的墓室內擺上一桌宴席慶祝完工，邀請所有的工匠入席，用酒灌醉，然後封閉墓口，這樣就沒人把墓址和墓門的機關說出去了。這種辦法跟古代薩第斯國王採取的方式很相似。中國有一項古老習俗，男人死後，他的妻子和奴僕也要陪葬，但這個現在可以用紙人來代替了。中國人非常相信這種替代方法。的確，若無這種替代方法，他們在政治上、社會上和宗教上的困難還真不知如何擺平呢。中國人最崇拜的對象，除了孔夫子之外，就是這種替代方法了。在中國人的葬禮上，常能看到送葬行列中舉著很多紙人，這些東西隨後就會被燒掉。這些紙人代表著死者的妻妾、僕人和奴婢，是要在陰間跟死者過日子的。「中國人」不愧是「信奉陳腐信條的異教徒」。

在陰曆除夕，人們都在忙忙碌碌地準備，好多公雞也高聲鳴叫，準備做最後一搏。那天晚上在客棧附近有人在打架，被我們制止了。過了一會，又發生了另一場爭鬥，是為骯髒的錢而發生口角。一個留辮子的人試圖討債，而欠債的人則找了幾個鄉勇為他撐腰。討債的人遭到拳打腳踢，若不是勞益謙先生及時干預，有可能被打死。勞益謙先生跳到這群暴徒中間，救起了那個倒在地上的可憐傢伙。在昏暗的光線裡，一個當地人沒看出有老外在場，他拔出了一把匕首。我走近後，看見匕首的寒光，意識到他要對傳教士下手，趕緊出手相救。首先我掐住了兩個中國人的咽喉，把他們扔了出去，然後一個背摔，又把另一個摺倒了。我喜歡背摔這種格鬥方法，在大學裡，教練教我的時候說，動作要掄圓，不要僵直，這樣的姿勢才優美。那個暴徒衝著我撲來，在看到他手裡拿的武器之後，我知道自己得動真格的了。鍍鎳的光亮槍身，以及正對著他的槍口，把他嚇得屁滾尿流，逃入夜幕之中，像是有鬼魅在後面追趕一般。這次鬥毆是當天晚上中國各地所發生的無數次鬥毆中的一例而已。許多人因債務而自殺，有的人會逃走，也有人仍在追索那些欠他們錢的人。

鼠山紅岩區的洞穴，海拔 4,000 英尺。

在經過苦苦勸說和特別許諾之後，我的隨行者們才同意在今天走 70 里，因為今天是過大年。因此我們只走了一小段，打算到以後的幾天再來彌補少走的路程。我們精神煥發地到了鸕鷀灘，然後我就給了苦力們一塊豬肉作為犒賞。整個白天我們都在沿著美麗的江畔行走，觀賞著崇山峻嶺間的景色。鸕鷀灘旁的村莊大約有 3,000 人口，附近發現有無煙煤的蘊藏，並以 20 斤 160 文銅錢的價格出售。這裡還有一架鐵索吊橋，我為該橋拍攝了照片。幾年前，在五月龍舟節的晚上，人們擠在這座橋上觀看河上的龍舟比賽，一些活鴨子被一些富人從橋上扔下去放生。在一個熱鬧的時刻，一群人衝到了橋北邊。一根脆弱的欄杆「啪」地斷了，人們又擁到了另一邊，接著，那邊的一根大欄杆也斷了，隨著強大的撞擊爆裂和可怕的尖叫聲，該橋突然坍塌，400 多人被活活淹死。因為下邊是鸕鷀灘，在水中掙扎的落水者被急流沖走，所以罹難者眾多。一個抱著小兒子的男子正站在欄杆旁邊，看到這一慘劇，他驚嚇過度，從石欄上摔了下去，在石頭上跌得粉身碎骨，但緊緊抱在懷裡的孩子卻安然無恙。現在這座橋還是不安全，因為橋身裡面的鐵索已經不結實了，很容易發生同樣的災難。我用了不到三天半的時間從敘州來到這裡，而通常要走六天。

在第五天的早上 6 點半，我們動身了，因為我們今天要走 120 里山路。我向美國浸禮會傳教士勞益謙告別，這位老兄採取了富有活力的傳教政策，大獲成功。勞益謙誠實而且樂於助人。有一天他把他的方鏡遞給我，被我彬彬有禮地拒絕了。但是後來，拐過彎後，我用自己的圓鏡照了一下，很吃驚地發現了一個很「粗野」的形象：黑黑的毛衣、邋遢得「嚇人」的帽子、「破舊不堪」的棕黃色皮鞋，還有披在六英尺高的大塊頭上的一些粗布衣服。夜間，在客棧裡，一個人就在我打字機的鍵盤上方舉著土製蠟燭看我打字，其他的人倚在桌子上。早在這一行人馬出發之前我就拿定主意，我不能讓他們知道我懂點漢語。這是一次不錯的經歷，我今天一天走了兩天的路程，而且還越過了雪線和雲線，翻過了一座4,000英尺高的山峰。而現在，一天的旅程結束時又得到了妥善的安置。人們都對我充滿了善意。這些中國人以前從未見過打字機。苦力們正在把箱子搬進屋來。我剛才把紙張從機子上扯下來，抽出複寫紙，使苦力們滿臉驚異，心想我是怎樣一次寫兩份的。旅店老闆在摸我的外套上的鈕扣，然後睜大眼睛先看我的連發來福槍，又端詳我的手動照相機，還看了一下我的黃口袋。一個鄰居抱來了一個胖胖的中國嬰兒，過來看我這個擺弄古怪玩意的古怪人，煞是有趣。他們睜著焦急的眼睛，試圖搞清楚這些來自遠方的洋玩意。如果讓中國人獲得了西方文明，而沒染上西方人奢華陋習的話，他們將會喚醒這個古老的星球。這個村莊坐落在山上，而且沒有火爐，我一邊寫作，一邊凍得直打哆嗦。我的皮外套放在隨行的行李箱裡了。一個十歲的男孩走了進來。我拱拱手，以中國人的方式向他問好，卻把他嚇跑了。我喊了一句中國話：「來。」於是，他又回來了，鞠了一個躬，一切皆大歡喜。這一切都發生在一個由雞、豬和人共同占據的開闊庭院盡頭的黑屋子裡。當我走在這通往山民陋舍的鄉野小道上時，他們很容易將我推下山崖，而且假如這是在義和團時代，我的命很可能就在一些瘋狂暴怒的亂民手中報銷了。但唐山[078]的居民通常都是善良而安守本分的。我畫了一頭豬的樣子，以此來向他們訂晚餐，但是他們出去提回來一塊被煙燻得烏黑的肉，不知是什麼野物的肉，而且掛在煙燻火燎的地方已經好長時間了。這是老虎肉，豹子肉，還是其他什麼肉？我不知道。然後我的藝術自豪感被喚起了。我畫豬的真實用意竟然沒被看破，確實「令人鼓舞」。然後我又盡力畫了一頭豬。

我肚子餓得咕咕叫，在絕望中使出渾身解數，以努力證明我藝術天分不錯，但他們卻變得更加困惑了。然後我指著我的畫，發出豬的哼哼聲，

---

[078] 「唐山」(the Hills of T'ang)，中國的別稱。

也白搭。後來我又學公雞打鳴，盡量學得像公雞。但是，我好像提到了一個他們以前從未聽說過的新物種。接著我試著畫了一個雞蛋，又學公雞打鳴，但還是不行，因此，我又回到豬的圖畫上來，做了一個拱地的動作。這時，有一個人竄出門去，提著一大塊豬肉回來了。但是我要多少呢？我指著來客們坐的桌子做了一個手勢，他們知道有三個人，但他們是不是吃得跟當地人一樣多呢？然後又一個人跑了出去，拿著秤回來了。所有這一切都發生在我的私人住所裡。他們用刀子比劃著是橫切還是豎切，我做了一個手勢，他們又討論了好長時間才下刀。稱了肉，他們指手畫腳地比劃該交多少錢，但我沒能看清他們那用心良苦的古怪手勢。在這整個時間裡，他們都充滿著極度的幽默和一心要給我協助的願望。

華西老鴰灘的寺廟

珍珠嶺（「Pearl Mountain」）上的景色堪與瑞士的那些山峰相媲美，而清爽的空氣也不亞於洛磯山脈地區，積泥坡的房子跟都是石頭堆成的昔得蘭的房子相仿。在整個白天，我還看到矮馬和驢子馱著茶葉和其他的一箱箱貨物排成長隊向北出發。

在從積泥坡到新街的旅途中，我們經過了許多有方塔的村莊。這些塔確實是別具特色的風景。在昭通地區有成千上萬座這樣的塔。它們一開始是一種防禦工事，用來抵禦蠻子 —— 即生活在四川揚子江兩岸的半獨立的民族。在路上，我們經過了幾處防守堅固的土司的住處。這些土司主宰著他們的領地，幾乎不受中國當局的管轄。他們的侍從和家人實際上都是他們的奴隸，可以隨意處罰，有時候甚至無須按中國法律判罪便可處死人。一些住處設在易守難攻的高處。這些人從不跟漢人通婚。他們分成兩個階層，即黑彝和白彝，黑彝是貴族，從不跟白彝通婚。

我這一整天都在向上攀登，即使在下坡的時候也是如此。大關河（或恆河）向相反的方向流去，河上險灘眾多。碧綠的河水捲著團團雪塊，在激流險灘間雷鳴咆哮，兩者合在一起，更顯得趣味橫生。從激流後面高聳的山峰上覆蓋著皚皚白雪，那種畫面即使像特納 [079] 這樣的藝術家也會感到心曠神怡。上午 10 點半，我們開始踏上了「新路」。中國的新路難以被人談起，既有路都可追溯到幾千年前，有點令人吃驚。但眼前這條路確實由道士們新建的，不由你不信。這條路有部分路段是石階。走了三分之一以後，在一個拐角處，一個笑嘻嘻的神像使遊客們忘卻了自身的疲憊。在通往山頂的半道上，我踱入了一家小茶館，在裡邊遇到了四個道士，他們待我很友善，向我敬茶，還不讓我付錢。

大關河在這裡分汊，新河段改稱為角盔 (KO Kuei)。我還在河汊口照了一張相。這個支流的水來自貴州省一個美麗的湖泊，此地的景色是我在中國看到的最美的景色之一。在兩條美麗河流的交會處曾有座李搏大大（一個留著小辮子的男人）母親的墓。這位姓李的人是清朝有名的叛匪，起事成功後，對四川造成了很大的破壞。他武藝高強，勇猛無敵，非官軍所能敵。為了更好地對付這個凶悍的匪首，官府廣求良策，最後決定扒開

---

[079] 透納 (J. M. W. Turner，西元 1775 年－ 1851 年)，著名的英國水彩畫家。

其母雜草叢生的墳墓，以破壞其風水。狂喜之際，官府光顧了這個河汉口，掘墳毀屍。這樣一來，龍脈已毀，這個家庭的氣數就斷絕了！此後不久，反叛勢力被除掉，這位大領袖被殺了。

當天晚上和星期天，我們在北新街住宿，那是個有30戶人家的荒村，福音傳教士史蒂芬在那裡向民眾傳教。當他布道結束時，有一位不是基督徒但也認可新教義的老人，向人們大聲朗讀起一本書。

在星期一離開北新街之後，我們這一隊人馬在大關吃早飯。大叛亂之前，這座府城享有盛名，現在卻已衰落了。似乎只有黃狗和黑豬還是活蹦亂跳的。由於過年，店鋪都關門了，所有的房舍都搖搖欲墜，顯出荒涼破敗之象。大關最引人注目的景觀是龜山，山頂上有紅塔白寺。大烏龜的頭轉向雲南，迷信的人們認為它主宰著雲南富饒和繁榮的財氣，並且設法轉送到四川。因此造成了雲南的貧窮和四川的富足。為了盡可能改變這種狀況，人們就在烏龜的背上蓋起了一座寺廟，讓一位可靠的神靈來負責此事。

在敘州，溫捕頭為保證我的生命安全並負責把我送到大關，派出了幾個保鏢，其中有一位姓陳的。在中國姓陳的就像在英美姓氏中的史密斯一樣常見。他的全名是「老仁」，但他只有29歲，而且父母都還健在。他被編在水富「新軍」左營二隊。服役四年後，他每月的薪俸只拿3,000文銅錢，就連吃飯的錢也包括在裡面了。他的服裝是敘州守城兵勇們穿的那種，外面是紅外套另加一條皮帶。前胸後背上的大字向戰戰兢兢的老百姓說明了他的身分。他的褲子是藍色的，在靠近腳踝處纏著顏色相同的裹腳布。他的腳上蹬著開口草鞋，一個直徑約兩英尺的圓帽蓋住了他的辮子。在裡面他還束著一條皮帶，三英寸寬，上面布滿了小口袋，裡面裝著他的細軟。

老鴰灘峽谷的壯觀景色

我稱他「老兵勇阿仁」，因為在中國，士兵通常稱作兵勇。他什麼教都不信，但是人品不錯。在大關，新的衛兵尚未趕到，因此我沒有讓從敘州來的衛兵回去。然而我的衛兵們在東門就扔下我回去了，儘管我沒有把自己的名片給他們。他們可以把我的名片交給敘州捕頭，以證明他們完成了使命。只有老兵勇阿仁依然跟隨著我。當他想回去的時候，他拱手向我施禮。我還不想讓他走，所以我沒有向他還禮。然後他單腿跪地，向我行了一個軍禮，但這次我還是揮揮手，沒有理他。最後，他雙膝跪地，匍匐叩頭，但是仍然沒有效果。我一再要求他繼續與我同行，並把那支連發來福槍交給了他。他很喜歡扛這支槍，把它扛在肩上之後，微笑著大步前行。我們忍寒受凍又走了 200 里，這一次他沒跟我討價還價，捕頭也沒有因為這段路途的奔波再發津貼給他，但他還是無怨無悔地隨我往前走。從那時起，他留在了我身邊。他跟著我翻山越嶺時，像麋鹿一樣連蹦帶跳。我按部就班，養精蓄銳的時候，他就衝到了前面。當我的錢用光了的時候，他就借錢給我，還為我買東西。在買東西的時候，中國人去買總是比外國人買更省錢。這是一段令人難忘的經歷。那天，在寒冷的山上，我想買梨吃，可是身上沒有錢了，是他為我付的錢。我把梨核都吃了，感覺味道真不錯。這種外表粗糙的梨子，直徑有三英寸，每個僅八文錢，大約值一美分的三分之一，但他是買不起這些奢侈品的。如果我不下指令讓他吃飯，他是不會吃的，而且他一直是那麼友善。每天一大早，都是老兵勇阿仁在對著別人喊：「快，快。」在路上，當抬著我重要行李的人落在隊伍後面時，也總是他在督促他們。當我在照相時，他讓人們別亂動。他總是扛著那支十五響連發來福槍在我身邊跑前跑後。有一天，當隨行的人在休息時，我一個人帶著照相機出去拍照，老仁便扛槍跟著我。如果哪隻狗膽敢騷擾我，他會馬上給牠的屁股一槍托！這真是「患難見真情」。

北新街的墳墓和老兵勇阿仁

我將會想念他的友善的臉和歡快的笑，跟他分別的時候我確實很難過。我前面說過，他是一個純粹的異教徒，但我仍然喜歡他那樣的異教徒。他吸食鴉片，酗酒賭博，敬天地，拜鬼神。在路上，只要他看見擺有他喜歡的菩薩神龕，他就過去拜一拜。這個偶像是閻羅王，面目可憎，兩隻像角一樣的牙從上顎伸出，在伸出的左手裡攥著一把醜陋的劍。整個形象令人生畏。在大年三十這天，他在菩薩跟前放了一聲空槍，讓菩薩知道老兵勇阿仁沒有忘記向祂致敬；儘管他的舉動荒謬愚蠢，我還是喜歡這個光著腳丫子的異教英雄。在中國有好多人都像他那樣，等待著有人把他們從迷信中拯救出來。他很想戒掉鴉片癮，可憐的傢伙，他迫不及待地想從毒品的可怕鎖鏈下掙脫出來。

他非常自豪地扛著那桿大槍，當我不注意的時候，他就會舉槍瞄準，想像著打中獵物的樣子。當我開槍之後，他就會欣喜地跳過去撿空彈殼。我把煮雞蛋的蛋黃吃了之後，就把蛋白給他，或者特地在盆子裡留點飯給他，他都會高高興興地吃掉。可憐的異教徒！如果他出生在基督教世界，成長於一個文明家庭，並在一個西方的大學受教育，他將會是什麼樣子呢？但他屬於一個為我的許多同胞鄙視的種族！我將再也不會鄙視這個種族了。當我回家後，就是對洗衣房裡拖著辮子的傭人，我也會對他們和氣有加。因為在這塊土地上，這些人一直對我很好，而且即使僅僅只是為了老兵勇阿仁的緣故，位於異國他鄉的我也應該為中國人說句好話。旅行的作用就在於總是教人「在譴責壞事時要對事不對人」。有一天，在走到離我原定的住宿地點還有十里路的時候，老兵勇阿仁想勸我停下來，但當我下了最後命令時，他又老老實實地往前走。也許他希望從他的順從中得到好處；如果是這樣，他絕不會失望的。但這並非唯一的原因。除夕那一天他確實在路上轉過身來，微笑著用尊敬的口吻對我說：「我們將帶著閣下從舊歲進入新年，我們希望能夠得到閣下的恩惠。」如果他說「閣下的賞賜」，以便使從舊歲到新年的旅途更加順利的話，那意思其實是一樣的，他們期待的就是一塊豬肉，作為在每年唯一的一天，當每個中國人都停止勞作、相互拜年的時候，他們仍然在乎工作的報酬。我不想因買豬肉而替自己找麻煩，因此我給他們一些錢讓他們自己去買豬肉，他們似乎十分歡喜。

看見他做事如此麻利，如此主動，所以我很早就看著老兵勇阿仁，讓他負責很多工作。他從來不用等我吩咐他去幫我拿大衣，就早已主動做好了；當我們想到劫匪可能搶了我的黃口袋時，也是他跟我回去，抓住了那個闖禍苦力的辮子，在他的腦門上拍了幾巴掌，又訓斥了一通。雖然他的腳又酸又痛，但在寒冷的山路上他仍然毫不猶豫地前行。我不相信他居心叵測，但如果他有一點不良居心，這也難怪，因為他也是人。我寧願只記著他的好處。在昭通，好心的柏格理 [080] 給了他一些戒鴉片癮的藥，而且還向他宣講基督教的上帝。我也給了他一吊「大」錢，大大地獎賞了他一番。此後，他不允許任何騎著馬的人從我的面前經過時不下馬；回到敘州之後，他的官府服役生涯就將結束了。老兵勇阿仁，再見了！

過了大關以後，恆河就看不見了。在一座高山腳下，有一個叫出水洞的村莊，老鴰灘河（即大關河或恆河）似乎是從一塊岩石上冒出來的。在山頂上靠近吳寨村的地方，這條河流入了地下，又從山底流出。在下午 3 點鐘左右，我們穿過了殘破不堪的吳寨村。去年，一隻老虎就在這個村舍附近被捕獲。一、兩天之後的夜間，一場大火燒毀了整個村莊。據說這場火是「同時在每一所房子的前後」燒起來的。人們說這場火是老虎靈魂的復仇。人們認為吳寨村已經是個不祥之地，大多數人都遷到南邊十里遠的一個地方去了。這次遷移受到了一個能幹地主的鼓勵，他主動提供建築材料，只是每年收取一次租金作為回報。被燒毀村莊的地主對此不滿，想打官司擺平，但判決有利於新來的地主。因此，他每年也就有了一筆豐厚的收入。我就是在南新街過的夜，這個新建的村莊就是老虎插曲的結果。我們已經走了 110 里路。南新街是一個嶄新而繁忙的地方，地處山谷之中，5,000 英尺的下方，是滔滔的河水。

在通往昭通的途中，我注意到有好多很像白蠟的樹，這就是寶貴的漆樹。每年在樹的各處割上一些切口，把樹汁收集起來，就製成上好的中國漆。當樹汁流盡，樹就被砍倒用作建築材料。

大約下午兩點穿過川基村的時候，我停下買了一些紅色的糖餅。商店櫥窗裡有一張外國的聖誕卡，在牆上還有用英語寫的主禱文。這是個著名

[080] 柏格理（Samuel Pollard，西元 1864 年－ 1915 年），內地會傳教士，西元 1884 年來華。後來他曾隸屬於聖經基督徒會和循道合會。

的村莊，昭通的大北風就是從這裡颳起來的，而且年年如此。北風寒冷刺骨，我測了一下氣溫，發現只有華氏 20 度。四年前，這裡的一個 70 歲的老糖果商皈依了基督教，他的孫子正在被培養成為當地教堂的牧師，前途遠大，但染上了病，並於三週之後病死了。在他生病期間，老人悉心照料，最後跪倒在他的床前禱告，「讓他死在我後面，不要死在我前面」。在這位老人的帶領下，村裡有三戶人家搗毀了家裡的菩薩。我在他的店鋪裡買了糖餅，感到很驕傲。

靠光明來指引，
以荊棒來懲戒。

我在下午五點到達昭通，離開敘州才不到七天半的時間，而這段路通常要走 13 天。

秀才人人有分，舉人海底撈針。（時諺）

Anybody can get an A. B. But a M. A. is like a needle picked up from the bottom of the sea.

—— Current Proverb

第十一章

官員眼中的銅礦－對孩子的暴行－昭通的眾神－中國民歌－賭博－不孝之子的死－扶乩殿－閻王殿－殺嬰

離昭通城北面三里處，我遇到了聖經基督徒會的傳教士柏格理先生，當時我正在大北路那平坦而堅實的路面上漫步之時。他給了我一個真正康瓦爾人的歡迎，並邀請我在以後的兩年內隨時去拜訪他，因為他要到那時才可獲准回國。柏格理先生在中國西部是漢語說得最好的外國人之一，而且作為傳教士，他獲得了外國人和當地人的尊敬。他的傳教事業非常成功，在他布道的時候屋子裡往往擠滿了人。在這個號稱雲南省第二重要的城市裡，商人、文士和苦力們都來聽他宣講。我能跟他一起進入該城真是太令人高興了。路上我們路過了城牆外兩里處的法國天主教傳教團北院。昭通有四個城門，在到達北城門之前，我們停下來看了一下操練場。這個地方曾經發生過一件趣事。兩個日本工程師被中國官員僱來在附近銅礦工作。官員們想測驗一下他們的找礦知識，於是偷偷在操練場掘了一個洞，埋上了 1,000 文銅錢。後來，官員們領著工程師出來視察，似乎很隨意地來到了這個地方，他們問這是不是一個產銅的好地方。工程師回答說：「不是。」狐疑的官員令僕從掘出了銅錢，以作為工程師的無知。證據確鑿，工程師們就這樣被解僱了。

在操練場和城區之間有一個亂墳場，範圍很大。在生活艱難的年代，即那些民眾生活通常很艱苦的年代，棺材板會被叫化子們偷走，再賣給製作棺材的人，人們幾乎不會注意他們買的究竟是不是二手棺材。窮苦人往往就用價格低廉、十分單薄的木盆埋葬，他們的屍體便成了狼和野狗的盛宴。在墳場附近，還有一個深坑，是專門用來葬孩子的。孩子的夭折會為父母們帶來極大的悲痛。當地傳說，怨魂離開身體之後，會進入下一個出生孩子的體內。為了避免冤魂回返，父母們經常把孩子的小屍體切碎，葬在附近的十字路口。在一個傳教士家裡，我看見過一個女孩，她的父親就這樣處理過兩個孩子。另一個阻止冤魂附體的辦法是在死去的孩子身上放一個雞蛋和一些芥菜籽。人們相信如果雞蛋不孵化，芥菜籽不發芽，冤魂就不會回來。狡猾而不安的父母小心翼翼地把雞蛋和芥菜籽煮熟，把雞蛋孵化和種子發芽的日期無限期地推遲。

進了北城門，我們隨即左轉，登上城牆。沿著城牆，我們經過兩座華美無比的廟宇，一座是孔廟，另一座是戰神關帝廟。過了這兩座廟，便是引人注目的文廟寶塔，據說該塔的塔頂可以從雲裡吸收靈氣。兩年前，這座寶塔遭過雷擊，龐大的金屬塔頂被摧毀。不消說，迷信的中國人趕緊又換了一個新的金屬塔頂，以保持風水的均衡！我們從城牆缺口走下來，進了大馬坊，遇見一輛牛車拉著一口巨大的黑棺材，棺材裡裝的是一個剛剛過世的婦人，她是一個新教教會的成員。她剛剛滿月的孩子因故夭折，母親因而一病不起，所有的藥方都無濟於事。「慾壑難填的弓箭手呀！殺死一條命還不夠嗎？」死者的丈夫傷心欲絕，他那些不信教的朋友們千方百計鼓動他去找一個跳大神的來驅鬼去邪。但多少年來他已經是一個勇敢的基督徒了，其基督教信仰堅定不移。他宣布即使家人全都死了，他也不會再去求鬼拜魔。葬禮是我到達後的次日舉行的，參加葬禮的人很多。儀式結束後，丈夫和其他基督徒站起來說：「所有相信儒、佛、道等宗教的人們，到這裡來看一下李太太的眼睛是不是被摳了出來，看看她的脖子是不是被扭向了後邊，看看她的腿和手臂是不是被板子打碎了。仔細地看看她吧，再也不要相信基督徒死後會遭到殘害的謊言。不要怕，過來看看吧。」幾個人走過去「仔細地看了看」。

聖經基督徒會的駐地面對著積財街，這座房子是一百多年前建造，用來拘押暹羅北部一位被俘的王子。這條街道先前就是以這個王子的國家來命名的，叫勐子街。這位王子被中國拘為人質，但後來還是設法逃脫了。他的朋友們為他備好替換的馬，讓他甩掉了追趕他的人，安然回國。我在傳教使團的駐地受到了盛情款待，也受到了傳教士的妻子和他的兩個可愛男孩的歡迎，其中一個雖然不到九歲，但已讀完了歐幾里得（Euclid）《幾何原本》（*Stoicheia*）的兩個章節。

昭通的宗教氣氛濃厚，神靈眾多。城裡各處建起數十座形形色色的廟宇，裡面供奉的神靈千奇百怪，五花八門，從身上抹有鴉片的菩薩和土地爺、王母娘娘等小神靈，一直到萬神之王「玉皇大帝」。還有一個裡面沒有光塔的清真寺，只是裡面沒有尖塔而已。城裡住著二百多戶回民，有幾個毛拉號召著信仰伊斯蘭教的人們去禱告。很多回民從事皮貨生意。

法國天主教傳教使團有幾百名皈依者。最近他們用信徒的赦免金建起了一座美麗的教堂，教堂由石頭砌邊，洋磚壘成，在兩座塔樓之間的山牆上豎立著一個巨大的十字架。外國神父們住在舒適的寓所裡，跟新教人士互通款曲。主教最近將一名攻訐新教的瘋神父免職，並為他屬下的瘋癲行為進行了正式道歉。

昭通土質堅硬，很難深挖，羅馬天主教會在建教堂挖地基時困難重重。聖經基督教傳教使團的駐地跟城內其他的建築一樣，在地基中埋了木炭以吸收水分。天主教把這個地區分成了六個分區，每個分區由一名傳教士負責。

新教教會有 30 名成員、數百名慕道友。成員當中有因為堅持放足和拒絕嫁給異教徒而遭受迫害的年輕而聰明伶俐的婦女。有一次，六位文人在大批信眾面前宣誓信仰基督！在城外面有兩英畝的土地被聖經基督徒會買了下來，以創辦一所培訓學校。六位新同工不久要來這裡工作。我參加了這裡的晚禱儀式，每一次教堂裡都是擠得滿滿的；這裡的確急需一個大一點的教堂了。來教堂的男人比女人多，在中國其他地方通常也是如此。每個人都參加唱聖歌，但是至於該唱什麼調門，就難以確定了。當地的風琴彈奏一個調，而教堂裡唱歌的每個人都按自己的調門唱，在大多數情況下都找不著基調了。但是大夥都想放開喉嚨唱，即使調門不一，但還是在「一心一意」地唱。

是那神祕的同情，
宛如銀環和絲扣，
使人們心心相通，
將靈肉聯在一起。

當傳教士柏格理口若懸河地布道時，文士、商人、苦力及各色人等都凝神諦聽。毫無疑問，傳教士們在這裡所做的一切已經讓這個城市留下了深刻的印象！

昭通當然是一個日益興盛的城市，它原來叫玉勐，是當地居民起的名字。清朝初期它被官軍征服，最關鍵的一仗是在城東的營盤山上打的。城市所在的地方原本是一個森林密布的高原。由於幾次大規模砍伐，森林被砍光了，現在這個城裡有大量正在形成中的煤礦。經常有好多埋在煤炭裡的人類用過的器具被發現，這似乎證明煤層的生長已經停止。在對這些煤進行檢驗時，我發現樹的節瘤沒有變化，只有枝幹變成了煤。我的無液氣壓計表示此地的海拔為 6,200 英尺，該高地的其他特色是這裡有穴居人的遺跡，它們散布在平原的各處。遺跡中發現的燒製磚塊帶有某種對稱性的圖案。當地人說，早先這裡野獸成群，為害四方，人們被迫移居地下，只留下一個小口出入。直到現在還有大量的狼群存在，經常吞食小孩，有時也向成人發起攻擊。豹子和老虎也在這個地方隨意出沒。

黑神廟是昭通城裡琉璃門面做得最漂亮的寺廟

昭通是個跟富庶的四川省進行交易的重鎮。布匹和食鹽是主要的進口物品，醫藥、蜂蠟和黃銅是主要的出口物品。城區和郊區共有人口 3 萬，由一位知府、一位縣令和一位都統來進行管理。整個轄區長度要走十天，寬度要走六天，居民不少於一百萬。鄰近的地區生活著其他民族，其中有彝人，通常叫倮倮，這是他們所痛恨的稱呼，因為這是指他們盛祖先神位牌的小籃子。這裡還有苗族，這是一個安分的民族，他們主要的特點是不願爭鬥，討厭偷盜和乞討。苗族人經常為彝人充當奴隸。第三個民族的住處離該城有三天的路程，叫巴布人，綽號也叫「蠻子」，意思是野蠻人。還應該提一下回族，這確實是一個獨特的民族，是來到中國的波斯、阿拉伯人的後代，他們依然保持著某種鮮明的特徵，高高的鼻梁骨顯示著他們不同於漢人。

在某些古老的東方國家裡，當舊君已死新君未立之時，總會有一段時期出現權力空隙，這種情況也在昭通出現過。從東門出來，我們注意到有一張白紙黑字的告示，告知人們在過年期間允許賭博的五天時間已過，賭博必須取締。人們並不曾注意這些告示，因為在我們經過的街上就有好幾群人在賭博。在過年期間，幾乎每家的男人、女人和孩子都賭博。靠近禁賭告示的地方，也許與此有關，還貼著一張基督教的單子，上面長篇累牘地講述了外國托拉斯和辛迪加的故事。幾個星期之前，有些人在高官的贊助下，開始了煤礦專營開採，整個城市都痛恨這種做法。煤礦工人舉行了大罷工，在這一年最冷的季節幾乎導致了煤荒。專營者為自己開脫，說他們也是被迫開礦，賺錢為政府償還外債，於是，矛頭又指向了外國人。人們以此為藉口，準備在聖誕除夕夜這天起事，對外國人發起總攻擊。然而外國人向知府的求助 —— 後者跟外國傳教士關係不錯，並可能因撈不到好處而痛恨專營者 —— 而及時制止了這場災難。這位知府大人以外國人受到驚擾威脅為藉口，把那個專營煤礦給解散了。而傳教士則因幫助百姓擺脫賦稅的重負而受到了稱讚。關於托拉斯的告示張貼在四個城門口，使大眾清楚了解西方的專營做法。年輕的美國人也許從昭通的托拉斯這件事上能吸取某些寶貴的教訓。在東城門附近住著一戶人家，家中有一名成員喜歡賭博，其父試圖阻止他，但無濟於事，最後，他怒氣沖沖地威脅要勒死這個男孩，說「老子我要勒死你」。幾天後他就兌現了他的威脅，真把兒子勒死了。這樁犯罪行為並未引起官府的注意，因為中國的父親有生殺之權，可以把不孝之子處死，有時還會把逆子活埋。不久前，敘州一個年輕的賭徒需要錢來還債。為解困境，他從家裡偷錢，遭到了繼母的制止，這個憤怒的賭徒受此干預，痛恨不已，揮刀把她砍成重傷。親屬們立刻集合，草草審判之後，決定把這個不孝之子活埋，這一判決馬上得以實施。同時，此事也被上告至官府。在處理逆子這種違反倫理的醜行方面，官員就顯得力不從心。如果依據刑律，對這個不孝之子判罪，那麼這個城市的部分城牆將會倒塌。因此，親屬們的滅親之舉使這個城市免於更大的恥辱。

昭通黑神廟的古老戲臺

昭通是一個趣味橫生的城市，今天是兔年（光緒二十九年）正月初八，我跟柏格理先生在城裡遊逛，從積財街到了大合街，經過那座寒酸的火藥庫，到了文昌閣。這裡有一座漂亮的寶塔，部分已被雷電擊毀。這個供奉聖人的場所完全被狗和黑豬所占據，所以我一開始想趕走牠們還真不容易。看熱鬧的人越聚越多，陪伴著我們去了閻王廟，這地方目前成了訓練團丁的場所。50 個年輕人在這裡受訓三個月，每月發二兩多的俸銀。兩匹大石馬守衛著該廟宇的門口。據說這些四足的看守也有人的本能和情感，它們守護閻王廟的責任似乎並不妨礙它們尋找塵世之歡。因為在一天夜裡，其中一匹馬掙開了韁繩，逮住了城裡的一個年輕女人，並帶回廟裡做了它的妻子，至少故事就是這麼講的。年輕的女孩死了，神祇們覺察到這個命案是馬引起的。為防止石馬再次出去遊蕩，縣令便把石馬固定在它們的位置上。

從城牆上看昭通城內各種不同的屋頂

走過了這些馬，我們來到了一個大院子裡，這就是團丁的操練場。操練場周圍有一些一邊敞開的房子，裡面都是地獄裡遭受酷刑的塑像。塑像前設了一條圍欄以阻止年輕人離塑像靠得太近。在這裡，可以看到有座叫望鄉臺的山，死去的人就在這裡向他們的故園看最後一眼。再往前走，有一座狹窄的橋，每個亡魂必須從橋上走過，橋太窄了，幾乎無人平安而過。在橋下的河裡，妖怪們正等著吞噬不幸從橋上掉下去的人。

在被這些魔鬼弄得肢體殘缺之後，地獄的陰風吹著這些痛苦不堪的亡魂，使它們醒過來，通過下一個恐怖屋。在該殿的角落裡有一個專為女人準備的房間，裡面有一個血汙池，所有的母親都必須從血汙池裡走一遭，以作為生育罪孽的懲罰！在這些房間的盡頭，站著一個賣迷魂湯（忘情水）的老太太。亡魂喝了之後，將會遺忘前世的一切。喝了迷魂湯之後，靈魂就轉世了。我看到這裡有一個鬼，一半是女人，一半是烏龜。烏龜代表著極端的淫慾和長命百歲。最末一個是巨大的菩薩，臉上抹著藥，善男信女們把鴉片汁塗在祂的臉上。人們都說鴉片牢牢控制了冥界！確實，中國人的「想像力就像火神兀兒肯（Vulcan）的打鐵鋪那樣亂七八糟」。所有抽大菸的器具經常供奉給神靈。然而，獻給神靈的很少會是真的鴉片，只是把豬皮熬一熬代替，因為中國人太喜歡鴉片了，不肯把它浪費在另一個世界的神靈身上。

昭通的文昌閣

穿過一個門，我們來到了閻羅王的府邸，閻羅王掌管著死後進入祂的轄區的昭通人的亡魂。這位主宰者並不總是待在這個職位上，而是經常會變換一下，升到更高的位置上去，甚至也會因一些小過錯被免職。這裡有兩個閻羅王的塑像，一大一小，小的那個行使代理之權，以閻羅王的名義到處巡遊。中國人經常抬著祂在街上游行，因為中國人太精明了，他們不肯去抬那個又大又重的神像，而去抬一個小的應付了事。這兩個神祇分別被稱作「坐神」和「走神」。一個人死了，中國人叫「升天」，也就是「他升到天國去了」。但是他們總是在閻王廟裡為死者招魂，他們似乎認為，若按功過來排，那些死者更有可能到地獄。他們認為每個人的生死都由閻羅王掌管。死者的親屬們經常憎恨閻羅王的所作所為，一次，一位母親因兒子的死過於悲憤，抓起一把刀子把閻羅王的塑像給捅了。每當大旱持續不退的時候，當官的就會將掌管祈雨的神祇抬出去，把祂放在熱辣辣的太陽底下，讓祂感受一下天氣的酷熱和民眾的疾苦，其依據的原則大概就是：

使人受苦，自己受苦；
不負其責，必受懲罰。

跟隨我們的人群被團丁們擋在了閻王廟的外面，但是在我們離開的時候，他們又跟上了我們，想看我們還要做什麼。我對他們的舉動很感興趣。城鎮中心的集市是都統管轄的地方之一。這裡曾發生過一起慘劇，起因是一群亡命之徒陰謀奪取城鎮。一天早晨，數百名暴徒占領了這個地方，把反對他們的人全殺了。負責昭通軍事轄區的那位勇猛的都統表現出了他的英雄本色，夾著尾巴逃跑了。然而，這場小規模的暴動不久就平息了，因為民眾自發起事，反過來殺了所有的造反者，只是首領毛三和下落不明。有人說他被殺了，有人說他逃走了。但在中午之前，整個事情都已平息，所以起床晚的人對於剛發生過的事情還茫然不知。叛匪首領的遺孀剛生下一個男孩就被投入了監獄。目前這母子二人一直在押，以免兒子日後另找時機為父報仇。這個遺孀處境頗佳，因為她在監獄院子裡開起了一個小當鋪。

身著羊皮大衣的作者站在他的轎椅旁邊，他就是坐著這樣的轎椅翻越華西群山的。

扶乩殿是一個有屋頂的高臺，有石階通向那裡。降神的活動在這裡舉行，據說與神靈的溝通就是透過一支魔筆來進行的。這種溝通一般是同夥合作完成，一人握著筆在一個沙盤上畫出神祕的符號，另一個人把這些神祕的符號解讀成人們理解的文字。昭通人大都很迷信，許多情況下都要向死人進行諮詢，正是由於這個緣故，人們經常要來扶乩。對中國人來說，整塊國土上到處是死者的幽魂，而生者與死者的距離非常近，正如人們所說，只隔著一層紙。死者的靈魂往往要比活人更有力量，它們的影響在生活中無處不在。房上木板的咔嚓聲、老鼠的咯吱聲、水壺的鳴叫聲、煮飯時的嘶嘶聲或樹葉的沙沙聲，都是精神世界的表徵。所有的痛苦，甚至微小的不適都歸咎於邪惡的力量。如果看到一個家庭婦女在擺弄一盆水和三根筷子，對各個階層的人們來說都是司空見慣的事：先把筷子的手握部分插到水裡，然後倒過來，讓筷子尖立在水裡，用拇指和食指捏住筷子把，然後操作者把這個家裡死去的親人的姓名快速地唸誦一遍，每提到一個名字，就停一會，鬆開捏筷子的手，有時候筷子自己站住了，這就表示剛剛提到名字的那個死人對這個家庭不滿，讓某個家庭成員在身體的某個地方感到疼痛。

我們繞過扶乩殿，到了南城門，走下了城牆，這段城牆保存完好，城堆口內有一條平坦的道路，可以在那裡騎腳踏車。經過南門和西門之間的角樓時，我看到了一個全身赤裸的童屍，大約五歲，在角樓的底部臉朝下臥在垃圾中間。城牆上的這些角樓在相當程度上都被用作了扔死孩子的場所。除非用其他方法銷毀，否則孩子的屍體仍將留在那裡，直到腐爛。在這些地方經常可以看到骷髏頭和骨頭。孩子的屍體不允許埋在家族墓地裡，因為那裡是為老年人保留的。假如說異教反覆灌輸對老人的尊敬，但它完全沒有擺正兒童的位置。兒童經常受到野蠻的對待，特別是那些作為奴隸的兒童。對於兒童這個群體，至少是對土司家中世襲奴隸的對待並沒有切實可行的控制辦法。中國的男女主人們一手掌握著奴隸的生命。我聽說過有個女主人對她小丫頭的舉動不滿，一怒之下，差點把小丫頭打死。這個女人很迷信，不允許這個慘遭暴打的女孩死在她的房子裡，就派了一個她丈夫手下的士兵把這個垂死的丫頭扔到東門的城樓上去了，這是士兵們站崗守望的地方。這情景吸引了一大群人，但沒人干預。新教的傳教士拿出了一筆錢，勸說兩個老太太為這個丫頭找了遮身的地方，直到丫頭死去。沒人控告這個殘暴的女主人。與此形成強烈對比的是耶穌那溫柔的話語：「讓小孩子與我同在。」

昭通的扶乩殿，位於雲南保護神財神廟內。頗有諷刺意味的是，統治雲南這個貧困省分的竟是財神。

好鐵不打釘，好男不當兵。（時諺）

Nails are not made of good iron, nor soldiers from good men.

—— Current Proverb

第十二章

解救飢民－回民起事－中國的野獸－狼群的攻擊－白蠟蟲－貞節牌坊

我很不情願地離開了昭通傳教團和聖經基督徒會傳教士那裡的有趣的家。對一個偶像崇拜者來說，乾淨整潔的基督徒家庭就是一個生動直接的例子。氣派的客廳裡既沒有妖豔的裝飾，也沒有廉價的神仙畫！我們早飯後直接離開，沿著積財街往前走，接著又轉入了木匠街，街道的一側是都統府，另一側是木匠鋪。門前是一些沒有根的冷杉樹，它們只是為了營造正月的氣氛而種在那裡的。這種效果頗為惹人注目，給人的印象是中國人也會栽些常青樹。在木匠街的盡頭是一個髒水坑，泛著綠色，看起來很齷齪，人們認為它會替這個城市帶來幸運，因為它就在皮先生家附近，而皮先生是翰林院編修，倍受鄰里們的崇敬。據說他的好運就是受到了這個惡臭水塘的微妙影響，這個水塘「一直散發出刺鼻的臭味」。

過了集市再向右拐，我們來到了綿羊街，這裡有全城最好的綢緞布匹和衣服。西門就在這條街的盡頭，西門外住著該城的大商人，多數是鹽商。鹽都是從四川販來的，因為雲南府產的白鹽不許向北販運這麼遠。這條禁令使四川的鹽商們發了大財。先前一些大的鹽井在老鴰潭附近的鸕鷀灘。但由於它們的工作會使從四川進鹽的生意受到衝擊，官府就立刻關閉了這裡的鹽井。因此，人們被迫去買更為昂貴的川鹽。在昭通，食鹽賣到120 文錢一斤，按目前的匯率，為四美分一磅。這種鹽帶著很重的土色，一種灰泥的顏色。吃過外國餐桌上純淨的白鹽，就很難習慣於吃這種鹽了。然而，它的味道頗佳。

在西門外郊區的盡頭立著一座很大的牌坊。這是為在任的昭通知府龍大人而立的。十年前，雲南府派龍大人來此賑濟災荒。他進行了廣泛的救濟工作，還開鑿了一條運河。我們當天就經過了那條運河。這條運河很成功，而他在高原北端開鑿的另一條運河卻失敗了。除了這些工作之外，他還開設粥廠，向廣大飢民分米粥和米湯。其中一個賑濟所就設在壽福寺，在這裡大約有兩千多人，主要是婦女和孩子，她們被集中在賑災棚裡，不許離開。貪婪的役卒則趁機剋扣救濟糧，中飽私囊。他們在米裡面摻上石灰、明礬和其他東西，使少量的米看起來更多。這種惡劣的飯食、擁擠的住處，還有糟糕的衛生條件，導致瘟疫流行，成百上千的人得病而死。死的人太快太多，連棺材都湊不齊。賑濟工作結束後，大家開始張羅著為龍大人樹碑立傳。建牌坊的工程開始了，巨石被拉到這個地方作為建築材料。但龍大人被派到其他地方去了，建牌坊計畫擱淺。好多年來，這些石塊一直在阻塞交通，但是當龍大人又調回原職的時候，他開始親自安排建牌坊的工作，並及時完工。現在這是雲南北部最好的紀念碑之一。經過這個牌坊之後，大路經過了城外一些最富饒的田野，這裡有好多大菜園。再往南走，菜園變成了種罌粟和大豆的地方。我注意到豆苗都長在割過的莊稼茬之間。通常豆子要在穀物收割之前種好。人們認為，罌粟是一種有利可圖的作物，因為它的各個部分都有用。罌粟的汁可以製麻醉藥；罌粟籽是大人孩子的美味食品，也可以榨油；榨油之後剩下的渣可用作肥料；罌粟稈可以用作燃料。真是「香甜的毒藥，害人的口福」！

離該城 15 里有一座鳳凰山，山頂有三個獨特的卵形的東西，據說是從地裡長出來的。作為此地的一個標記，當地人對此津津樂道。從昭通往南走了不到 20 里，我們進入了一個回族地區，不到一個小時，我們便經過了四座清真寺，只是沒有一個清真寺裡有慣常的光塔。在回民起義之前，它們在此地影響極大，漢人在此地不許養豬，集市上也不許賣豬肉。在離昭通 60 里處，我們進入了一個叫平園的回族大村，街上極其泥濘。

我是在大水井過的夜。最後 30 里是一個回民兵勇陪著我們走的。他是個敏捷、健壯的武士，與其他中國人相比，他顯得器宇軒昂，舉止威武。他擔任我們的保鏢。上山的路又陡又滑，時有泥濘之處，但大部分地方覆蓋著雪，景色秀麗，空氣宜人。第二天我們走了 120 里。我覺得，在海拔很高的地方走山路要比走平路累得多，除非適應了稀薄的空氣。前一晚上，我在海拔 8,200 英尺高的地方過夜，這一夜也有海拔 6,000 多英尺。這些事實極好地展示出了道路的大致狀況。此地幾乎寸草不生，荒無人煙。這天晚些時候，我們走出了回民區，又進入了崇拜偶像的漢人區。最後一個回民護衛有 60 歲，在通往牛欄江的崎嶇山路上像鹿一樣奔跑。他的步伐身姿跟馬庫斯．多茲（Marcus Dods）對於穆罕默德（Muhammad）的描述很相似：「他的步伐就像是一位登山者，健步如飛，使跟隨他的人一路小跑。」橫跨在江上的是一座精緻的懸索橋，一公一母兩隻猴子守護著橋南端的入口處。牛欄江起源於離雲南府百里之遙的楊林平原，在四川獨立的彝族區的對面匯入長江。河床上巨石密布，無法航行。

在懸索橋建起之前，過牛欄江的路在下游三里處，但那裡的橋被洪水沖垮了，就用渡船代替。在南岸興起了一個大村莊，因遊人通常在此駐足過夜，使那裡的生意日漸興隆。渡船已經不足以載客，所以三家大商會決定集資建橋。新橋址選定後，一架鐵索橋在光緒十四年完工了。官員霍大人主持了隆重的開通儀式。一個村莊迅速地圍繞著這座橋冒了出來，成為旅客的住宿地，但有些真正以中式頑倔為特徵的旅客還是喜歡按老方式去乘渡船，而不願走新路過橋。因為走新路的人很少，客棧主人就把老路扒了好幾處，漸漸地，新路就成了唯一的通道。居民也就把他們的房屋遷到懸索橋附近，或遷移到他們的田邊去了。只有一個白色小廟還依然立在原處，表示這個地方曾經是一個繁榮的古老村莊。

過了橋，一條路沿著一條山澗急流往南延伸。那個愁眉苦臉的苦力頭兒做什麼事都拖拖拉拉的，對其他人態度蠻橫。他的惡劣行徑激起了我的「熱情」，我回轉身，照準他的兩根肋骨就是一槍托子，算是給他一個教訓。這段插曲之後，他做事老實多了。我們超越了一隊滿載醫藥、錫和茶翻山越嶺的馬幫。通常每 12 匹馬都配上一頭驢子，因為有一個古老的風俗，在住店的時候，如果湊足了 12 匹馬，店家就會免費照料那頭驢。在一個馬鞍子上還貼著春節對聯，上面寫著：「新年大吉，萬事如意。」

從大水井走了 50 里，那位回民衛兵換成了含姆的一個後代[081]。這裡有賣英國胡桃和玉米的，還有雞蛋換五文錢一個，帶著捲菸味道的梨子一個要七文錢。在一家茶館裡，我們喝的是二手茶，即用沏過又烘乾的茶葉再繼續泡的茶。當太陽即將落山的時候，我們走進了迤車汛村，一個 300 戶人家的小集鎮，坐落在一個富饒的平原中部，村子一頭是關帝廟，村中另有兩座廟。此處海拔 6,300 英尺。我在節聚客棧裡發現了一個不錯的房間，裡面炭火正旺，蠟燭通明。廚師買了足夠的蔬菜，可以吃到星期天，又花了 450 文錢買了一隻大胖雞，大約值 20 美分，便宜極了，但實際價格還要便宜許多，因為廚師從中還有回扣，而且向這家客店推薦客人住宿的人也有部分分紅。雞蛋五文錢一個，大豆十五文錢一品脫。遠離了大的通商口岸之後，中國的生活費較低，但旅遊花費要比在西方國家昂貴得多，因為本來坐火車一、兩天就到的路程，像我這樣長途跋涉要整整一個月的時間。

[081] 根據《舊約．創世紀》（10：1-29）的記載，含姆（Ham）是挪亞（Noah）的第二個兒子，而含姆的一個孫子寧錄（Nimrod）是一個威名遠颺的獵人。作者利用這個引喻暗示他的新衛兵是當地的一個獵人。

從昭通到雲南府途中的路邊茶室

在上海的時候，有人告訴我中國沒有野生動物，我發現我完全受騙了。在昭通和東川之間的山地裡到處有狼群和其他猛獸出沒，「凶殘如死神，飢餓像墳墓」，人們經常在此處看見豹子。中國人說每隻母虎產三個崽，其中一個就是豹子；據說每吃一個人，豹子的身上就增添一個馬蹄狀的圓點。一個讀書人告訴我，被狼吞吃的孩子太多了，現在的人們也不願費盡心思去記著吃了幾個了。狼是被用一種叫做「老虎傘」的奇特裝置來捕捉的。「老虎傘」由一根五英尺長的棍子構成，頭上帶著幾個鐵鉤，其機制跟雨傘類似。用的時候把棍子刺向狼的咽喉，拉動栓扣，鐵鉤抓緊狼的皮肉，把狼裝進袋中，然後就可以去賣狼了。一張狼皮可以賣 1,000 文錢。另一種裝置叫做「捕象坑」，就是挖一個深坑，用細棍草葉和足夠種麥苗的土覆好。當狼群從上面走過的時候，掉進坑內，就可以輕易抓獲了。有時候還可以用弩和毒箭來射殺野獸。毒藥和箭頭要一起煮過，這種毒藥就叫「見血封喉」，據說可立刻殺死獵物。在靠近山區的大多數村莊，狼是一禍害。牠們頻繁光顧，給人們帶來驚恐。每年有上百人死在這些凶殘的野獸口裡。有些猛獸是黃色的，有些是灰色的，在不同的地方叫的名稱也不盡相同。例如「土豹子」指的是昭通附近的一種殘暴的豹子，在一些地方又叫「山毛邵」。悲劇的頻繁發生就是與這些動物有關。在昭通傳教士療養院現在坐落的地方，中國房東的兩個孩子就被豹子給吞吃了。在三紅樹村，有人告訴我，今年正月初三，一個住在火燒橋附近的夏姓老人，在下雪天去砍柴，當他用柴刀砍樹時，兩隻餓狼撲上去，把他撕成了碎片。老人拚命抵抗，但敵不過這兩隻又瘦又餓的狼，一會就無還手之力了。雖然雪地上留下了可怕的搏鬥跡象，但砍柴老人剩存的，只有幾根齒痕斑斑的遺骨。就在我到達黑土基村的前一天，那裡有一位跳大神驅邪者的妻子田嫂到田裡去趕牛回家時，遭到一隻惡狼的攻擊，她被狼咬住了喉頭，把氣管咬斷了。她的兒子們就在附近，趕過去救援，終於沒讓狼吃掉他們的母親。一個悲傷的兒子把還有一口氣的母親揹回了家中，但一切搶救的努力都是白費。第二天一早，這個女人就死了，這是在野獸口內喪生的又一個受害者。她的丈夫生意極佳，靠為凶宅驅邪而名聲在外，然而，他卻不能驅除自身的麻煩。

禍害如此之大，以至於東川平原的北部被橫行的野獸鬧得雞犬不寧。其他辦法不能把豹子趕走，姓簡的知府便另試他法。他去向山神禱告，讓他的轄區恢復安寧，讓老百姓遠離野獸之害。可神靈也未能恪盡職守。這位惱羞成怒的官老爺又光顧了一次寺廟，大聲命令侍從們把廟裡無用的神像都弄出去，擱在地上，臉朝下，在縣官的指揮下，侍從們乒乒乓乓一頓痛打，作為對它們玩忽職守的懲罰和今後要更好表現的激勵。然後這位大人便打道回府了。

這一段旅程讓我正好穿過了大蠟蟲區的心臟地帶。平原上有數千株蠟蟲樹，這種蠟可以用來製作彩筆和蠟筆，大部分出口。繁忙季節從立夏開始，迤車汛村小鎮上非常忙碌，成百上千的人前來購買小小的蠟蟲。在平常的年分裡，一擔蠟蟲（大約 70 斤）的價格是 30 兩銀子，在好年分裡，中國人揹著蠟蟲翻山越嶺到四川，每擔可賣 80 盎司銀子，或者更多。這是一項有很高風險的生意，在蠟蟲交易人侍弄蠟蟲之時，他的家人將千方百計撫慰眾神。有時候天氣過於暖和，在走到目的地之前就孵化了，那他就白費工夫了。否則，他賣一次就可賺一大筆錢。這個地方的蠟蟲跟別處的蠟蟲產蠟不一樣多，因為，一位中國人告訴我，牠們只有六隻腳，真正的蠟蟲有八隻腳。每個蛹裡有三個蠟蟲，第一個蠟蟲出來之後就消失了，第二個蠟蟲哺育下一代，第三個蠟蟲才產蠟。第一個是灰色的，最後一個是白色的。許多蠟蟲變成小蛾子飛走了，其他的蠟蟲把自己埋葬在牠們自己產的蠟裡，並死在那裡，有人告訴我，去年雲南一共產了 8,000 擔這樣的蠟蟲。

在下一站，我們走了 130 里路，到了半邊井。我是在大發客棧過的夜。我房間的一個角落裡有一口大棺材，這並非有意打攪我的睡眠，而是為老葉的妻子準備的。老人們喜歡把他們的棺材準備好，以確保他們死後能用以裝殮屍體。朋友們有時會送一口棺材，作為關心的微妙表示。這在西方是咒人早死，但在這裡這麼做是合情合理的。每一件事的是非曲直都要取決於觀點的不同。穿越紅坡花了我一整天的時間。從迤車汛村走了整整 80 里，就到了一個岔路口。道路一分為二，一條道通往四川省的狐狸洲。在這個岔道口附近的一座墳墓有些來歷。這座墓叫做「女兒墓」，在中國很少有人在女子的墳前為其樹碑立傳，予以表彰。在她墳墓頭的紀念碑造成了牌坊的模樣。她父親陶先生是附近的一名跳大神驅邪的神漢，在她很小的時候就替她訂了親，可是她那年輕的丈夫在成婚之前就死了。死者的弟弟想娶她，但她拒絕了，那男子勸說不成，就來硬的。這女子具有中國人所說的「貞節」，她決定守寡，對她那死去的未婚夫忠貞不渝。最後因不堪威逼，吞服鴉片自殺。然後兩家就打起了官司。案子從縣裡報到府裡，這位女子的父母得到了對方付的 100 兩銀子作為慰藉金，部分的錢用來修墓了。有一位男子在墓前對我講述了這個故事，他只是一個旅客，卻也講得慷慨動容。很顯然，中國人是讚許年輕女子這樣做的。在下面村子裡的一副對聯也證實了這點：

貞潔佳麗，年華早逝，宛如朝露；
靈光熠熠，飄然飛舉，直達天宇。

再往前走，我們經過了幾所房子，外面掛著蜂箱，有些蜂箱是木箱或糊上泥巴的籃子做的，上面還貼著春聯，祝福蜂王繁榮昌盛。雲南北部的蜂蜜是全中國最好的，名聲在外。在紅石崖村，道士們正舉行一個儀式，在儀式上誦讀太平經，然後治理野豬原，這裡曾經是流沙遍布的泥潭，後來道士們把水排乾了！

東川路上的流動補鍋匠們

距東川 35 里處有三座墳墓，是為三個將軍修築的，而他們仍然活著。會看龍脈的風水先生把墳墓建造在那裡測試風水，棺材也已做好，裡面放上一些頭髮之類的東西，然後埋起來。當墳墓被打開的時候，風水先生就能確知那裡是否真的風水很好，是否能讓將軍們在冥世過得快樂。

我又穿村越野地走了整整 90 里，這裡已經進入了荒僻之境。景色一成不變，只有偶爾出現稀疏的高山灌木上的冰凌。很少有外國人能看到這高原勝景。我在大水井村的陳家客棧歇腳休息，還要了一個燃著炭火的火盆取暖。照明之物就是一支蠟燭，在一根竹梁上的雞蛋籃子裡蕩悠著。用我們的氣壓計來測量，這個客棧海拔 8,200 英尺。當我進村時，我替村口的牌坊拍了照片。我把華氏溫度計吊在金屬三腳架上，很快讀出了溫度是華氏 22 度。寒風呼嘯，我發現空氣太冷，溫度計裡的水銀柱已經無法再收縮了。

知足者富，能忍自安。

The contented man is rich, and he who can be patient has peace, of course.

第十三章

東川－街景－流浪樂師－悲痛致盲－紙紮的冥間財富－海拔一萬英尺－活焚痲瘋病人

我從昭通到東川幾乎走了 400 里，但是在東川決定找一抬滑竿，僱三個人抬著。我們下午剛過 1 點就從東川動身，向雲南府出發。我們這一行人包括三抬滑竿、九個苦力、兩名兵勇、三個外國人，從傳教使團的大門出來，向福街行進，可謂聲勢浩大。在我們的左邊有一座南方會館供奉神靈的寺廟，作為商業和宗教精神的證據。離此不遠處，有一座住宅，門上的匾額表示這是一個五世同堂的家庭。中國人好像對此非常自豪，在外人面前津津樂道。在我們的右邊，是從事慈善事業的羅馬天主堂孤女院，除此之外，就沒有什麼吸引我們的注意力了。我們左拐，穿過一條窄巷，進入大街。在路上，我們遇到了一對羞答答的少女，一個帶著真正中國式的謙虛，把臉轉向牆壁，背對著我們；另外一個半躲在同伴的身後，設法好好看了一眼外國人。

佳人含羞藏，
欲蓋反彌彰。

我們出城時走的那條街是東川唯一重要的街道，從東門一直通到西門，又延伸到了郊區。很少有豬到處亂跑，人們為他們城市的整潔而自豪。跟大多數的中國城市相比，他們完全有權利感到驕傲。因造化襄助，這個城市有一些甜水井或甘泉，這樣就不需要到外面去挑水了，也避免了道路泥濘。在城市的正中心，我們穿過了十字街，這裡到處是賣水果和賣魚的小販。再往前走，菜販子賣的大胡蘿蔔足足有兩英尺長，中國人非常珍愛自己種的這個小寶貝，自賣自誇是理所當然的。街道邊上到處是小吃攤，那裡的髒碟子、菸葉子、豬腳子，以及中國人喜歡吃的其他美味隨處可見。還有賣橘子、梨子和甘蔗的，也有衣衫襤褸的人擔著沉重的柴火走過。附近沒有煤炭，因此經常需要燒木柴。豬肉和雞鴨肉很多，但牛肉和羊肉很少。這真是個熱鬧而忙碌的人群。在中國很少能見到遊手好閒的男人，似乎所有男人都在做雇工，或到處攬活。三五成群戴著鮮豔首飾的土著婦女，和沒有纏過腳的土著婦女，使灑滿陽光的街道變得絢麗多彩。人們把我們圍得水洩不通，兩名兵勇高聲吆喝著為官老爺大人讓道，總算替我們解了圍！我在西門遇到一個瞎子，由一個引路的小孩牽著，熟練地拉著一把老掉牙的兩絃琴或二胡。對那些了解五音階制，能欣賞中國音樂精妙之處的人而言，這種兩根弦的小提琴演奏起來餘音繞梁，回味無窮。但毋庸諱言，我小時候所受的音樂教育少得可憐，因此我還不能欣賞這個中國人的手指在歡快的琴絃上靈巧移動的技藝。但無論是用笛子還是用豎琴演奏的奧林匹斯山或是托斯卡尼的曲調，都不能像二胡這種中國樂器那樣使中國人著迷和陶醉，甚至那些嗚嗚發威的黃狗也對此表示出了敬畏。

天鵝欲死發清吟，
未歌先殞亦可嘆。

每個國家都有瞎子，中國也不例外。一個瞎子怯生生地來到傳教使團的駐地，想要見識一下風琴。在摸到鍵盤後，他便在這個奇異樂器面前變得手舞足蹈。在他魔術般的手指下，優美的中國曲調流淌而出，傳教士們驚詫萬分，而瞎子本人卻彈得興高采烈。許多中國瞎子以算命為生，並用這種方式決定各色人等的命運。雖然視力消失了，但他們其他的器官似乎變得比常人更加發達。

儘管難以置信，但確實有哭瞎了眼睛的事情，這是有案可查的。有一名盲眼的中年男子走進了東川的街道布道堂。傳教士們問他的眼睛是如何失明的，他回答道：「一天我和夥計們正在地裡工作，通常幫我們從家裡往地裡送飯的我的小男孩沒來。我便回家去看究竟發生了什麼事，我發現我那可憐的小兒子已被狼咬死，並且吃掉了一部分了。我大驚失色，哭啊，哭啊，直到把眼睛哭瞎了。」一個婦女來到布道師的面前說：「麻煩您了，您讓我的眼睛復明好嗎？」布道師回答她沒有這個能力。「但是，」她說，「人人都說您有。」耶穌治好瞎子的故事經常被安在傳教士身上，當地人經常稱他們為「耶穌」。那是與法國在東京（今越南首都河內）開戰期間，這個婦女的兒子跟大批新兵一起從昭通高原加入了可怕的岑總督的部隊。岑總督是現任四川總督的父親，是他平息了當地的暴亂。戰爭結束後，守寡的媽媽焦急地盼望著兒子歸來，這是她唯一的依靠了。一天，噩耗傳來，她再也見不到她的兒子了，她的兒子已經死在那個瘴癘瀰漫的地方。這個可憐的女人悲痛欲絕，硬生生地把眼睛給哭瞎了。

兩位中國婦女

心裡的悲傷要說出來，
憂悶會揉碎苦澀的心。

該地區的居民似乎舉止安詳，確實有人說東川的老百姓很容易治理，躺著就可以把他們管好。這裡的官老爺們確實就是這麼做的，因為官員們抽大菸時往往要躺下來。

在以禮河，當地人設計了一個奇特的逮魚的法子。他們用石頭壘成馬蹄的形狀，開口在下游，開口淺，裡面深，魚進去之後就找不到出去的路了。這種法子非常管用，很多魚就這樣被糊裡糊塗地逮住了。

背柴火的少年苦力

走了 60 里之後，我們離開正道，拐彎幾里路去參觀跨越以禮河的大橋，然後在一家平房小客棧停下來過夜。第二天我們早早動身，踏上旅途。在黯淡的月光下，一輪銀月漸漸西沉；不久東方破曉，旭日漸升，金光四射，淹沒了曉月清輝。此番勝景，非言語所能形容。過了三家崗，看見了一些白頸鴉、「蜜雀」和一群松鴉，還看到了數不清的喜鵲和大雁。一隻灰鳶和一隻白頭鷹正在河裡爭奪獵物。

從大橋前行 30 里，在鷓鴣村，一場葬禮正準備舉行。從死者的房屋可以看出，他生前窮困，但在一根 30 英尺高的柱子上吊著幾十個直徑三英尺的環，每個環上飄動著上百片紙條，每片紙條代表著 1,000 文錢。所有這些都要燒掉，以供死者在冥界使用。他在現世是個窮光蛋，但在冥界裡是個百萬富翁，這些紙在今世沒什麼價值，但在冥界很寶貴，燒掉之後，就變成了他在冥界的財產。除了紙錢之外，兩匹紙馬也在等著跟他一道上路，還有一抬紙轎、幾個服侍他的紙人，整個行頭都已齊備了。房頂上的一片瓦已被揭掉，以便讓死者的靈魂出去。這是否跟英語中的一句諺語有關：「他有片瓦已經鬆動？」[082]

在 60 里路的盡頭，我們開始攀登高聳的少白山了。山路陡峭難爬，先上了一個陡坡，然後是比較平緩的山坡，直到我們此行所到達的最高點。中國人說上山的路是 15 里，下山只有 10 里。如果考慮到中國人計算時把時間和距離一併計算在內，就不覺得有什麼荒謬之處了。在少白山的山坡上，視野極其開闊，海拔 1.2 萬英尺的遠山此時白雪皚皚，盡收眼底。往北望去，在陡峭難登、巉岩兀立的山頂是有名的聚王廟，周圍矮樹環繞。廟裡的和尚肯定不會受到眾多朝拜者打攪。陽光灑落，色彩斑駁，壯觀而美麗的景緻讓人怦然心動，覺得為爬到這個高處而付出的艱辛還是非常值得。山上經常狂風大作，不管徒步還是乘坐轎子，都難通行。東邊的諾楚槽山三年前發生了移位，強大的山體運動毀滅了二十幾戶人家。

在海拔 1 萬英尺的山口，氣溫僅有華氏 38 度。從山下往西是野馬壩，景色秀麗，但不適於耕種，因為此處似乎找不到排水的出口。平原上點綴著一群群的綿羊和山羊，還有穿著白色羊皮襖的牧羊人。在雲南東北部，用自家的羊毛織地毯是一個相當大的行業。我們不得不在紙廠口吃晌午飯，還花幾文錢買了杯水喝。水必須從下面的一條山間溪流中背到這麼高的地方來。這裡的人非常貧窮，村裡只有一條 70 英尺長的街道，它實際上就是一條寬寬的土埂。買完了東西，我們稍事休息，然後開始下山。有五里路是從河床上走過的，然後經過了長著鹽鹼灘植物的大平壩。平原上空氣清新，人煙稀少，但在南端有一個哨所控制著來往交通。原來，在這個地區盤踞著一幫強悍的土匪。

太陽還沒落山我們就進入了麻風頭山村，這是個只有一條街的村莊。客棧還不錯，就像它的名字所表達的：再興店。店門上歪歪扭扭地貼著凶惡的門神像。我們不久便生起了炭火，一個拖著辮子的中國人進來問我要

---

[082] 英語中的諺語「to have a tile loose」，意為「頭腦有些不正常」。

不要雞蛋。因為我剛剛吃了不少，且不好意思再吃了，所以就隨口說了聲「不」。這使此人認為我相信這裡的奇怪的迷信了。我草草記下了：「警告！此地人等怕吃雞蛋，因為有得痲瘋病的危險。」痲瘋病是中國人非常害怕的一種病，這是情有可原的。在雲南省有成千上萬名痲瘋病人，這種病無藥可治，只有把病人燒死，燒死病人的事經常發生。按目前已知的情況，就是先用鴉片使病人不省人事，把病人放在一所房子裡，點上火，就把痲瘋病人當場火化了。

在這個村子裡，繁忙的集市在龍日和狗日開張。夜間，我被鑼鼓聲驚醒，這個村莊的人正在廟裡送鬼魂回陰間，然後，又帶著從鄰近一口著名水井裡打的水回來。

第二天淩晨，在滿月的清輝裡，我們愉快地穿過了靜悄悄的街道，走出了麻風頭山村。這一天過得很快活。兩個衙役被派來陪伴我們，為我們帶來了很多樂趣。兩個人的姓氏聽起來相同，但寫出來卻有所區別：一個是雙口「呂」，一個是木子「李」。姓呂的叫呂小狗，姓李的叫李春。李春人如其名，意氣風發，活躍風趣；而呂小狗面色木然，卻也時不時能幽上一默。呂小狗 19 歲，單身一人，因為他無錢討老婆。他對沒老婆並不著急，卻對沒長鬍子長吁短嘆。他也沒有辮子，解釋說他去年生病時頭髮都掉光了。李春 16 歲，會破口大罵。呂小狗把身上帶的一雙草鞋掉了一隻，李春便開始罵罵咧咧，詛咒呂小狗的爹、媽、其他家人還有他的祖宗八代都不得好死。這兩個男孩對他們的差事都很熱心，特別是當我開槍打大雁的時候。他們穿著帶有「捕快」字樣的公服，我無法想像他們能捕獲什麼，也許能逮住從對面溜過去的瘟疫吧。除了快活之外，我有點拉肚子，所以坐滑竿的時間就比平時更長，後來抬滑竿的苦力就在一邊說話了，「活路就在滑竿上，那可是實實在在的」。我們驚起了幾個雲雀，然後停下來喝龍泉裡那甘甜涼快的泉水。由於各式各樣的原因，在中國不管多美的溪水，如果不是在源頭喝的話，那都是不明智的。在我們穿越的大山谷裡，樹木蔥蘢。官府張貼了告示，鼓勵人們植樹，許諾誰植樹一萬棵以上，便可授予官職。在鴨狗廊附近的一棵樹上，掛著一則詩體的啟事，特試譯如下：

天皇皇，地皇皇，
我家有個夜哭郎。
過路君子唸一遍，
一覺睡到大天亮。

這種啟事在中國中原地區的橋上、牆上和山上隨處可見。只要把它唸一遍，就可以使小兒止哭。這種想法假如不是利他主義的，那也夠新鮮的。但據我所知，天下啼哭的嬰兒都是一樣的。

太陽像個火球那樣向西方落下去，餘暉照耀在山坡上，使得森林好像在熊熊燃燒。在夕陽的映照下，我們進入了楊林鎮。

李狗和李春兩人都在咧著嘴笑

坐井觀天，所見有限。

If one looks at the heavens from the bottom of a well, his vision will be limited.

第十四章

如何旅行－書面協定－中國苦力－射箭比賽－岑總督的規矩－血與鐵

我們到達楊林鎮正好是星期六。於是便在福星客棧裡靜靜地度過了第二天，這是我在雲南住過的最好的客棧之一。這個客棧及其老闆常先生的名聲都不錯。在我的房間裡，有好幾個熱情洋溢的客人曾經把一些充滿溢美之詞的詩寫到了木板牆上。特引用其中兩首如下：

福星客棧冠楊林，
店家仁義值千金。
名廚兩個實在好，
敬茶送水獻殷勤。
楊林福星數第一，
潔靜堪將「洞天」比。
茶水一切都方便，
店家勤勉天下知。

進城時，有一隻凶猛的狗，大概是瘋狗，向我撲了過來。幸好我的皮帶上插著一把左輪槍，沒等惡狗傷到我，我就把一粒鉛丸打入了牠的醜陋的腦袋。這個地區瘋狗相當多，引起了許多人死亡。中國人的理論認為，誰被瘋狗咬了，他的肚子裡就會生出一隻小狗，連咬帶叫地一直把這個人整死。有一個母親發現她的兒子被狗咬了，就給他吃了一些巴豆，不但沒把兒子治好，反而把這個可憐的孩子很快毒死了。迷信的中國人認為，有時狗咬了人的影子會比咬了人更為致命。

通往雲南府的兩條大路在該鎮會合，一條是從貴州省過來的官道，另一條就是我們所走的這一條，是從四川過來的。這裡已經有電報了，鎮上就有一個官府辦的郵局。住在同一家客棧裡的，是來此勘察鐵路的四位法國官員的隨從。這些法國人似乎對雲南無所不曉，如果法國與中國發生戰爭的話，他們也絕不會睡大覺的。

在中國最好的旅行方式就是步行，但旅行者必須要有苦力們的協助，而且最好還要有一個關於時間和價格的書面協定。在我所走過的兩千英里旅途全程中，我跟雇工之間並沒有什麼麻煩。合約都是用毛筆書寫在紅紙上的，條款分明。中國人在制定協議時會討價還價，但一旦簽訂了協議，你就可以安心地依賴他，如果你指派他去做什麼事，他也會盡心盡力的。在路上要修訂合約或許很困難，所以一切都必須在一開始仔細敲定。在為期 60 天的穿越孔子故鄉的旅行中，我連一個包裹都沒有丟，東西都完好無損，而且值得注意的是，我的包裡裝著相機和其他的鏡頭，是被好多不同的苦力在崎嶇、泥濘甚至危險的路途上背過來的。中國苦力能扛 200 磅，但通常扛的包裹只有 90 磅左右，扛著這麼重的包裹他們每天能走 15 到 20 英里，但在特別的安排下，我僱來的人每天能走 50 里左右。他們在吃飯的時候也在看著這些東西，在任何情況下都守護著它們。這些苦力雖然易於受到其他旅客的誘惑，但他們都會保護雇主及其財物的安全。這次旅行的另一個令人高興的方面，就是不管到哪個客棧，不管是城市、鄉鎮還是小村舍，只要需要，就總能有開水。中國人用熱水洗刷，也喝熱水。在福星店裡，就端給了我一盆熱水。然後我就把我的小毛巾泡進熱水裡，用它洗臉而不是用海綿，洗了之後再擰乾。或許這種裡裡外外用熱水的做法會殺死很多細菌，會使中國人更健康，壽命更長。最小氣的苦力一天也要用熱毛巾擦洗兩次，所以他們的毛巾非常乾淨！

性情善良的人也隨處可見，中國人知道與人為善的重要性，他們經常笑容滿面。如果一個旅客有中國人一半的友善，並在跟各個階層的中國人互動時記住上述金科玉律，那麼他將會發現一個好心好意、令人愉快的民族。中國人不像南海諸島上的居民一樣動輒狂歡，也不像緬甸的撣邦人那麼淺薄，但中國人也不乏快活——不是那種外露的快活，而是一種充滿了寧靜和深思的快樂。他們喜歡碰運氣，但並不過分，或許只是為了逗趣而已，如果有無須辛勞而有所得的機會，他們會去試一試的。

從楊林去雲南府路上的兩處場景

據說動物是認識並樂於服從主人的，人類當然也是如此。在美國和中國，自重和尊嚴肯定會贏得敬佩的。中國人看到傻瓜時一眼就會認出來，哪怕這個傻瓜長得白白淨淨也是如此。我已經學會即使遇到一個吃人生番也要彬彬有禮。在中國各處旅行的旅客都應避免發怒，要盡量做到心平氣和。

誰若能超越或征服人類，
就必然蔑視卑賤者的仇恨。

星期天，我們吃的是星期六打下來的大雁，客棧的廚師精烹細燴，肉湯也味道鮮美。我還要了 40 文錢（兩美分）的泡菜、一小盆燉雞（五美分)，還有三個總共四磅重的番薯(每磅九文錢)。我在這個客棧總共的花費是 70 文錢。

據說吉爾上尉在小時候就做了一個機械裝置，可以在很早的時候就拉他的被子，把他叫醒，因此他習慣於在早飯前工作很長時間。像吉爾一樣，在中國旅行的人也應該早起。第二天凌晨，我們破了一個紀錄，在午夜之前就開始動身了，但是我們發現這樣做是犯了一個錯誤，幸好還沒造成什麼危害。因此，看看時間還早，我們又睡下了！然而，我們的錶是凌晨兩點半時，我們又起來了，後來聽到雲南城裡的軍火庫鳴笛，才知道我們的錶快了一小時。我必須在特定的時間到達該城。我首先把金老三從床上拖起來，派他去把廚師叫醒，然後去叫那些抬滑竿的苦力。這些人比其他的人更難對付，因此我就到院子裡大呼小叫。可是對這些沒有受過教育的中國苦力，即使是莎士比亞又有什麼效果呢？英語語言的無上魅力對這幫人根本不發揮作用。但是用口哨吹出「洋基歌」的曲調則使鬧劇到達高潮。它不僅能使愛國的美國人熱血沸騰！它也能使這些東方人在深更半夜起床。

雄辯觸動靈魂，歌聲使人陶醉。

經過此番表演，動身的準備很快就做好了。三點半，所有的行頭都已打好，大夥一邊說笑著，一邊吃早飯。還不到四點，我們的隊列就登上了山路，離開了楊林。此時烏雲陣陣，月亮時隱時現。後來雨點落了下來，越下越大，如注如瀉。路邊有一個小屋，真想進去躲躲，但屋子的主人遲遲不肯開門，害怕遭劫。可見這裡盜賊有多猖獗。我們後來終於進去了，在一間昏暗的房間裡坐下來。幸運的是，雨一會就停了，我們又動身上路了。燈光忽明忽暗，鋪了石頭路面的道路極為難走。在冬日的晨光裡走了八里路以後，我們經過了小鋪子村，走到 30 里左右，我們在長山停下來歇腳。這時人們正剛剛起床，有人在門外支起了大壺燒水。在這種銅壺的中間燒火，火苗和煙從上邊冒出，灰燼從下面落下，周圍的部分盛水。附近是長石條做成的桌子。我要了一些熱水喝，然後從口袋裡掏出豆子和堅果放在桌子上給那個人吃。裡面還夾雜著幾文錢，那人忙不迭地抓起來，放進兜裡。

離開了這個昏暗的小村，我們加快步伐，兩個小時走了 30 里。路面平坦而且沒有鋪石塊，走這段路真是痛快極了。官員吳大人在去昭通縣接任時與我們交臂而過。他的隨從中有幾個女人，大概是妻妾和婢女。這些官員們通常都喜歡金錢和美女。我們今天經過了不少哨所，都是空的。由於衙門經費吃緊，哨兵們都撤了。走到 60 里路的地界，在一個叫小板橋的集鎮上，我停下來吃午飯。米飯是十文錢一盆，湯免費，醬油三文錢。在美國通常肉鹵要付錢，醬油免費。雞蛋是七個大錢一個，茶水七文錢。這裡所使用的有兩種錢，大錢和小錢，20 個大錢和 30 個小錢都值一美分。雖然這些銅錢又重又髒，且幣值不穩定，但在中國缺了這些是不行的。

剛走出西門，就見到一座石橋，當地人說，這座橋雖然很堅固，但走在上面會感覺到顫悠悠的。在這裡我們經常遇到一群群的馬匹和上百輛的黃牛和水牛車，牛車的車輪沒有我在昭通城裡見到的那麼大。從楊林走了 70 里後，我們又遇到了另一座石橋，石橋的西側就是銅牛祠。這裡有一個毀壞了的泥牛，腦袋都沒了。先前的神龕上是一個銅牛，很多人都來朝拜，但後來，有人就把銅牛化掉鑄錢幣了，就像克倫威爾（Cromwell）化掉艾希特教堂裡的使徒銀像那樣。回民的戰鬥口號是「刀光劍影出天堂」，與心並無任何關係。我們今天遇到的馬匹都馱著大大的空酒瓶，酒早已在雲南府賣光了。幾個薩美部落（the Samei tribe）的當地婦女，揹著沉重的東西，一邊趕路，一邊興高采烈地嚼著檳榔子。走累了，就在路邊坐下來歇歇腳，因為她們的小「金蓮」使她們走起路來不是很容易。她們步履蹣跚，跟當地男人大步流星的步態大不一樣。好多地裡的芥子已經開花了，在結了籽以後就可以榨油了。山腳下的地都是光禿禿的，無法耕種。好奇的人們隨處可見，當我停下的時候，一個人說我的金屬三腳架是望遠鏡，用漢語說，叫「千里眼」。另一人聲稱那是一支槍，他還向另一個膽子不大但又好奇的旁觀者解釋每個關節處如何向外發射子彈！

中國西部邊陲的兩座石拱橋

范家橋村離楊林 80 里，從楊林到范家橋一路上坡。過了坡，是一片大平原，雲南府[083]城映入眼簾了。遠處有一個美麗的湖，環繞在高山腳下。我登上高處，俯瞰富饒平原及鄉村和城市。跟我剛才經過的地方相比，此情此景令人加倍神往。又走了 15 里之後，我們就到了雲南府的郊區了，在那裡我受到了麥加第[084]先生的熱烈歡迎。麥加第先生是一位 63 歲的紳士，待人極其熱情，在當地從事傳教工作。而這種工作連許多 30 幾歲的年輕人都是不敢嘗試的。跟他在一起的還有孫道忠[085]先生和馮席珍[086]先生，他倆都是屬於同一個傳教使團的。

一個路邊神龕

剛到雲南城，我們看到的第一樣東西就是一座玲瓏別緻的塔樓。該塔樓是一、兩年前完工的，耗資龐大，是該城的一大景觀。該塔名為祖魁樓，是為紀念文神而建造的。我們登上了它的第三層 —— 也是最高層，觀賞著城市南郊的美景。我面朝西拍了一張照片。下來時我在底層經過了一家茶館，沿著南郊的大街前行，從一個六英尺多高的低矮拱門下面走過，拱門的上面是一個印度古塚，是在很久以前建的，那時緬甸和暹羅的國王對雲南的影響要比現在大得多。那時雲南與這些國家關係密切。據說古塚裡葬著一個叫華雄的人的頭蓋骨。人們認為從這個拱門下走過是不吉

[083] 雲南府是昆明在清末時的舊稱。

[084] 麥加第 (John McCarthy，西元 1840 年－ 1911 年)，中國內地會英籍來華傳教士，西元 1867 年偕夫人一起來華傳教。最初他們在浙江省的杭州和湖州等地工作，西元 1877 年 2 月，麥加第從漢口出發，一路走到了雲南省的大理，成為內地會在當地少數民族中傳教的開拓者之一。

[085] 孫道忠 (Owen Stevenson)，中國內地會英籍來華傳教士，西元 1883 年來華。

[086] 馮席珍 (F. H. Rhodes)，中國內地會加拿大籍來華傳教士，西元 1899 年來華。

利的，因為那個頭蓋骨會影響人們長高。如果我的美國朋友發現我走下邊而不走上邊，他們會知道原因。拱門的兩側都有路，這是幾乎所有經過的人踩出來的。

繼續往前走，我們經過一個大型海關，看到幾個人在用棕樹的纖維搓繩子。向右轉以後，我們經過了一個大兵營，來到了刑場，很多悲劇場面經常在這裡上演。幾年前，在這個軍營被取消之前，武秀才和武舉人的射箭選拔賽就在這裡舉行。演武場的正中心有一條壕溝，壕溝的左側立著三個靶子。騎馬的選手帶著新弓和三支好箭，從一端飛馬急馳，在到達主考官的跟前之前，他必須在策馬狂奔的同時射中每個箭靶。主考官通常是官府的官員，可能這一輩子連弓箭都沒摸過。訓練有素的馬匹大步飛奔，而幾個技藝熟練的人也能每次正中靶心。現在射箭比賽已經取消了，但許多武官仍然以弓箭為榮。說不定哪一天，一個倒行逆施的政府會恢復射箭比賽。甚至在甲午戰爭期間，清政府還派人從貴州省招募了一大批土著人，身背弓箭，去與「日出之國」的「小鬼子們」打仗。中國已大大落後於時代了。

刑場的外面是一條繁忙的街道，直通南門，對面是一座富麗堂皇的牌坊，上面寫著「忠愛」兩個字。街道的另一側是賣馬鞍的商店，這裡是馬匹生意的中心，自然對這些東西也有需求。雲南府有六個城門：北門、南門、東門、西門、小東門和小西門。我們是從最繁忙的南門進城的。我注意到這裡的店鋪低矮，但貨類繁多，而且我發現主要的錢莊也在南區。

在大名鼎鼎的岑毓英總督，即現任（1903）四川總督父親的血腥治理下，這條街道見證了一樁軼事。有一次街上失火了，岑總督派他的士兵們去滅火，並嚴令不許趁火打劫。然後，按以往的習慣，他換上便服外出檢視。拐彎轉入了南街，他遇到了一個人，懷裡抱滿了搶來的東西。他立刻擋住了這個劫犯，詢問姓甚名誰。來人輕輕罵了一聲「日你祖宗」，然後反問他是誰。「我告訴你，我還要殺了你。」總督說著，抽出長劍，手起劍落，把這個膽大妄為的傢伙砍為兩段。無怪乎從那時起，江湖黑道及盜賊們一聽到總督的名字都為之膽寒。即使是中國大多數城市裡難以管轄的乞丐、盲流和無法無天的無賴們在該總督執政期間都表現得服服帖帖。岑總督用鐵的意志統治著這個省，殺了數千人。據說在他年輕的時候，他夢見自己要殺一萬個壞人。在他殺人時他或許不會仔細詢問被殺的人的品行是好還是壞，但不管怎麼說，他的夢想成真了！在離這裡五站地的庫慶城，即現在是中國內地傳教團駐地的那所房子，在回民叛亂期間曾作為岑總督的官邸。據說在這裡他簽署了殺害一萬多人的行刑令，不少人是他親手殺害的。雖然他凶狠殘暴，但他無疑是現代中國最強而有力的統治者之一。他是亂世英豪，為這個民不聊生的省分帶來了和平與秩序。在他生命的盡頭，他看到被他殺害的那些冤魂紛紛前來復仇索命。

雲南府的兩座高塔。一場地震摧毀了東塔，它在岑總督任內由公眾集資修復。
這座有十萬人口的城市裡竟有一千座寺廟。其中的關帝廟非常漂亮，
它是光緒十四年至二十四年間花費 25,438.75 兩銀子建起來的。

我們只教授
血腥的殺人指令，
而人們學會之後
又反過來殺始作俑者。[087]

---

[087]　莎士比亞：《麥克白》(*Macbeth*) 第一幕，第 1 場。

他在去該省西部的一次長途巡遊中，曾有過某種幻覺，這種幻覺後來變得越來越嚴重，使他不得不中途回家。大量冤魂糾纏著他，城裡沒有醫生能治好他的迷幻症。有人建議找個傳教士來，但總督拒絕見他。所以這位岑大人就這樣死了。他目前在一座關帝廟裡跟關雲長分享殊榮。岑大人的塑像也立在廟裡，十分顯眼，定期承受香火。這位統治雲南省的強人在死後仍然受到敬畏。據說他在陰間也能興風作浪。在城西的一些村莊裡很多人染上了瘟疫，於是有人解釋說，岑總督要在冥間打仗，因缺少兵力，就以在他的老巢雲南省鬧瘟疫的方法來招募士兵。一個能把塵世和地獄都攪亂的人肯定不同凡響。

岑毓英有著奇特的經歷，他是出生於廣西省的土著人，早年喪父，其母把兒子們一扔，決然改嫁了。中國的法律規定，如果一個女人改嫁，就再也不能回到前夫的家，所以岑永遠也不能原諒他母親。他中了秀才之後，像該省的其他人一樣，做起了搶劫的勾當。他作案過多，受到通緝拘捕，最後向官府投降了，但又帶著他的幾百兩銀子逃跑了。他逃到了雲南，發現那裡官府的差事可以花錢買，於是就花了二百兩銀子買了一個小官。回民叛亂爆發後，他被迅速地提拔到重要的職位。當他成為總督時，他的母親來認兒子，但他拒絕相認，雖然他的母親經常攔路相認，但他一直拒絕相認。「當我貧窮且沒有出人頭地的時候，你不認我，你丟棄自己的兒子，去跟別人過日子，那就一直過下去吧。」他雖然給了她一些銀兩，但還是拒絕認她。

我們沿著繁華的街道前行，到了地處城中心的中和巷。我到了孫道忠先生家，受到了熱烈歡迎。近 20 年來，他一直在這個城市裡從事傳教工作。

雲南府城隍廟的閻羅殿。門前有一座巨大的青銅香爐，
大門兩旁的庭柱上用紅底黑字寫著一副對聯：「人惡人怕天不怕，
人善人欺天不欺」。對天發誓的最理想場所就是在閻羅殿前。

人不學，不如物。（啟蒙讀本名言）

If men will not learn, they are not as good as brutes.

—— Children's Classic

第十五章

中國譯員－商業街－帶有蘊意的神話－謁見總督－中國官場的冷漠－中國的急需之物－叛亂時期的衙門

在中國，四寸半寬、九寸半長的拜帖顯得氣派不凡。我在上海印過一次拜帖，黑黑的字體，印在猩紅色的紙上，大小如前所述，共印了200張！我派一位在騰越府英國領事館當差的很有教養的中國人將我的大紅拜帖送進了衙門，請求會見一下署理總督大人。他回覆說下午一點可以接待我。我向一位負責該城洋務、行事謹慎的官員借了一抬官轎，在下午一點差十分時大模大樣地出發了。四個人抬轎，還有四個人扛兩側的槓子，連轎帶人的重量有240磅，平均每人分擔30磅左右。抬轎的人多，所以走得很快。總督有一個翻譯，但是當我知道他的英語不佳時，便要求我的朋友柏格理跟我同行，他是我所遇到的漢語說得最棒的人。帶著這麼好的一個翻譯，我們真可謂不虛此行。

我確信美國政府在駐華領事館僱用中國譯員的做法是錯誤的。人們談到傳教士的重大錯誤，但是當本地人對那些文化程度不高、英語不佳的人所翻譯過來的話深信不疑時，那該是多大的錯誤啊！既然我們的貿易在東方越來越廣泛，美國應該向英國學習，要求駐華領事懂漢語，規定他們只有先學好漢語，才有資格擔任此項職務。

我們首先上了中和巷的一個緩坡，對面就是中國內地會傳教團的一處房子，然後向左急轉，進了城隍廟街。街上有好多商店在賣當地的藥材、華麗的印度彩畫、糖果、土布和其他物品。在熙熙攘攘的人群裡不時看到塗脂抹粉的太太由粗手大腳的丫頭陪伴著走過。她們打著陽傘以防蒼白的臉被晒黑，但老天爺將會發現把白粉晒成鮮紅色是困難的。我在納悶，這些打著傘、塗著粉的女士們怎麼會臉紅呢？她們內心肯定很羞愧。雖然脂粉塗得很厚，但掩不住粉臉的憔悴之色。丫頭常常比裹「金蓮足」和紮「掃帚腿」的太太們更令人感興趣。只有低階趣味的人才更欣賞人工雕琢之美，而不是天然之色。

向左一轉，我們就到了光福街，這條街道值得一看。低矮的店鋪敞著大門，店裡掛滿了密密層層待售的衣服。各色人等都可以穿的鮮亮的綢緞衣衫也擺了出來。女士的衣裙宛如雨後的彩虹：紅的、綠的、藍的、紫的、紫紅的 —— 五彩繽紛，令人眼花撩亂。最富麗堂皇的衣服是戲裝，值 100 兩，甚至 200 兩銀子。這些絢麗多彩的景象使遊客駐足流連，久久難忘。女士的綢緞衣裙可以賣到 16 兩銀子，或者 10 美元。在色澤亮麗的衣服店之間，散布著其他店鋪，在賣銅香爐、銅燭臺、銅臉盆、書畫、頭巾、景德鎮陶瓷，還有各式各樣、價格不一的菸槍。一桿菸槍可賣到 100 文銅錢或 100 兩銀子。舊菸槍價格更高，因為菸槍裡面已經浸透了鴉片，對於癮君子來說，當他叼起長長的菸槍，對準飢渴的喉嚨時，一下子就可以抽到菸味。製作精美的菸槍更受青睞。

再向左轉，我們進入了絲雲街，雲南府巡撫和署理總督的衙門就坐落在這條街上。走了幾碼遠，我們又向右拐，進了大門，來到院子當中。這是個賣古董的地方，這種貨色，西方國家可以向中國大量提供。這裡的人們喜歡買西方國家廢棄的舊式來福槍，也喜歡蒐羅西方的各式古董。在貨攤上還有人在兜售尤利烏斯．凱撒（Julius Caesar）征服英國時用的硬幣（他從未征服過美國），還有人兜售幾個月之前新造的古釘。此外，硯臺、筆、刀劍、念珠、杯子、花瓶、用來拴水牛和瘋子的繩子，以及各個國家各個時代的大菸槍都擺攤銷售。在這些垃圾中，不時也能碰到一、兩件被精明的賣主忽略其價值的珍品，有時還真能挖到件寶物，但大多數只是廢銅爛鐵而已。

轎子進了大門，又穿過「柵欄門」，我們到了衙門的外院，這真是一個趣味橫生的地方，南面是一堵帶畫的影壁，這樣的影壁在所有衙門的外面都能看到。

影壁上主要的圖案是一個40英尺長的獨角獸形狀的大怪物，名叫「貪」，上面畫的這個巨獸正試圖吞吃太陽，象徵著官員們永不滿足的貪心。因此當我知道「貪」這個巨獸代表的是貪婪之意時，我就知道這個神話的真實含義了。「貪」只是神話中的怪獸，而貪心卻是真實的。這一象徵意義太具有中國特色了！在西方這樣做就太滑稽了，假如基督教國家的每一個官員必須把他心中占主導地位的激動情緒在大門處表述出來，那該需要多少五花八門的號牌啊！國會議員！議會議員！大公司老闆！工於心計的丈母娘！

「貪」的腳下踩著「八珍」，右側是一棵樹，最高的樹枝上掛著一枚中國的高官所用的官印，一隻聖猴伸手去摘官印，代表著當官要步步高升的慾望。一部「中國惡作劇」的歷史要比猴子的那些把戲來說有過之而無不及。就官位較低的官員而言，猴子的手與渴望攫取的官印之間的距離還是比較大的。然而，今天這隻特定的猴子已經把官印抓在手裡了。因為該衙門的官員林紹年大人已經把總督的大印抓在手裡了，這是該省最大的肥缺。

權力如同傳染病，
誰沾上就傳染誰。

好一個老猴子，終於如願以償了。幾年的耐心等待，投機鑽營，現在已經大功告成。樹下面是五隻老虎、三隻獅子，它們的形象奇特，真正的獅子和老虎絕不會為此驕傲。如果這些獅子能見到畫家的話，它們肯定會把他抓得遍體鱗傷。這些獅子和老虎代表的是該省的將軍們和其他軍官，他們處在總督的管轄之下，因為總督的職位比他們高。軍官們通常是受總督管轄的，獅子和老虎也並不總是為總督衙門的影壁增光添彩。靠近影壁的地方有兩根高高的旗杆，長長的旗子上寫著總督的名號官銜。對面兩個有頂篷的平臺上有一幫樂隊，每天早上、中午、晚上要用聲音尖銳的樂器奏樂三次，每當總督離開衙門也要奏樂。他出門時前呼後擁，有 12 對穿著紅色號衣的士兵舉著牌仗，還有幾個穿著制服、手持佩劍的兵勇跟隨。在靠近樂隊的地方有些矮房子，是衙役的住處。我們的轎子現在來到了「頭門」，一個僕人收到了我們的拜帖，然後急忙進去通報我們的到來。我們的轎子還沒落下，等了一會，以便大門能開啟，以及身穿官服的官員前來迎接我們。

正當等待之時，軍械庫開始鳴笛，1 點了。我們很準時。當大門開啟時，高大的門神分向兩邊，為美國旅行家和他的英語翻譯 —— 一位盎格魯．撒克遜盟友讓路，以便讓他們進去。在大門口共有六個這樣形象威猛的門神。進了大門口，我們又進了一個大院子，周圍是矮房，左側有兩道門廊，通往官兵們的住處。路兩邊種著小樹，一直通到第二道門前，門兩側是帶著長把手可以提起來的牌匾，上面刻著金字，記載了總督在其長期從政生涯中的歷任官職、政績，以及在科舉考試中所獲得的成功和獎勵。這樣的牌匾有 50 塊，在陽光下熠熠生輝。過了這道門，又進了一個院子，寬大而整潔，右邊是一個彩色的日晷，左邊有一個石燈跟它對應。這裡也有幾棵樹，其中一棵樹上拴著一匹慢性子的騾子。還有一個砌著飛簷的大門口，下面掛著藍色、黑色、白色和黃色的長方形石碑，中間是個「福」字，這是中國字中最受青睞的一個字。旁邊刻著功德碑上提到過的官員的名字，而且還列有贈送功德碑的人的名單。這些風格各異的「福」字為此地增色不少。

這個屋頂之下就是大堂。大堂的地上鋪設著大紅地毯，這裡是總督大人審案的地方。我們落轎之後，沿著紅地毯走到總督迎接我們的地方，然後主人引我們進了大堂。我們跟著總督來到客廳，那裡兩面都是窗戶，非常明亮。總督大人先向我鞠躬，然後把我領到了一個蓋著鮮紅桌布的圓桌旁，桌子中間是一個盛著水和鵝卵石的盤子，水仙花開得正豔。中國各地都喜歡這種花，稱之為「水中仙子」。總督在靠近門口的一個座位落座了，把我讓到了賓座，坐在柏格理的對面。坐在總督大人對面的翻譯竟是在此地官學任教的英語教授！林大人一開始還有點矜持。譯員先問了無疑是預先就準備好的一般問題，例如我什麼時候到的中國，我要到哪裡去，我想在這個城市住多久等等。很多小官站在後面，或從窗外向裡看，對這種談話饒有興趣。透過翻譯，我告訴總督，因沿途官員相助，我從昭通起程，一路心情愉快，行宿方便。譯員讓我說「昭通的新教傳教工作蓬勃發展，成就斐然」。這的確也是事實。

在向總督解釋了我為期四年的環球旅行後，我又告訴他，我正在寫一本關於中國的書。然後又問了不少尖銳的問題，總督操著外交辭令做了一些回答。他說他贊成派一些年輕人到美國去學習礦業工程，以便回來開礦。他對於缺乏訓練有素的能開發該省和帝國資源的年輕人深為痛惜。他似乎記起了昔日中華帝國輝煌之夢的一些細節，以及他未來的飛黃騰達。所以他仔細詢問了培訓費、培訓期限及我認為最好的美國學院。隨後我又聽說該總督正進行一些規畫，已經修訂了學校制度並任命了一批日語、法語和英語教師。不過這沒多大意思，我懷疑這些措施僅限於省會。中國的官員有權讓老百姓去做他們想做的幾乎任何事情，如果他決定要修訂本省的學校制度，他就能做成，因為他對 500 萬人民有絕對的控制權。阻礙改革的是官員們的敷衍冷漠，任何革新只要削弱了他們的特權，他們就對之深惡痛絕。我向他特別強調了教英語的重要性，也詢問了一些關於傳教士的情況。「目前老百姓和教徒的關係融洽了，」他說著，還勉強笑了一下，

「但是在該省的邊遠地區，人們還是不理解傳教士的做法。」說到此，他就緘口不語了。但當我問他關於醫師傳教使團的情況時，他又來了興致，說這項工作是友善之舉，好處良多，傳教就沒有這些效果。他宣稱英國傳教士在本省是最好的，說話之際冷漠之情溢於言表，也許這是因為英國人對他造成的麻煩最少，有時候還給那些咄咄逼人，像鷹一般盯著雲南省的法國人添點亂、幫點倒忙什麼的。我告訴他，作為美國人，我主張「華人治華」的觀點，希望中國大力開發本國的資源。我建議道，外國人應該作為專家技師使用，其主旨是要維護好中國的自主權。這些話使他完全扔掉生硬和拘謹的做派，他興奮起來，連連點頭，不住地說好、好、好。他的手指還在桌布上寫出了那個「好」字。「華人治華」的說法很顯然觸及了他的心絃。我主張他送一個兒子到美國去讀書，然後問他有幾個兒子。他豎起一個指頭，滿有悲色地說：「他還小呢。」總督問我在中國目前最需要的是什麼，我回答：「大力創辦學校，提高品性素養，熱心追隨正教。」他似乎在深思，問我什麼是「正教」。在後來的討論中，時間過得很快，橘子、點心和糖果也下得很快。兩次嚇人的孔雀叫聲使談話的場面平添趣味。在他向我做出許諾，電告本省各處官員對我大力相助之後，我舉起茶碗一飲而盡，這一舉動表示會談到此結束。總督大人把我們送上轎子，並彬彬有禮地表達了對我這次拜訪的感謝。他還主動提出回訪，但我求他不要這樣做，因為我將準備到大理府的行程，會非常忙。當我們在門口告別時，我們正面對那個巨大的貪獸，然後從門邊的兩個怪誕的獅子中間走過。它們露出了排排巨牙，傲慢的面孔朝向天空，似乎對我們這些外國人不屑一顧。那隻猴子仍舊抓著大印，貪獸依然在追蹤太陽。（請注意它什麼時候能追上太陽，當它抓住那個包子時，那早餐該是多麼溫熱！）旗子依然在飄舞，賣古玩的小商販們還在忙碌不休。好一派昇平氣象。總督出行時在前面舉著的牌子放在兩邊，上書「肅靜」、「迴避」等字樣。於是我們就肅靜地迴避了。在我離開所有這些東西的時候，我心想，「世間的浮華和尊榮啊，我憎恨你們」。

衙門裡並不總是有如此安寧。在回民叛亂期間，這個地方曾血流成河。那時岑宮保[088]在雲南做總督，他就是目前中國為數不多的政要岑總督的父親。當時各處雞犬不寧，衙門裡每日每夜都在處決人犯。人們說人血橫流，從無斷絕。誰能說這可怕的一幕不會重演？林紹年也許會博取正直仁愛的名聲，但在我眼裡，他並非一代梟雄。他與鐵腕人物端方構成了鮮明的對照。那位在武昌曾盛情款待過我的端方手中操有對 5,000 萬百姓的生殺之權。

---

[088] 即曾毓英（西元 1829 年－ 1889 年）。

天子有罪，與庶民同。

Then Emperor has errors just as well as others.

第十六章

雲南的電報－中國人表達悲痛的方式－中國的瑞士－對作惡者的嚴厲警告－弒親者的可怕命運－老潘客棧－神祕的「薄荷」－神奇的井

在雲南城，我與從東川僱來的人們結清了帳目，然後又僱了一幫新的苦力。新的雇工是一些面色冷漠之人。看得出來，有些人吸食鴉片已經成癮，其他的人健壯有力，但一點也不凶。離開了雲南府以後，我們沿著一條粗大的電報線前行。對一個完全不懂漢語的外國人來說，沿著英國人修建的從雲南府通往緬甸八莫的電報線路走是不會迷路的。這條線路在開始架設時曾讓官員們大傷腦筋，電線動不動就被人割走，移作他用。最後還有人試圖毀壞整個線路，因為迷信的人說這些電線對在空中飄蕩的神靈造成不便，甚至祂們的喉頭會被電線割斷。一些強硬的官員砍了幾個肇事者的腦袋，才把割喉頭的傳言平息了。當從勐茲到雲南府的電報線路架好之後，又有謠言在傳播，說洋人在割女人的乳房、男人的辮子和雞的翅膀，要把一些中國人折磨致死。一個友善的中國人把此事告訴了傳教士孫道忠，他一笑置之。當後來謠言達到頂峰時，一個叫老黎的慕道友抽泣著來找傳教士，說他兒子的辮子被人剪掉，這回可死定了。傳教士安慰他說不要緊，因為他自己的頭髮在來中國之前也剪掉了，而剪頭髮在歐洲是司空見慣的事。這個天朝人疑疑惑惑地說：「你是英國人，我兒是中國人，不一樣啊。」第二天早上，他又來了，笑了笑，說：「我兒子死了。」這只是一個偶然的巧合罷了。中國人表達悲傷的方式是外露的，他的腳後跟套著馬鐙，襯衫放在褲子外面，身著白色喪服，用笑來表示悲傷。男孩死了兩天之後，總督釋出告示，排除了外國人的嫌疑，並且懸賞捉拿那些剪辮子的人。一個道士被捕了，定罪之後被砍頭處死。老黎是第一個加入新教教會的雲南人，到現在還是虔信不疑。有一天在街上，一個年輕人問他姓甚名誰，家住哪裡。在得到有禮貌的回答之後，那人最後問他有沒有加入教會，老黎告訴他說入了。這個年輕人頓時目露凶光，對著老人的臉就是狠狠一拳，說：「你不知道我們雲南人跟基督徒不往來嗎？」被打的老黎把另一邊臉頰也轉過去讓他打，但是那年輕人低下頭，灰溜溜地走了。於是，老黎對站在身邊的一個外國朋友說：「自從皈依基督教之後，我的行為便大不同了。」

在成為中華大帝國的一部分以來，雲南省就一直變動不定。在 13 世紀，偉大的北方武士忽必烈可汗把「中國的瑞士」—— 雲南，吞併到了蒙古國的版圖之中。「他的戰績是如此之大，其表現在西伯利亞的冰原、亞洲的沙漠及中國跟裏海之間的國家無不向他稱臣。」凡是穿越這個地勢高峻的省分並向西部邊界出發的旅行家，都將會發現他所走的路很少不在海拔 5,000 英尺以上的，在向終年積雪的世界屋脊、令人難以捉摸的西藏出發的途中，還可以看到許多海拔在 1 萬英尺以上的山峰。在雲南一個綿延千里的平原上，有一個美麗的湖泊，雲南府就坐落在湖畔。上述廣袤的高原海拔在 6,000 英尺以上，每年 10 月到翌年的 4 月底之間這裡都是晴空萬里，陽光燦爛。我曾經在一個夏天到加利利海去垂釣，一位老船工幫我拴好魚線後說，這片美麗無比的水域自古以來就天氣變化無常。在雲南府附近的這個 40 英里長的美麗湖泊上，也時有旋風突起，這與加利利海的情形頗為相似。但風暴只在白天發生，到了傍晚，船家便會起錨行舟，駕著滿載穀物的船隻平安駛入與該湖相通、離城 30 里的運河。

我的好友柏格理先生曾跟我一起同行過幾天（我再也沒有遇見過比他更好、更樂於助人的同伴了），他跟馮習珍先生一起陪我出城之後與我道別。分手之際我有點難過，因為我們已經有惺惺相惜、難捨難分之感了。

出城之後，翻越第一座山所看到的情景歷歷在目，難以忘懷。遠處是立著煙囪的城市，湖上是奇特的船舶及其神祕的倒影。一條修築得不錯的石頭路從城裡蜿蜒而出，延伸許多里，彎彎曲曲，雖然有的曲折是為了使橋梁跟河道形成直角，但最主要的還是為了迷惑那些鬼魂，把它們都引到稻田裡去。極目遠望，群山連綿；頭頂一朵朵的白雲就像潔白的羊毛，而腳下那些罪惡的罌粟也在一個勁地猛長！後來晚些時候，我遇到了一群扛著溫徹斯特連發步槍的兵勇，還遭遇過一場突如其來的雷雨暴風。本來雨幕只是掛在北邊的天空，後來雷電交加，向我們直撲過來。

在走過了三分之二的時候，我看到一個人頭裝在木籠裡，被掛在 12 英尺高的杆子上，這是對作惡者的可怕警告。而且，令人稱奇的是，在一個叫安寧的市鎮上，我們到一個店裡住宿時，店主的兒子才 16 歲，莫名其妙地被人謀殺了。事發處就在懸掛人頭的地方，而籠子裡放著的就是那個凶手的頭，人頭面朝東方，眼睛閉著，露著兩顆白色的上牙。在凶犯行凶的地方將其正法，人們一般都會對這種做法表示贊同，尤其是對中國人來說，情況更是如此。在英國，公開絞死犯人的做法被議會立法終止了，因為它會使民眾變得殘忍。在甘慶有一個瘮人的風俗，在處決犯人時，人們拿來一塊塊饅頭，蘸著犯人的血吃掉，他們相信人血可以使他們增強勇氣或驅除疾病。對於殺死父母、長兄或丈夫的人，這種懲罰是可怕的。這種折磨凶犯的刑罰，中國人想出了一個很好聽的名稱叫「凌遲」，即把犯人身上的肉一片片割下來，直到他死去。在城外，被處決的人犯被綁在一根木樁上，嘴裡緊緊別上一塊木頭，以防他叫喊。觀者如堵，他們對於血腥事件的嗜好與以前擠在羅馬圓形劇場的看臺、走廊和扈從包廂裡觀看血腥角鬥比賽的民眾不無相同之處。劊子手把刀子磨得鋒利無比後，便開始了可怕的酷刑。他先從眼眉上面的皮膚割起，然後把皮肉往下拽，一直拽到面頰。然後在鼻梁上砍出一條縫隙，血肉模糊，鼻腔洞開。劊子手興奮起來，在連砍帶劈地把犯人身體上的肉一片片割下之後，突然收回手，一刀刺入犯人的心臟，結束了受害者可怕的痛苦。在這種情況下，如果人犯有錢，錢雖不足以買回他的命，但可使他在行刑時少受些罪。劊子手會很快結束他的工作，而且人犯會服下藥性很強的麻藥之後，會失去知覺；但對於民眾而言，其殘忍程度絲毫未減。

從雲南府至楚雄有 480 里之遙，一路上要翻過巍峨的群山，沿著美麗的山谷，穿過富饒的平原。這裡似乎是一幅重振繁榮的景象。我所看到的每個大村鎮幾乎都有在建造中的一座或更多的房子。在潘泰叛亂期間，整個地區都是兵荒馬亂，民不聊生。我們在穿過這個地區時，經常有好幾個小時都在穿越淒涼荒蕪的地方。這些荒山野嶺人跡罕至，使我們的旅程索然無味。

四天以後，剛過晌午，經過了雲南府與大理之間唯一的一個府，我們進入了坐落在西郊的潘家大客棧。潘老闆替他的店取了一個寓意興旺發達的名字 —— 永升客棧。由於這是該城最大的客棧，也是從雲南府通往緬甸的路上最大的客棧，所以我認為其生意應該一直很好做。潘老闆說他的客棧曾同時接待過 300 個客人和 80 頭牲畜，不過他倒沒說到底能接待多少人。他有一個兒子，所以老潘所有的好品格都集中在了小潘身上。老潘出生在道光三十年正月初一，他的一縷鬍鬚蓋著嘴巴，兩縷眉毛蓋著眼睛，而且他還甕聲甕氣地說話。為什麼會這樣我不知道。也許是因為他的嘴巴之大，足以應付各種用途。他信奉「和氣生財」這一中國式信條。老潘是龍年降生的，他帶著祖傳的微笑告訴我，他的兒子是屬豬的。「你賺了多少銀子了？」「沒有，沒有。」他像見到了縣官、稅吏、叫化子和比他早生 20 年的祖宗一樣矢口否認自己發財。「那你做過的最好的善事是什麼？」老潘脫口而出「做買賣」。他能看破錢財，但看不破這些問題。一個愚蠢的傳教士曾經問過一個本地的基督徒：「當光熄滅的時候，摩西在哪裡？」那位遇事認真的老兄整夜未睡，翻閱《聖經》。對該問題的解答使這位中國人痛苦不堪，但那位傳教士也因此醫癒了自己的愚蠢。老潘說我們這些人是他開永升客棧以來所遇到的最了不起的過客。我有點喜歡老潘了！五、六、七月分正好是淡季，但通常這裡每月都接待一千位客人。老潘手上留著很長的指甲。

華西雲南楚雄府南城門附近的大方塔。當叛軍勢力日益強大的時候，清政府下令關閉了南城門。南城門至今仍關閉著。

這個地方盛產薄荷，我對此刨根問底，了解到了許多這方面的知識。薄荷是由一種草的精華提煉而成，治療肚子疼有奇效，聲名遠颺。這種求之不得的薄荷由 14 家有聲望的家庭製作。他們的技術代代相傳，因此而致富。在這裡，薄荷可以以五兩銀子一百磅的驚人低價買到，由買方主秤。而在雲南府，藥商可獲利十兩銀子，且由賣方主秤。在蒸餾過的或未蒸餾過的水裡滴上幾滴神奇的薄荷，稱作「金盆方」，可治療腹疼。大腹者多加幾滴。花上五文錢，一般的腹疼就可以治好，七文錢可治療中號的肚子，雲南府最大號的肚子要十文錢才能治好。每年從這裡要出口 1,000 磅的乾薄荷葉，至於當地能消費多少，我沒有打聽。外面的世界應該知道在這城牆之內的居民能消耗多少薄荷。這個問題還是待將來的探索者去解答吧。因為這裡沒有傳教士，所以那些舉止乖僻、愛激動的、吃白食的全球旅行者就失去了抨擊的對象。我指的是那些紳士，他們展示了——

聖潔的外表下的虛偽，以及
隱藏在報復之中的深深怨恨。[089]

我對這些紳士表示同情，因為他們缺乏造謠中傷的最佳話題，也沒有機會免費填飽自己的肚子。我也向他們表示祝賀，因為這是神祕的薄荷出產地，對於治療他們的肚子疼是有好處的（我應該向他們推薦十文錢一劑的方子）。而關於薄荷的調查也會刺激他們頭皮之下的灰色腦漿，以便使他們能夠在中國發現至少一個體面、可敬、誠實、節制、好心而認真的傳教士。

我問潘老闆，本地每年出口的那 1,000 磅薄荷能治癒多少人。他說這取決於腹疼的程度，而我認為這也取決於肚子的大小。據老潘猜想，如果腹疼不是太嚴重的話，一磅薄荷能治癒 50 個人。一磅薄荷僅值 80 文銅錢。這裡的居民聲稱，因為本地生長的薄荷是世上最好的，所以各處的人們都來到這個城市購買，這真是令人欣喜的。我甚至可以想像美國藥材專營商也對薄荷垂涎欲滴。然後又出現了一個廣告的幻象：「買薄荷，服用薄荷，薄荷包治百病。」薄荷勾起了我的好奇心，我僱用了一個機靈而年輕的「豬尾巴」[090] 去替我採一些薄荷葉子。過了一會他拿著葉子來了。天哪！這就是薄荷！當我還是小孩子的時候，我就在我遙遠的故鄉（賓州的巴克斯縣）的清澈山泉邊和美麗小溪旁採摘，而且跟這裡的一模一樣！

---

[089] 約翰·米爾頓：《失樂園》（*Paradise Lost*），第四卷。
[090] 洋人對留辮子的中國人的謔稱。

我很少在雲南省境內的路邊看到菩薩，這些東西早被回民給搗毀了。每當看到菩薩時，回教的綠旗將軍們一個個怒火沖天。他們之所以那麼興致勃勃地搗毀菩薩，還有其他的動機，據說每一尊大菩薩像裡面都會含有金銀珠寶。如果英國人不插手干預太平軍的叛亂，那麼對於中國人和基督教國家豈不是更好嗎？

華西雲南省楚雄府的城隍廟。老羅站在廟門前，請注意廟牆已破舊不堪。

在楚雄府我會見過兩個人，他們分屬於截然不同的階層，一個是文人李衛先生，他說，在這座城裡大大小小的廟宇有 16 座。

另一個人叫老鍾，60 歲年紀。我們在一座供著彌勒佛的廟裡遇見了他，他托著托盤在我們進入的東大門迎候我們。他以賣小糖果為生，如果一天能賣 300 文錢，就算發大財了。有時人們只買八文錢左右的東西。如果他賣出 100 文的貨，他能淨賺 30 文。也就是說，如果他賣出五美分的東西，就能賺二美分。他就靠這些利潤來維持他和家人的生活。如果期望著人口稠密的中國接受我們這種奢華的文明，那是愚不可及的。就讓中國人以他們那種簡樸的習慣平安生活吧，我們只需在道德和宗教方面向他們提供忠告。老鍾說話粗聲大氣，似乎想讓火星上的聾子也能聽見。另外，他衣著齊整，在他所做的那一行的人們中算是有派頭的。他租了廟裡幾間屋子，聊以安身。他告訴我，出城一里，在西山上的道佑廟的東邊，有一口歷史悠久的古井，在 30 年前的叛亂期間，驚恐的人們就把銀兩和其他細軟藏在這口井裡。動亂過後，倖存的人們來取他們的財產，突然間，黑雲驟起，電閃雷鳴，狂風大作。迷信的人們確信，這是神靈不讓把他們的財寶取回，於是，直到今天，這些財寶還留在那裡。這個故事中有很大的虛假成分。

從楚雄府到大理府有 525 里，即四天的行程。第一天，我們身邊走過一隊很長的驢幫，馱著由非常沉重的鐵樹製成的棺材板向前行進。當麥加第先生在西元 1877 年開始了由上海到八莫的首次偉大旅程時，他遇到了剛剛平息回民叛亂的楊將軍。這位赫赫有名的將軍被幾百名抬著棺材的人們跟隨著，他要把這些棺材作為禮物去送給他的親朋好友們。在平息了叛亂之後，楊將軍做起了該省首屈一指的棺材生意，楊府裡擺滿了棺材。一經開始之後，就難以收手，但他也為他的朋友們留了一些棺材。在中國租賃房屋經常會碰到這樣的情形，屋主一定會在契約中加上一條，就是一個房間必須留出來存放他和妻子的棺材。傳教士有時不得不睡在棺材上，而棺材裡盛著死屍，擺在房子裡已有好多年了。棺材板有四英寸厚，加固密封，因此情況不甚嚴重。一個做兒子的給父母最大的安慰，就是在他們年老或辭世之前，為每人準備一口棺材。

在到達大理府之前，我射殺了一隻可食用的鸛鳥，重達十五磅。

華西楚雄府土地廟裡的哼將菩薩

華西盛產薄荷的楚雄府土地廟裡的哈將菩薩

天生五子，五洋鬧中華。（民間預言）

Heaven begat five sons, and the five seas trouble China.

—— Vulgar Proverb

第十七章

大理府－惡魔羅剎的故事－一次回民起義－中式療養院－勞作中的中國鞋匠

和雲南府一樣，大理府也坐落在一個美麗的湖邊盆地上。從雲南府到大理府，通常要走 13 天，但我們一行人僅用了 8 天。也就是說，第 9 天我們就到達了大理這個美麗的城市。大理府的漢語意思是「偉大的理性」。星期日，我們停下來休息，並採取了預防措施，以免成為異教徒。大理府是中國西部防範最嚴密的城市。如果有紀律嚴明、裝備完善的部隊防守，那麼大理府就會固若金湯，萬無一失。曾經發生過的一次暴亂確實證明了這一點：一群暴徒手持木棍、弓箭和長矛進攻大理府，但未能成功。大理府的駐軍大多集中在城北和城南的兩個狹長的防禦帶上。大理府坐落的平原地帶在南北兩端自然形成了兩個關口，而城市就位於洱海西測，在城牆的後面是蒼山，它舒緩而寬闊的山坡突兀而起，形成了高大陡峭的懸崖絕壁，常年積雪，高聳入雲。其最高峰海拔高達 1.4 萬英尺，高出平原約 7,000 英尺，輪廓鮮明，寒氣逼人。回民的起義軍無法攻占平原南北兩端的關口，但是他們成功穿越大理府後面被認為是萬無一失的雪山地區，從上而下，突如其來地占領了大理府。為此壯舉，回民起義者確實值得驕傲。

當我們到達城南關口時，夜幕已經降臨。巨大的雙重城門已經落鎖緊閉，後來，我們的一位護衛很快就大喊吱吱作響的城門。這時候我們也已經點亮所有的燈籠，順利進入城內。此時，白天喧囂繁忙的街道已經空無一人，偶爾能聽到幾聲狗叫和看到幾個打著大燈籠經過的路人。就這樣，我們悄無聲息地穿過高大鼓塔下的南門大街，轉入東門大街。我那些腳夫和轎夫，都因漫長的旅途即將結束而感到十分高興，步伐也變得輕快有力，很快就到了位於宰羊街上的中國內地會駐地。這些本地的建築不適於推展廣泛的傳教工作，人們正在籌建更大、更排場的房屋。教會的這些新財產僅僅花了 1,100 兩銀子，簡直和白送一樣便宜。有一件事我一路上都在仔細觀察，那就是傳教士們花費他們國內教會同胞的捐助都十分謹慎和節儉。我的到來受到了加拿大牧師麥克林 [091] 先生的熱情接待。他盛情邀請我和他住在一起，一直到我離開大理府為止。這也是我最後一次在中國接受教會朋友的款待，因為現在我已經接近英國殖民地的邊界了。

關於這個平原的形成有一個傳說。大理府的人說，在遠古時期，這一平原還是一片汪洋大海。他們習慣上把湖稱為海。這湖和周圍地區被一個名叫「羅剎」、以吃人眼珠為生的惡魔統治著。據說這惡魔的眼睛長在頭頂上，嘴巴像雞嘴，並且全身覆蓋著紅色毛髮。他習慣裸體外出，靠翅膀飛翔。每天他要吃 60 對人類眼珠。這一數量對湖邊的人們來說無疑是一大負擔。後來，湖邊人們的愁苦驚動了觀音菩薩。觀音菩薩決定懲罰惡魔，解救百姓脫離苦海。因而，她化身為一個老太婆出現在惡魔面前，請求惡魔賣地給她，作為每天提供眼珠的代價。那塊地的長度是她的黃狗跳三跳的長度，其東、西寬度是她身上袈裟展開的寬度。狡黠的觀音菩薩偷偷地用 60 對貝殼代替了 60 對眼珠，而惡魔竟然沒有發現其中的區別。令惡魔驚奇的是，老太婆的黃狗跳三跳，竟然從上官跳到了下關，共有 110 里的路程；更奇怪的是，老太婆的袍子展開後竟然涵蓋了洱海和蒼山之間的所有地方。惡魔見此氣急敗壞，索性抵賴。然而，觀音菩薩把兩塊巨石指給他看，警告他如果耍賴的話，就用這兩塊巨石把他囚禁起來。但如果惡魔合作，信守諾言，她就替他建造一座皇宮。很明顯，觀音菩薩認為這

[091] 麥克林（Hector McLean，西元？年－？年），中國內地會加拿大籍來華傳教士。他來自安大略省的保林納法德，1901 年來華。經過短期的培訓和漢語學習之後，被派往雲南大理傳布福音。

個惡魔也不是省油的燈。惡魔無奈，只好答應照辦。建造好皇宮以後，觀音菩薩備下盛宴邀請惡魔和他的兩位兄弟赴宴喝酒。在他們喝酒時，觀音菩薩化為蜜蜂悄悄飛走。而皇宮其實就是那兩塊巨石的化身，它們逐漸合為一體，把惡魔及其兄弟封在其中。而他們一直在暢飲為了麻醉他們而準備的美酒，沒注意到宴會廳正在不斷縮小。當惡魔發現上當後，他們已經無法脫身了。

大理府漂亮的中國內地會駐地。這裡以前是一位高官的官邸，
傳教使團用 2,000 兩銀子買下了這座漂亮的院子。

惡魔在巨石中間恨恨地喊道：「我給了你要的土地，你卻騙了我。」觀音菩薩微笑著預言道：「要是三月八日這塊土地上空無一人的話，那你就可以出來了。」從那以後，每年的三月八日，人們就特別要在城西門的外面舉行大型集市。傳說中的巨石位於城北 40 里處，如今已經成了古蹟，也是傳說真實性的佐證。

後來，惡魔決定施展魔力在湖中築起一條道路。他從巨石的夾縫中使勁往湖水裡吹氣。當道路快要修好時，觀音菩薩發現了惡魔的不良企圖，就及時地制止了他。中國有些妖怪，例如這個惡魔，只能在夜裡施展魔力，第一縷晨光的出現就會打斷它們的工作。觀音菩薩在聽到惡魔往湖裡使勁吹氣時，就站在巨石外面學公雞打鳴，並弄出公雞拍翅的響聲。惡魔聽見這些聲音之後，就會以為天亮而停止工作。當人們聚集在集市上時，他們就會放炮示警，以便讓惡魔知道他不能脫身！

大理府的規模並不大，大約只有三千戶人家，但是大理府的大理石和石匠雕刻十分有名。出售大理石的店鋪就位於三塔附近。這裡的大理石從山區採來，在這裡加工成紀念碑和裝飾板。一路上我們見到好多驢馱著這些美麗的白色大理石。加工這種石頭的匠人大約有 150 名工匠。

一家醫院馬上就要在這裡開張了。這裡只有中國內地會和羅馬天主教有傳教士。一位善良的牧師在雲南傳教 50 多年，但是收效甚小，皈依的人數不多，只有少數的人加入了新教教會。

為我扛照相機的回民長相誠實，並且他還有一個十分有趣的身世。54 歲的他在這個城市裡居住的時間長達 50 年。他的名字叫香園木（Sweet-Smelling-Garden-Wood），祖籍在永昌府。他向我們講述了那次雲南回民大起義的經過。世上的惡人多不勝數，崇拜偶像的異教徒跟不崇拜偶像的回民之間的爭鬥持續不斷。祕密會社「兄弟會」為社會製造了許多麻煩和混亂，這些人也是叛亂之源。起初，麻煩產生於殺豬宰牛的屠戶之間，殺豬的就是那些崇拜偶像的異教徒，而宰牛的就是回民。回民領袖名叫杜文秀，這位高貴的回民首領占據大理府長達 18 年。起初，留在城裡的漢人很少；後來隨著回民政權的建立，許多漢人逐漸回歸大理，做起了生意，並受到了當地回民的優待。不過，漢人被迫放棄刮臉，也不剃頭上的毛髮。大清帝國的官兵用了一年的時間才攻進大理府。這次攻城還是回民的一位叛將主動開門才得以成功。清軍首領楊玉科將軍勒令回教國國王杜文秀投降。杜文秀被迫答應，但是在面見楊將軍之前，他就已吞金。在請求楊將軍饒恕其臣民之後，杜文秀喝了一杯水，便死在了自己的寶座上。

太平鋪回民山村的一處客棧，位於龍江西部 30 里處。
麥加第與作者站在兩位兵勇身旁。

這位叫香園木的苦力由於一位清軍將軍發了善心才僥倖活了下來。他雖然是回民，但沒有參與叛亂活動。這位將軍名叫酈圓馬，他把香園木藏在身邊，等到事態平穩下來才讓他出來。大理府城牆堅固，房屋都是卵石壘成的，而不是泥土牆，所以易守難攻。我曾站在這樣的城牆上為傳教使團的新房子拍了一張照片。這些房屋的身後都有著十分有趣的故事。

沿北門大街是一排廣東人的店鋪，他們出售各種商品，有洋貨，也有土貨。廣東人向來擅長做生意，遍布在雲南省的各個角落。大型的陽傘遮蓋著那些屠戶的店鋪和長條的肉砧板。中國人喜愛吃豬肉，所以在這裡很難買到羊肉和牛肉。在沒有需求的情況下，這些屠戶一般不提供羊肉和牛肉。

在大理府以北三里遠的地方建有三座塔。最大的一座塔大約高達 400 尺 (1 尺約為 3 英寸)。該塔的南面是另一座寶塔。實際上，整個大理府有很多寶塔，其布局合理有序，以確保祥和瑞氣。無論寶塔還有其他什麼用途，但是它們都使這裡的風景增色不少，使原本普通的場景變得如詩如畫。在寶塔的後面是遠處高山上的飄逸白雲。夏天，人們從山上運來冰和雪，在集市上出售。這種事情在遠方的敘利亞首都大馬士革也經常發生。

從高原上流下的融化冰水形成一條條小溪，緩緩地流進洱海。在這些通往大理府的道路旁，還可以看到許多石橋架設在這些河流之上。

我從這條通往緬甸北部城市八莫的大路繞道約三十里，前往大理府了。大理府是中國西部最為美麗的名勝之一，所以還是值得去的。說真的，大理府也是被傳教士選作調治將息的療養勝地。在這裡休養幾個星期，比傳教士長途跋涉回到本國去休養，要節省下許多時間和金錢。

從三塔回來的路上，我經過了一片墓地。據回民朋友說，這塊墓地大約長 20 里、寬 3 里，有幾千人安息在這裡。這些墳前大都立有用一整塊石板雕刻而成的石牌坊。在石牌坊下，另外還有一塊更薄的石碑，上面刻有文字，並且擋住了石牌坊的入口。這種風格的墓碑跟我在中國其他地方見到的完全不同。這些墓碑層層疊疊，一眼望不到邊，使這塊墓地看起來神祕而可怕。這些墳堆掩埋著一萬多名回民，這些靜靜的幽魂使得此處更令人毛骨悚然。與這個巨型墓場相鄰的就是著名的三月集貿市場，可以容納七、八萬人在此聚集。在這裡還有一個巨型石龜，背負著一塊沉重的大石碑；緊臨巨型石龜的地方就是財神廟。

為了方便我拍照，六個兵勇陪跟我們前去遊覽宰羊街。在傳教使團的駐地我們享受了一頓豐盛的大餐。其中一道大菜就是我所獵殺的一隻肥雁，那隻肥雁是我在離大理府約 30 里處親自射殺的。我付了 200 文銅錢（10 美分）讓一個人把牠扛到大理府，走了大約 30 里，或 10 英里以上。

大理府的大北門

那天下午，一位中國鞋匠來為我的鞋子換底，但我要求他必須當著我的面做。在昭通，我曾讓人把鞋子拿去修理，結果他用麻線把軟皮鞋底縫上，針腳有 16 分之 1 英寸大小，為此我支付了 300 文銅錢。由於針腳從外到內縫製，針腳比較大，鞋裡面的針腳讓我的腳後跟疼了一星期，而新鞋底在 36 小時後就脫落了。還有一次，我讓人做了一雙中國樣式的上等鞋子，費用是 1.5 兩銀子，也就是不到一美元。儘管鞋匠為我量了腳碼，但是鞋子做成後還是小了一英寸。在東川，我又僱人為我做了一雙鞋子，結果鞋子做大了，我往鞋子裡面塞了半英寸的棉花軟布還是不頂事。因此，我從傳教士朋友那裡找了些釘子，有銅的，有鐵的，尺寸適當，大約有 1 英寸長，然後坐下來看這位鞋匠如何做工作。這位鞋匠把舊鞋底撕掉，換上一個薄鞋底。我看鞋底太薄，讓他用兩個鞋底一起打底。後來，鞋匠拿出來一個比釘子粗四倍的錐子，鑽出許多洞洞，然後把釘子砸進去。結果由於釘洞太大，剛釘上的鞋底就掉了出來。於是我決定親自動手修鞋。值得慶幸的是，當我還是個孩子的時候，我在家鄉多伊爾斯敦的一家小商店裡，曾經看過好心的歐文 · 克羅曼換過鞋底。由於工具不太順手，我只好費力地做工作，努力使這位中國同行少要些錢，但結果他要了我三倍的工錢。不過，我的鞋底總算換好了，這一點對我們經常走路和打獵的人來說十分重要。現在我才理解傳教士穿著中國衣服的好處，也體會到中國傳統服裝的做工精細和舒適，價格也比較公道。

人生苦短，學藝費時；
嘗試不易，征服更難。

大理府城牆頂上的一個場景

在大理府，我們補給了旅行所需的儲備 —— 蔬菜、水果，還有愉快的心情。

大理三塔和遠處的雪山

若要人不知，除非己莫為。（《三國志》語）

If you don' t want anybody to know it, don' t do it!

—— *History of the Three States*.

第十八章

鴉片的危害－觀音廟－牢不可破的城堡－臭氣熏天的小客棧－回民的棺材－仁慈的毛拉老師－薰香帶來的苦惱

從雲南府隨我而來的轎夫和腳夫都希望我能繼續僱用他們，一起去緬甸。然而，由於橫穿中國的最後這段旅途也是最漫長的，從某種程度上來講，對人和牲畜的體能考驗也最大。因此，最好的選擇就是重新僱用新人來完成剩下的旅程。我也想過僱用馬、騾或驢來負重，但是從長遠來講，人力還是最好的選擇。還有，從雲南府來的有些人還患有鴉片癮，不適於長途跋涉。這些可憐的傢伙沉溺於這種惡習，使自己一貧如洗！每天一到下午，他們的鴉片癮就會發作。我見過毒癮發作的苦力因無法抵制鴉片癮的侵蝕而倒在地上呻吟，很難使他們重新站立起來。

雲南府的總督曾經向大理府的官員發過電報，指示他們給我方便和照顧。大理府的官員拜會了我，並且答應盡力幫忙。於是我向大理府知府提出來重新僱人的問題。這位知府親自關照此事，最終得到了圓滿的答覆。我的旅行裝備有三個滑竿，每一滑竿有四個轎夫，有十位腳夫挑著我們的行李，其中一個腳夫是工頭，還有一個人代表衙門或知府行事，還有四個身穿紅衣的官兵作為我們的保鏢護衛。

內地會傳教士安選三先生送行送到 30 里外才和我們依依作別。他是一年前才從英格蘭來到這裡的。我和善良的麥克林先生告別後，旅行隊伍就快步出發了，我們從宰羊街（Kill-Sheep-Street）轉到東門大街，路經一座不太重要的寶塔，此塔與旁邊的文廟有些關係，然後我們就來到了大街。清晨的大理府空蕩蕩的，只能看到忙碌的清掃工人和遊蕩的狗。我們經過了鳌金所，繞過五榮塔就到了道臺衙門，此處是雲南省都統的官邸。以前這裡曾經是回民首領的住處。行人可以通過此處，但是轎子和牲畜必須繞行。道臺衙門的兩側豎立著兩個巨大的木柱，木柱柱高的三分之二處各有一個V形斗，這在中國就象徵著此處居住著達官顯貴。因為引人注目的V形斗可以消災避邪，截獲所有的惡鬼，使之遠離貴府寶宅，而不會驚擾官邸的清靜，並將它們截獲，囚禁在半空中。正當我們經過那裡時，我們聽到了一聲炮響，也許是為我們送行，也許是提前開啟南門的訊號，以便不耽誤貴客行程。我們只等了一會，看門的老人就拿著鏽跡斑斑的城門鑰匙打開了門。一尊舊式火炮就擺在大街邊上，街對面就是賣紙馬的店鋪。紙馬燒掉後，亡靈在陰間就有馬騎了。

怒江上的雙重懸索橋

我們走過一座石橋，經過了幾個村莊。只能依稀看到它們昨日的規模和繁榮。這裡的一切都十分安靜，村民們都還沒有起床，只能看到街道的牆上貼的神像。一座寶塔坐落在大理府的南邊，保佑著那一帶的平安和繁榮。通往下關的30里路上都鋪著十英尺寬的石板，這也是我在中國見到過的最直的道路。苦力的工頭告訴我說，這條路是回民們建造的。他的話可能沒有錯，因為這裡的回民還沒有受到討厭直路的惡鬼騷擾。當來到「三月約定」的大樹附近時，人們告訴我大理府所在的這個盆地平原上共有300個村落和360個廟宇。這些村落大部分都是由當地人組成的。他們跟早期的漢人通婚，並擁有自己的語言，他們的漢語足夠應付他們和漢人的日常生意。對於喜歡美麗傳說的人來說，這條路上最有趣的地方還是觀音廟。在觀音廟的門上題寫著「巨石處」。我們停下來敲打廟門，然而此時天色尚早，對看門人來講，實在不太方便。無奈之下，我們只好繼續趕路。觀音廟裡有一塊神祕的大石頭，它被罩在一個亭子裡，亭子周圍是一個長著睡蓮的水池。關於這塊石頭，當地人還向我講了一個動人故事。在很早以前，一支緬甸軍隊前來偷襲大理城。觀音菩薩化身為一位老太婆，隨身帶著這塊石頭，其大小相當於遠洋客輪上的頭等客艙。緬甸士兵問老太婆說：「老媽媽，這真是一塊大石頭麼？」她回答說：「是的。」然後，那位戰士接著問大理城的所在方位。老媽媽告訴他，大理城近在眼前，但是如果他們膽敢前去，就會全軍覆滅。然而他們不顧告誡，繼續進軍。當軍隊在一處泉水旁飲水時，突然山洪暴發，淹沒了大多數士兵。其餘的士兵倉皇而逃。就這樣，觀音菩薩保全了大理城。也許就是因為她把那塊巨石扔進溪水上流而引起的山洪！

不到兩個半時辰，我們就進入了壁壘森嚴的下關城。穿越了許多城門和城牆，我們在一個名叫「聚遠海」的飯莊停下來吃早飯。

按照中國人的看法，這裡是大理府牢不可破的外防線。此處有一道城牆蜿蜒而出五里遠，直到與一個狹窄的關隘相接。我們的行程就是沿著漾濞江對岸的道路而行。現代的大砲足以把城堆上的仙人掌掀入護城河內。護城河的河水是從大理洱海裡流出來的。城牆的盡頭是一個厚實的磚砌城樓。優雅的拱形城門橫跨出城的大路，城門上書寫著「天生德」三個大字。在這裡，漾濞江變得只有十英尺寬，從一座十分美觀的小橋峽流過。有個女人揹著筐從我們身邊走過，筐裡一頭黑豬把頭伸出筐外。豬還哼哼地和我們打了招呼 —— 這比那些夜間的航船更有禮貌。這條路上我們還看到接連漾濞江的連續險灘。江兩岸直到藤橋都種有綠芽綻放的垂柳樹。四十里橋是一座木質單孔廊橋，上面有護棚，護棚上有許多通風孔。它是我在中國所見到的唯一封頂的木質廊橋。在這一帶溫暖的山谷中，風景如畫。罌粟花盛開，桃樹花枝招展，芥菜花飄香，滿地的黃豆苗也吐蕊添色，整個迷人的山谷都充滿了奇異的芬芳。

離開下關邊城，我們來到了丹芝湧村。在這裡我六文銅錢就能買一個雞蛋，也就是說只要 3.5 美分就能買到一打雞蛋。在這個村莊的下面，離漾濞江不到 30 英尺的地方有塊宛如頭蓋骨的巨大岩石，20 英尺長，極像美國報紙上的那些滑稽插圖。大岩石跟其他景物格格不入，使人聯想起一位與眾不同的愛爾蘭人的誇張臉形或頭形。

當我們進入漾濞村時，天色已經黑了下來，我們打算在這裡過星期天。漾濞村雖然只是一個小鎮，但四周都有城牆，還有一位軍事官員駐守在那裡。這地方離大理府僅有 130 里，地勢十分重要，因為它據守的山路和關隘，經常有走私者出沒。據說，當大理府被大清帝國攻陷時，兩萬名回民造反者企圖從這裡突圍，但是由於通往漾濞的這個關口有清軍把守，易守難攻，最後他們都沒有逃出去。我們找到了一家名叫「義營」的客棧，這個店非常糟糕。我住的房間連朝外的窗戶也沒有，往裡面看只是一個邊長為 20 英尺的方形院子，現在被用作四隻大黑豬和其他很多小豬休息和餵食的豬窩。因此，四周都被搞得臭烘烘的。客棧是一位陳姓老闆打理的，陳字的漢語意思是陳舊敗落，這倒和客棧的狀況名副其實。正如柯勒律治 (Coleridge) 對科隆的描述：

我聞到了八九七十二種氣味，
各不相同，有的堪稱臭氣熏天。

可憐的老人，他已 60 歲了，患有肺結核病，苦不堪言；他的老伴患有坐骨神經痛。他 30 年前遷移到這個地方，並修建了這個客棧。客棧前面掛著的招牌上寫著：「客官須知，當差的、做生意的以及其他過往人等，歡迎入住新建客棧。」

星期一早晨，天色未亮時分，我們就離開海拔高達 5,000 英尺的漾濞小鎮，繼續趕路了。我們跨過漾濞江上的一座懸索橋，走了一段陡峭的上坡路。我們點上了六個燈籠，還點了六個用劈開的竹子紮的火把來照明趕路。我們在山坡上各種稀奇古怪的影子中穿行，有點嚇人。由於周圍有些墳墓，因此手持火把的帶路人在路上點著了一堆火，用來阻止鬼魂追趕我們。三小時之後，根據氣壓計的測量，我們所在之處的海拔就已經高達 8,000 英尺，周圍是茂密的森林，包括桑樹、各種蕨類植物和其他樹木。鹽井離漾濞大約有 45 里，儘管這裡地勢較陡，但仍然可以耕種。一座懸索橋橫過長河。我們走了 120 里，來到了一個名叫「黃連鋪」的小村莊。儘管天色尚早，我們還是決定在這裡過夜。走了一天路，我們一行人都表現不錯，心情也十分樂觀愉快。在這裡，我發現甲狀腺腫十分流行。我們客棧的老闆娘就患有嚴重的甲狀腺腫，說話很吃力。

星期二，我們又走了 120 里。我們出發的地方海拔 5,290 英尺，後來我們向上登高到海拔 8,410 英尺的地方，然後才到達了海拔 5,520 英尺的株東村，在那裡我們又度過了一夜。次日上午 11 時，風突然越颳越強。天氣變化如此多端，除了在加利利海上外，我在旅途中真的很少遇到過。這陣強風過後，我們遇到了五個日本人，他們都是工程師，為人相當熱情，會說英語。在攜帶步槍的護衛陪同下，我趕緊下山，來到了美麗的陽平壩子。

在飄香的花叢中和路人的注視下，我穿過那塊平原，來到了株東村，下榻在「再來」客棧。在我住的房間裡面放著一桿需要兩人才能使用的火銃，這種火銃在雲南府軍械廠仍在生產。射擊時，一個人要把槍管放在自己的肩上，另一個人則在後面瞄準射擊。一旦長槍發生爆炸，這兩個人都會被炸死。而這種事情經常發生。這個危險的長槍長達 8 英尺。我住的房間在樓上，風景也不錯。整體說來，這個客棧還算令人滿意。我離開所在的秋冬街去散步，轉過北門大街就到了明君街，並走進了一個回民禮拜寺的所在地。在路邊，我從一位老太婆那裡買了些甜薯，但她要了我兩倍的價格。站在旁邊的一個男人有一些銅釦子，上面還有維多利亞女王的頭像。清真寺的外門有一個每一面都有窗口的六角塔樓，權當是光塔吧。禮拜寺的整體狀態保存得還相當好，最近的修復就花費了 800 兩銀子。這條街上住著大約 200 戶回民。毛拉 [092] 十分友善地接待了我，並在寬敞的教室裡請我喝茶，他正在那裡向 60 多個學生教授《古蘭經》。他們居然都吃檳榔！這個禮拜寺是擁有 1.4 萬名學生的伊斯蘭教艾資哈爾大學 [093] 的一個縮影，說明這些穆罕默德的追隨者們都是些虔誠的信徒。進了禮拜寺的大門，一股濃烈的氣味直衝我的鼻孔。一扭頭，居然是用繩索捆好，準備抬到山上去埋掉的兩口棺材。回民的棺材不像漢人的那樣密封結實，而是備有可以活動的木板，當屍體放進墓穴之後，這些棺材還可以繼續使用許多年。禮拜寺的壁龕朝向聖地麥加，而在長 50 英尺、寬 30 英尺的祈禱室裡，地板經過打磨，上面鋪著些獸皮，以便於祈禱者跪拜。那天晚上，這位回民領袖和他兒子到客棧回訪了我，他兒子患有皮膚病。我們建議他試用肥皂和塗油療法，並給了他一塊肥皂。對於豬油，作為回教徒的他有些為難。但最後他還是說：「那我就把豬油當作藥物用一用吧。」下午我們告別時，他送了我一個從禮拜寺前面的橘子樹上採下來的橘子作為禮物，這與那塊肥皂就算扯平了。當時我正在寫作，他叮囑說：「不要忘了寫上，我信奉回教。」他為人熱情，作為毛拉，他每天要祈禱五遍。星期五，也就是回民的星期天，他要向 80 名信徒講經。

流經這一平原的長銀河在每年的七、八月分都要漲潮，這是山上暴雨的結果。八年前，過河時，人們總是從一塊石頭跳到另一塊石頭上，但是有一次，一個巨浪突然打來，瞬間吞沒了好幾個事先毫無防備的過河人。

---

[092] 伊斯蘭教對於學者和宗教首領的尊稱。

[093] 艾資哈爾大學（El Azhar），於西元 970 年在開羅伊斯蘭教寺院附近建立的一個學校，主要教授伊斯蘭法律、神學和阿拉伯語，後又增加了哲學、醫學和社會科學課程，故被稱作大學。

瀾滄江上的懸索橋橋面

星期三，也就是 3 月 4 日，陰曆光緒二十九年二月初六，時值 60 年一輪迴的癸卯年，我們起了個大早趕路，這一天的山路和前一天的路一樣難走。我們出發地的海拔是 5,500 英尺，後來升到 8,510 英尺。再後來我們到了平坡，海拔已經降到 4,920 英尺，但這是巴伯的測定。根據我的氣壓計測量，這裡的海拔卻高達 5,000 英尺。路上的一些地方灌木叢都十分茂密。有一次我們還遇到了來自緬甸的一個商隊，共有馱著外國貨物的 200 多匹馬和驢。

作者在海拔 8,000 英尺的一處山泉邊刷牙

從沙陽河壩子往山上走是一個個陡峭而幽深的山谷。山坡上梯田錯落，滿目青翠。往下走約 100 英尺，就會看到一片平坦的墓地，每個墳頭都是白色的，過年的時候人們都會來替墳墓刷白。這些墳墓都朝向正南，準確得就像用指南針測量過。我把我的袖珍華氏溫度計掛在一個較高的仙人掌上，溫度顯示是52度。沙陽河村距離株東鎮有75里。村口有一座橋，橋上設了一個捕妖的陷阱，也就是為閻羅王建立的一個小廟。據說，這個閻羅王廟能夠把牛鬼蛇神擋在村外，使得它們無法騷擾村民。在這個歪斜的小橋旁邊有個官方的客棧。這裡共有 200 戶人家，六座廟宇。每隔五日這裡都有集市，每逢集市十分擁擠熱鬧。在「大增客棧」吃過午飯之後，我們繼續趕路，並在下午兩點半時來到了 20 里外的湄公河邊。從這裡開始的下坡路是我在大清帝國所見到最崎嶇不平的山路了。路的盡頭是通往湄公河邊一段平整鋪石大路，這條路似乎是由工程師主持建造的。通往一個懸索橋的路途上景觀十分壯觀，絲毫不遜色於揚子江上的風光。在橋的東端寫著「山高水長」，西端則寫著「西部嚴治」。河水從幽暗的峽谷流出，河上的這一懸索橋跨度大約有 60 碼，去年剛剛重修過，花費了 8,000 兩銀子。這筆錢來自當地官員和地方鄉紳的捐助。這些是橋東的釐金關卡人員告訴我們的。雲南省所有的懸索橋似乎都是按照統一的規則來修建的：七英寸長的橢圓形鐵環連環相扣，組成懸索橋的主體架構，兩端有石墩牽引加固，懸索的弧線一般不大。懸索橋上鋪有木板供人行走，橋的兩邊各有一條扶手鍊，以免過橋人掉進河內。至於中國人如何拉緊這些鎖鏈我一直都沒搞清楚。湄公河上的這座橋也有廟宇和各種神靈的保護。過了這座橋，西行大約五里，我們就來到了湄公臺地，或叫平坡村。村莊下行 500 英尺便是美麗的湄公河了，對面即河東面的山巒則顯得陡峭而荒涼。

我問當地的一位老人：「你們這裡是否出現過聖人或大學者？」他回答道：「沒有，這裡的孩子從未上過學堂，我們只不過是天天工作，為填飽肚子而忙碌。」人們常常認為中國人都受過教育，其實完全不是那麼回事。有數百萬兒童上過三年學堂，學習一些字的書寫和讀音，這點確實不假，但是他們不知道這些字的意思。多數人從未學習過這些字的意思，除非這些字在他們的生意中不可缺少。後來，這位平坡老人糾正了自己剛才的說法，補充道：「對了，我們這裡也出現過一位偉人。」「他做了什麼呢？」「哦，他活了 107 歲。」

在華西瀾滄江大峽谷處的懸索橋上遠眺

在我住的上房中擺放著財神爺的神像和祖宗神位牌，還貼著一張畫著天和地的張貼畫。它們前面有一張供桌，擺著各種器皿作為焚香的香爐。這些容器的五分之四已經裝滿香灰。那位 107 歲壽星的孫子走上前，在財神爺的面前放上兩個香爐，明顯是祈求財神爺保佑他早日發財，在其祖先靈位和天地畫前各放一個香爐，然後他就在每一個香爐中插上了香。前一天晚上我們見過了那位回民的宗教情結，這次我們又看到了這位菩薩信徒的心靈所向。

為天地、為祖宗和為財神而焚燒的香火瀰漫著我的房間，使我徹夜難眠。那位年輕人來了之後便點燃了那些香，然後讓我來聞它們的味道。我當時就想把這些東西扔出屋去，但是隨同的翻譯面露難色，告誡說這樣會引起當地的騷亂，因此我也只好作罷，讓他們繼續敬拜他們的祖先、天地和財神吧，直到發現更好的崇拜對象。不過，我後來把那些香火掐滅了。除了這些不便之外，還有大約 60 頭驢留宿在了這家客棧，牠們的主人在露天院子的貨物旁邊酣然入睡。

良藥苦口利於病，忠言逆耳利於行。

Effective medicine embitters the mouth, but heaks disease. Faithful words offend the ear, but reform the conduct.

第十九章

怪誕的隊伍－婚宴－古老的節日－幽靈山谷－怒江的妖怪－苦力的迷信－不知感恩的病人

3 月 5 日雄雞報曉時分，我們打著燈籠，燃起火把，在四名兵勇的保護下離開了平坡村那家客棧和那瀰漫的香火，但並沒有讓人留下傲慢的印象。我們的行進隊伍是這樣安排的：最前面是一位兵勇開道，然後緊跟著當地一位舉著竹篾大火把的苦力，這種火把火焰高，亮光足；然後是四個壯漢抬著我的滑竿，再後面是我那位翻譯坐的滑竿，也是由四人抬著；接著又是一個火把工；再下來是祕書的滑竿和一個火把工；跟在後面的依次是其他兵勇、挑行李的苦力隊伍、姓周的工頭和殿後的兵勇。在我旁邊走著一位身手敏捷的兵勇，他扛著我的連發來福槍。他得到命令，要在任何時候都跟我保持在 10 英尺距離之內。在犬吠聲中，我們一行人慢慢地走到了空蕩蕩的街上。路旁是兩排泥牆茅屋。走出街的西口之後，我們就開始攀登一段陡峭的上坡路。在火把的照耀下，腳下山谷中映現出許多怪異的黑影，讓人倍感恐怖。當善搞惡作劇的火把工把山谷邊的蒿草點燃後，黑沉沉的群山隨著天際的一抹亮光而變紅，鬼影的效果也更加強烈了。在前面的黑暗中，可以聽見瀑布聲，看來我們離山頂還很遠。一條山路蜿蜒而上，山路的狀況尚好。山路有著石頭路面，而且路邊還配有石欄杆，這樣的路不會讓人感到焦慮，只是要費力去攀登。有好幾處，這條山路要經過高高的單拱橋，橋下很深才是水勢湍急的溪流。在這樣一座風景如畫的橋邊，豎立著一塊石碑，上面刻著石橋捐助人的姓名和事蹟。在石碑旁邊還有一個常見的捕妖臺。離開平坡村約兩個小時後，我們就到了水護村，接連經過兩個水井，我們也沒有停留。走了不到三個小時，氣壓計就顯示我們已經到達了海拔 8,000 英尺的地區。由於平坡村的海拔不到 5,000 英尺，我們的旅程顯然是往上走了許多。路況較好，景色也佳，地勢險峻的山谷中還有農家的幾間草屋，給人一種寧靜的感覺。這裡的人口稀少，絕非那些閉門造車的人口統計官員所能考核。雲南省官方的人口統計竟然超過 600 萬。然而，有經驗的人告訴我，雲南省有許多類似水護村這樣人口稀少的地方。如果那天的觀察可以作為猜想雲南省人口的一個標準，我想其人口總數至多不超過 500 萬的說法是不會錯到哪裡去的。這一天，我們遇到了一隊隊長耳短尾的驢子被一群短耳長辮子的驢夫們趕著去販鹽。

走了 50 里以後，我們就到了牛軛村。這裡只有兩個飯莊，根本沒有見到牛。我們在這裡停下來吃了早飯。我們用一個昭通的籃子裝運了一些鬆糕、洋蔥以及其他蔬菜，以備充飢，省得在路邊店耽誤更多的趕路時間。在這裡，我吃到一種新的糯米飯，可以說是我所吃過的最黏的米飯。吃糯米飯時，我已經吃過了早飯，有點吃撐了，而後來又多次吃撐！一隊做百貨生意（包括鴉片）的廣州遊商恰好也在此地休息。他們有四個人佩帶著裝備精良的來福槍。後來我們又來到壩子，一路上我們看到的墳墓就像倒扣的煤斗。

這個地方以棺材和染織而著稱，大約有 500 戶人家。一堆堆的棺材和色彩鮮豔的染布特別吸引遊人的目光。在八莫和大理府之間做生意的商隊馬幫經常在板橋村停下來換馬和進行休整，因為這裡有很多鐵匠鋪。板橋就在村子的外面，橫跨一條河流，它灌溉著著名的永昌壩子。在橋的那邊是一條沿河堤而建的大路，路旁是農田裡的水塘，以備旱災對水的需求。

穿過平原時，我用 200 文銅錢買了一隻阿默斯特野雞。這隻野雞長得太漂亮了，我們的翻譯不捨得殺死牠，打算把牠帶回家去。

一路上，我們看見到處都是香火和紙錢，這都是為了安撫惡鬼的，也是為了向新鬼提供赴陰曹地府的盤纏。

在進入永昌府的北門之前，要經過一片寬敞的土地，那裡長滿了茁壯的莊稼，還有些廢墟，顯示過去曾經有過一段更加輝煌的時光。現在，這片土地上的莊稼收成足以養活這裡的駐軍。而這個城市早已不再繁華。樂屋客棧的老闆叫李勝，他安排我住了一間上房。這間房很少有人住，平時也就是貯存雜物和灰塵的地方。房間的一面牆上掛著一幅美麗的聖山仙境圖，上面有許多廟宇，還有幾位模樣獨特的仙人。我撕掉了畫上貼著的一些紅紙。

稍做休息後，我就離開了聚樂街上的樂屋客棧，轉到了侍郎街。在那裡，我有幸抓拍到了兩個戴著沉重腳鐐手銬的犯人照片。

這裡的文廟正在修繕之中。從這裡我們就轉到了府門街，路過了府衙，來到了粗茅街。這條路可以直通到聖山，也就是中國人平時所稱的平保山。此地的中心廟宇就是財神廟。周圍的植物為這裡增色不少。過了龍門就是一座中型寶塔，它維繫著這裡的風水平衡。在龍門附近，我們與一隊娶親的隊伍相遇。人們用托盤盛放著烹製的豬羊，然而最重要的一道菜餚卻是一個雞頭和兩個雞翅。這支娶親行列正前往新娘的家。這裡的中國人對於老母雞的頭和兩隻雞翅情有獨鍾，倍加珍視。

馬神廟是這裡一個神祕的地方，然而我們急著要趕往新碑街，去看那裡幾塊立了已經 300 多年的石碑。這條街的名稱也是來源於那幾塊石碑。據說，這些石碑是人們為了紀念一個石姓家族兩、三代人的功績而立的。石家的幾位後人曾經數次科舉高中，在北京獲得進士功名。當地的一位隱士告訴我，這些石碑是由皇帝頒旨，並由當地鄉紳捐錢而建的。

當地的縣令命令城門守衛次日凌晨要早早開門，以便讓我們啟程趕路。而正常的開門時間是日出時分。我於凌晨四更時分告別了樂屋客棧，再次上路。出城不久，我們就開始了上坡路。我走在隊伍的前面，突然兩名士兵跑上前來，把一塊石壁指給我看。在依稀的晨光中，我可以辨別出石壁的位置所在。他們用手勢比劃著這塊石壁的與眾不同。此時我心中突然閃過可憐的馬嘉里（Margary）被殺時的情景，然而我還是跟他們來到了一個名叫「大石花洞」的自然洞穴前。此洞穴離永昌府大約有 20 里路，離石花亭村約 5 里。這個洞口大約有 15 英尺高、15 英尺寬。往右一拐，人們就進入了洞穴的內部，據說石洞延伸到山裡很遠的地方。洞口處有供奉著三個菩薩的神龕：玉皇大帝、石洞神和土地神。旁邊還有兩位侍神。這些都是保護神，因為人們相信，黑黝黝的石洞深處窩藏著許多妖魔。三百年來，每年都有成千上萬當地的民眾和官員在正月十五日聚集在這裡祭祀神靈，而許多商人也趁此機會推銷他們的商品。由於祭祀活動僅此一天，所以參加活動的人們大多是來自方圓 50 里之內的當地人。我的隨行人員不知道這一活動是如何興起的。然而祭祠的主要目的無非是取悅諸神，以便祂們能降福世人，為永昌城帶來繁榮。

中午過後不久，我就從轎子上下來，和其他人一塊趕路。那些兵勇揹著來福槍、照相機等，行走十分緩慢，因此我把這些物品拿了過來，讓那位姓李的忠實年輕人幫忙攜帶一部分，而其餘部分都上了我的肩膀。這樣我們就加快了腳步，爭取天黑前到達怒江，能夠拍到著名的怒江大橋的照片。我想讓我們趕到那裡過夜，其實這問題不大。然而自從威尼斯旅行家馬可．波羅（Marco Polo）的時代以來，人們對於這一險峻的山谷就一直心存恐懼，使它變成了邪惡的代名詞。工頭因激動而漲得滿臉通紅，振振有詞地對我說，他手下人的命比銀子貴重得多，似乎他對他們關懷備至。這真是天大的笑話。在籠罩著死亡陰影的山谷中，這位工頭嚇得有些兩腳發虛了。不過，這段路程也是我穿越中國之旅中最為艱難的一次徒步跋涉。陽光熾熱難捱，道路崎嶇不平，我的鞋底薄得可憐，從上午九點以後我只吃了四小塊當地的核桃餅，腹中早已飢腸轆轆，沒有地方可以喝到開水，行李又壓得人們喘不過氣來！好幾次我累得坐下來喘氣休息，好幾次都忍不住要喝路邊那清澈的流水，但是一想到這水中也許會有從上游沖刷來的農田糞水，便感到一陣噁心，也只好望水興嘆了。離怒江大橋尚有十里時，我發現了一個茶鋪，連忙奔了過去。茅草屋頂的茶鋪讓人感到很愉快，儘管那裡只有爆米花和熱水能補充體力。

我很快就把一盆爆米花吞下了肚子，喝了些熱水，感覺舒服了許多。然後我們繼續趕路，爭取天黑前到達怒江大橋。路沿著一個陡峭的山谷，上下起伏。仙人掌隨處可見，從緬甸來的驢隊客商也絡繹不絕。儘管歷盡艱辛，疲憊不堪，但我們終於順利到達了目的地。我沿著在石壁上鑿出來的臺階走下去，來到了怒江的雙懸索橋，及時拍攝到了臺階旁邊的捕妖臺。然後我們又到了觀音廟，稍事休息。我的衛兵用帽子捂住鼻子，費力地呼吸著。據說這裡曾經瘟疫流行，因此他害怕吸入山谷裡的瘴氣。也許這裡的空氣不太健康，也許有瘧疾流行，但是情況還不像迷信的當地人所宣稱的那麼嚴重。我眼前的山谷出奇地美麗，也許這算是「海妖的微笑」吧。有的時候，很少有人膽敢冒險穿越這裡的山谷，不過此時的山谷是一年當中最安全的季節。

這座跨越怒江的懸索橋，或雙懸索橋（在這神祕的山谷中竟然有兩座鎖鏈橋）約有 140 碼長，兩端都有礫石固定。雨季時礫石會被大水淹沒。在怒江中央支撐鐵鎖鏈的是建在天然岩石上的一個巨大橋墩。許多工匠被僱來檢修這個支撐鐵鎖鏈的橋墩，光是這項費用就有兩千多兩銀子。因此我到了這個橋墩後，必須從那裡下到河床的大石頭上，並從那裡爬到怒江對岸。

第二座懸索橋儘管也已經能用，但是那一天不是啟用的黃道吉日。據說這個黃道吉日是今年的三月初三，屆時人們就可以遊覽這座橋了。但我必須住在這座橋西端的小村內裡，一位村民非常希望我住在他河邊的家中，但是我覺得最好還是住在釐金局的關卡裡。那裡有一個院子，裡面堆滿了木材，以備鋪橋板使用，木材都位於一棵大榕樹的陰涼處。在這裡我看不出有絲毫的瘟疫痕跡，據說瘟疫曾使這個美麗的地方變得一片荒蕪。這裡的人們面色紅潤，要比我在中國其他地方所看到的人更為健康。人們對我們十分好奇，但都很有禮貌。我坐在釐金局的門廊裡，看到橋對面的那個捕妖臺裡傳來了亮光，因為有人點亮了那裡的一個燈盞。

傳說有一個巨型的兩棲怪物生活在怒江裡面，那就是致命瘟疫的始作俑者，靠吃掉進江裡的人和騾子為生。如果沒有東西掉進河裡，他就會爬出來，吞噬人類和騾子。有一天，一位漢人兵勇正在岸上巡邏時，這個怪物突然現身。這位兵勇舉槍射擊，打傷了怪物的腰部。這時，該兵勇請求圍觀的擺人村民幫助他捉住這個怪物。但是擺人拒絕了他，說如果他們殺死了這個怪物，這裡的瘴氣就會消失，漢人就會來強占他們美麗的樂土。

> 寧可忍受現有那些苦難的折磨，
> 也不願逃避到那些不熟悉的苦難中去。[094]

天黑後，那些挑著行李鋪蓋和箱子的腳夫才趕到，於是我設法找了些吃的東西。然後他們把我的床鋪安排在釐金局的進口處，不到 8 點我就上床睡覺了。夜裡好奇的過往行人的燈光使我醒了好幾次，「一會熟睡，一會淺睡，一會用手捂著耳朵睡」[095]。就這樣折騰到夜裡 11 點，那些賭博的、抽大菸的、酗酒的才漸漸散去，那兩扇厚重大門才被鎖上。有兩名兵勇就睡在門旁，我的照相機、三腳架、來福槍及其他物品都放在了我的身邊，免得別人順手牽羊，好在一夜平安無事。旁邊有一個死水池，裡面長滿了各種微生物。我的旁邊還睡著一隻碩大的公雞，一夜守時地撲閃了四次翅膀，並且還在黎明時分來了個雄雞報曉。傳播病菌的老鼠不停地跑來跑去，我想廣東的瘟疫可能就是從這個老鼠窩傳出去的。為了修繕橋梁，

---

[094] 引自莎士比亞《哈姆雷特》(*Hamlet*) 中主角的一段著名獨白：「To be or not to be...」(第三幕，第 1 場，第 82 － 83 行)。

[095] 引自《舊約．箴言》6：10。

此處有許多為苦力、木匠、石匠們臨時搭建的茅屋。我們的腳夫希望能在日出前就穿越這個山谷，而這個時候也是一天中最不好走的時候。他們很迷信，而迷信以無數方式替中國人造成了數不盡的災難。

怒江上的雙重懸索橋，中國橋梁工程智慧的結晶。

西元 1877 年，當麥加第先生穿越怒江時，人們對他講了許多故事。其中許多故事現在仍在被人講述。在那時，只有急務在身的人才敢過怒江。人們告誡他不要在溪水中洗手，以免手被毒水腐蝕爛掉。當時人們認為瘟疫來自土地。瘟疫來臨時，狗、貓和其他小動物最先死掉，然後是豬及其他大點的動物也以相同的方式死掉。動物死光後，剩下的人們就會成為瘟疫的下一個犧牲品。如果人的身上出現大的斑點，那麼這個人就必死無疑。如果斑點不靠近內臟，那麼他還有生還康復的機會。瘟疫發生後，房屋被遺棄，被感染的物品也無人敢碰。因此，人們有理由相信香港的瘟疫就是從這裡傳播過去的。曾經為麥卡錫先生扛過行李的苦力就死在了歸途中。當麥卡錫訪問這裡時，大多數人已經逃離了這個山谷，搬到了山坡上露宿。許多小山上都擺滿了棺材。現在這裡由擺人耕種開發，終年生活在這裡。那些出生在平原的後來者沒有感染過瘟疫。

當我們往山上走了許久以後，回頭還能看到那座懸索橋。從合磨樞(Homoshu) 處觀看下來的景色是最美的。此處的高度是海拔 5,560 英尺，而怒江的高度則是海拔 2,430 英尺。下面的平原，稻田縱橫，圓錐形的山包此起彼伏，靜靜流淌的怒江，以及兩岸遠處的山巒溪谷，這些勾畫出了一派迷人的自然景觀，真能讓那些愛好自然的人們流連忘返。

合磨樞是一個小山村，村子裡的街道都是用石板鋪成，房屋則是用泥磚壘成。竹管把純淨的溪水送到各家各戶，供人畜飲用。這裡就像是著名的天福頭綿羊的故鄉。有一位居民，即所謂山裡的預言家（就是那個身上有維多利亞時代銅鈕扣的智者）告訴我，過去漢人是不敢在這個平原上停留的，但現在他們只在雨季才離開這裡。那時，釐金局的收稅官們會上山去休養。在雨季，人們在早晨會看到山谷裡紅、藍、黃三種顏色的霧氣。如果外來人吸進這些霧氣，他們就會喪命。在一場夏雨之後，致命的霧氣就會慢慢地在這個美麗的山谷瀰漫，將它籠罩在死亡之中。雨水澆在這裡的黃土之上時，黃色的妖怪就會吐出黃色的霧氣來。我問隨行的一個姓楊的腳夫，為什麼人們不把那些黃色的妖怪找出來，進行圍剿。他說，由於平原太大，人們無法找到那些妖怪。我又建議他們多栽些樹木，他說這裡的人們不知道如何栽樹。這裡的瘟疫疾病可能是這樣造成的：首先這各地區本身就不太衛生，而那些苦力和其他人又心存恐懼和不安，從而造成身心疲憊，再加上喝了那些沒有燒開的生水，於是虛弱的身體就會支撐不住而病倒。於是他們就以為是誤吞了那些霧氣！我們隨行的一些苦力腳夫就是這樣病倒的，而且還發起了高燒。他們所有人都詛咒那該死的山谷及其霧氣。

在我們穿越海拔 8,730 英尺的關口最高點時，我的隨從小李不幸病倒。他躺在路邊，痛苦地蠕動著，喊叫著：「救命啊，救命！」我向他餵了藥，他的同胞用中國的土辦法對他治理了一番：使他的胳臂露出，用水洗溼了他的肘部內側，抓捏他的第一和第二手指的第二個關節處，還有他的頸部，這都是對抗刺激療法。後來疼痛再次襲來，他拚命地叫喊：「救命啊，救命！」我們用滑竿抬著他，我下來走路，後來，當我給他的藥藥效發作後，他的情況立刻好轉了許多。他還吃了些薑塊，他的一個同伴把薑塊放進了他的嘴裡，這無疑對他有所幫助。第二天，那些不聽勸告而喝了生水的幾個腳夫再次病倒，他們都詛咒那倒楣的霧氣。當小李完全康復後，他居然沒有絲毫的感謝之心！我希望他不要忘了，他坐在我的滑竿裡，而我卻用腳走路。我們給他的安慰、藥丸、滑竿，還有美好的祝願，而他對此都沒有絲毫的感激之念！這個人的性格像其他中國人的性格一樣讓人難於思索。這個地方以前無疑更加讓人望而生畏，但現在這裡的情況肯定已大為改善，也許這是因為人們的迷信心理已經被那些實用的常識所取代的結果吧。

我在一個名叫太平鋪的山村裡度過了星期天。這個村裡有許多回民和牛肉，當男人經過時，女人都要起身致敬。這裡的空氣十分清新。村子的海拔高度是 7,800 英尺，四周是森林茂密的群山和綺麗美妙的景色。當然，在回民的村子裡，邪惡的事情肯定比佛教村子要少。

千學不如一見

A thousand learnings are not worth one seeing.

第二十章

中國人對洋藥的信任－騰越壩子－大同傳說－泥煤的起源－中國藥丸－騰越需要傳教士－藍友三－無價的珍珠

三名身穿紅色號衣的兵勇在太平鋪山村官方客棧的門廊上露宿了一夜。他們在我睡的房前生了一堆火，並且用竹蓆豎起來擋住那寒冷的山風。淩晨三點半，我們舉著八英尺長，捆成一團的竹子火把就啟程了。離開這個小山村，我們就開始了通往金水江 30 里遠的下坡路。路途崎嶇不平，並且還有許多意想不到的彎路。當我們經過懸垂的樹枝形成的林中拱道時，居然下起了傾盆大雨，使得我們的苦力行走極為不便。如果在一個溫暖晴朗的天氣中路過此地，這裡的景色無疑會令人心曠神怡。當到達竹村時，我們的火把就已經燃盡了，這和太平鋪的馬姓回民老人所預言的一樣。但我們只需停下來重新點燃新的火把。三個小時後，我們終於到達了金水江。這一段路是緩坡，我們沿著它步行下來。通往江岸的路要經過一座木製的廊橋和幾戶人家。到了一座鋪著木板和有木護欄的懸索橋時，我發現我們已經下到了海拔 3,500 英尺的地方。這條江的江水很清，流在深谷中，很快就形成湍急的水流。江對岸是陡峭的山崖。又走了半個小時，我們就來到了橄欖林客棧。在這裡我們停下來吃早飯。我們剛走進客棧，就有一個可憐的傢伙走了過來，他舉著鮮血淋漓並且紅腫的手跪在我們面前，乞求醫治。儘管中國人不喜歡外國人的東西，但是他們卻願意吃外國藥丸。我們讓人在地上生了一堆火，以便大家把自己淋溼的衣服一件件烘乾，以免在旅途中丟人現眼，讓人恥笑。重新啟程後，我們在橄欖林和大通村之間的旅程，艱難而充滿冒險。

六個小時後，我突然瞥見了騰越壩子；轉過一個山角，我們首次看到了騰越城。平原上精耕細作，一片繁忙的景象，跟我這麼多天來所經過的貧瘠而荒涼的山區形成了鮮明對比。這個美麗的平原大約有三英里寬，好幾英里長，位於一個陡峭坡地下約一千英尺。平原上散布著 26 個村莊。騰越城本身是一個龐大的橢圓形，四周有黑色的圍牆圍著。看起來這個城市好似一個封閉的公園，而不像是一個邊塞要城。在一條崎嶇小路的盡頭，我們開始在稻田裡穿行。在田間的水溝裡，當地婦女正在洗菜，準備為家人做飯。

大通位於城東八里，它也有自己的傳說。很久以前，這裡有一家農戶，家中有一個男人感情熾熱，娶了妻子以後生了五個兒子。第一個兒子生下來就是大紅臉，剛出生就能開口說話，舉止宛如成人。但是這個孩子任性調皮，有一次闖進家中祠堂，爬到供奉祖宗牌位的供桌上，坐在那裡不下來。他父親見狀，驚呼：「這孩子太離譜了。」於是就毫不猶豫地用鋤頭把他殺死了。第二個兒子生就一張草綠色的臉孔，剛出生也會說話，也爬到了祠堂的供桌上不肯下來，於是父親就用相同方式打碎了他的頭蓋骨。第三個兒子長著一副雜色臉，也跑到供桌上，結果也在鋤頭下結束了性命。每一個孩子在死時都會在鋤頭的把柄上留下他們自己的顏色，這樣下來，父親的鋤頭把柄就像畫家的調色盤一樣色彩斑斕。第四個兒子的臉像黑炭一樣黑，很快也以相同的方式送了命。第五個兒子生就一副白色的臉，他說：「啊！我生來就是做皇帝的。我那四個守護神哪裡去了？」母親如實做了回答，說他父親把他們都殺死了。兒子感嘆道：「那麼，就沒有人照顧我了。」說完，他就氣死了。在此之前，他家附近竹林裡的每一棵竹子都自己裂開，每一個竹節裡都跳出一個全副武裝的士兵來 —— 騎兵、步兵，以及拿著長矛和弓箭的士兵，但沒有拿連發步槍的。他們共有一萬多人。當他們聽說要當皇帝的第五個兒子已經死去，於是他們也就立刻死掉了。

命中注定要伴隨著苦難、
恐懼和流血，可憐的隨從。

這家人看到自己釀成了這麼大的災難，心中也十分悲傷，於是就建立了一座天子廟。這座廟今天依然存在，以印證這個傳說是毋庸置疑的。這聽起來真像希臘神話中卡德摩斯（Cadmus）和龍之牙的故事。

我們一行人興致勃勃地穿過一個為守節寡婦而立的貞節牌坊，從南城門進入城裡。在一個拐角處左轉後，我們走過了有著雙排巨大傘蓋的商業街，前往大清帝國的海關。我的隨從們高興地來到了這條繁華的南門大街，傘蓋下的商舖出售各式各樣的小商品，著名的品牌有日本的火柴、英美的模特兒架子、盒子和其他小飾物，還有德國製造的削筆刀。我們在一個旗杆下停了下來，旗杆上飄揚著一面黃色龍旗。旗杆的高度與大清國旗的大小簡直不成比例。在這裡，我們受到了海關官員的熱情歡迎，其中有四個英國人。他們告訴我，英國領事館已經為我安排好了房間。於是我們轉入某某街，順利地到達了那裡。在忍受了那麼久當地客棧的簡陋設施之後，我終於住進了舒適的住宅。

領事不巧因受命前往廣東而剛剛離去，但是善良的印度人瑟卡醫生和一名每次都向我敬禮的印度錫克教徒士兵留下來負責照顧我。這裡還有一位中國人，一頭山羊、一匹小馬和兩隻狗。領事館是一座帶有圍牆的二層小樓。很快他們在房子裡的火盆裡生起了火炭。我倒希望他們能用泥煤取暖，因為在路上我見過人們開採泥煤，這使我想起了遙遠的英國昔得蘭群島的人們。我問一位中國人，騰越平原的泥煤是如何形成的。他回答：「泥煤在很久以前就已經形成，當時人們還沒有時間的概念，火、風、水和其他一切事物都混在一起。當然泥煤也是其中的一部分。當事物都各就其位後，泥煤就留在了那裡。」這番解釋使他自己十分滿意，我也沒有必要再問下去了。

粗略地說，騰越城的面積只有兩里見方，當然並非就是整整兩里，也不一定就是精確的正方形。在那次回民叛亂之後，大肆屠殺和瘋狂破壞使得這裡的人口變得稀少。住在城牆裡面的人口不會超過 1.5 萬人。第二天正好是當地的集市。我看見傘蓋下的商販們忙著展示外國出產的釘子、刀子，以及來自曼徹斯特的各種小商品。這裡的集市完全沒有時間觀念。我請教當地的稅務官孟家美 [096] 先生如何透過太陽知道時間，也就是日晷的用法，以便於我調整自己的手錶。孟家美先生告訴了我。第二天我碰巧又看了日晷，卻發現時間和昨天的很不一樣。也許當時的日晷沒有放平吧，畢竟它在這裡一直工作正常。

雲南省一共設有 14 處電報站。去年經由騰越城的私人電報就有 800 多件。中國的電報業雖然起步較晚，但是其發展速度是世界上最快的。錢款可以從這個西部邊陲直接電匯到上海！大清帝國郵政局最近已經開業，但是每週的信件流量平均僅兩、三封。愛寫信的人還是習慣於舊的信使系統，後者還是有許多受歡迎的地方。中國人在寫催債信和付帳信時還有一個好習慣，即在信封上寫「平安家書」等字樣，而我們西方人則寫「Dear Sir」。城裡的廟宇不多，最大的是財神廟，裡面有金碧輝煌的大殿和亭子。此時的財神廟正在修繕之中，木匠們都很敬業，精益求精。在四周的山上也有一些廟宇，位於風景如畫，但地勢險峻之處，成為整個風景的焦點。在一些關鍵的位置上還建有寶塔，就像巨大的鉛筆一樣直刺青天。它們的作用就是保佑周圍人們的平安和昌盛。

[096] 孟家美（G. F. Montgomery），西元 1880 年進入大清海關工作的英國人。

騰越的大清國海關

在騰越城與平原所在的地區可以看到古今火山活動的跡象。城裡的市場上可以買到美味的鳥鷸、草野雞及平原上常見的其他鳥類。一年前，當地人還向外國人扔石塊，表現得很粗魯。但在我寫這本書的這段時間裡，一切都平安無事。儘管我們聽說過「洋妖精」，但是中國人從來不當面叫外國人「洋鬼子」，而稱外國紳士。即使外國人聽到人們叫他們洋鬼子，也不必大驚小怪，因為中國人也管自己的孩子叫「鬼」。當然這樣的稱呼在自由的國度和勇敢者的家鄉也不是沒有。

騰越城裡有兩個衙門，一個是軍事的，另一個是民事的。主管後者的稱縣宰，他是一位文質彬彬、富態謙恭的官員，而且正在很快地接受文明和現代的觀念。關於這一點我總是能夠找到證據，因為他在宴請我的時候居然喝上了香檳和西方某種該死的調製酒。這位姓葉的縣宰臉上總是掛著明媚的笑容。我相信，即使他身體的其他部分都已化掉，但是他的笑容也不會消失，就像咧嘴而笑的柴郡貓[097]那樣。我們寒暄了好久，雖然沒有談什麼東西，但非常愉快。後來我趁著月光來到了稅務司孟家美先生的飯廳，那裡已經精心備下了十道大菜的豐盛筵席。我在這裡發現了葉縣宰送

[097] 柴郡貓（Chaeshire Cat），《愛麗絲夢遊仙境》（*Alice's Adventures in Wonderland*）中的一個角色。

來的禮品：兩隻鴨子、兩隻雞、70 個雞蛋、100 個鬆糕。看來這位長官的笑容還不是那麼膚淺。

華西騰越財神廟的內院

離城不遠處有一個美麗的瀑布，叫滴水河。許多年前，一位名叫羅銀的秀才認為這個瀑布在此不吉利，想要削平山頭，讓河水流淌而過。

羅銀還懂一點巫術，所以他決心晚上去瀑布處施展法術，以擺平瀑布。他從他那寬大的袖子裡取出魔土，將它撒在水面上，並在銀白色的月光下唸起了離奇古怪的咒語。於是天空中就瀰漫著這些類似於巫師、占卜家和魔術師的咒語。然而羅銀不是泥土占卜者，因為他沒有在地上畫些什麼咒符。對面山上有許多石塊，於是他先把它們變成豬，成群的豬向他走來，當牠們來到瀑布前時，他就想把牠們再變回石塊，以便阻斷那條瀑布。觀音菩薩覺察到了他的企圖，知道瀑布的阻流將會對平原造成重大災難，於是就化身為一位美麗的女孩，向秀才羅銀走來。羅銀問她：「你在路上看到一群豬了嗎？」女孩回答說：「沒有，那都是些石頭。」這樣一來，羅銀的咒語就被化解了，於是他惱怒地轉過身去，發現那些豬都沒有報復女孩的意思，而那女孩也消失了，化為清風而去。這裡的瀑布依然存在，照流不誤。

令人奇怪的是，騰越城裡沒有傳教士。對於經驗不足的旅行者而言，一旦遇到困難，這裡無疑是個難以找到協助的地方。不過它倒是一個不錯的傳教中心，尤其是對於那些醫師傳教士來說，更是如此。毫無疑問，傳教士們在這裡會碰上令人困惑的問題。但是在這裡推展傳教工作的機會是令人鼓舞的。雲南的當地人向來以懶惰出名，對於這一點傳教士要有心理準備。近來有一個明顯的遷移運動，四川省的多餘人口正在搬遷到雲南省這些人口稀少的地方。他們為當地帶來了生機和活力。雲南北部的五大策略要點現在都已經有了傳教士的活動，進駐騰越無疑會為傳教事業帶來更加廣闊的發展空間。

藍友三是南天撣人的首領，代表英國和中國進行統治。「Sawbwa」是緬甸語，意為撣人的世襲首領。藍友三是個秀才，38 歲，出生於牛年十月初七。他性格開朗樂觀，臉部鬍鬚刮得很乾淨，對西方的歷史也有相當準確的了解。南天撣人生活在一個 200 里長、120 里寬的區域內。在騰越周圍共有七個撣人部落，而南天撣人對其他撣人部落具有否決權。藍友三告訴我說：「八年前，貴國一位旅客騎腳踏車途經此地，我也盛情招待過他。」他說的這個人可能就是弗蘭克．倫茲，這個人後來在波斯被土匪給殺了。「他騎車到了衙門裡，想在那裡教我如何騎腳踏車，可惜沒有成功。」藍友三點了一支菸，繼續炫耀他那引以為自豪的淵博知識。去年，他看到報紙上說，一個瘋子如何槍殺了美利堅合眾國的總統，瘋子用一隻手抓住總統，然後用另一隻手開槍殺死了總統。然後，他問我 60 年前的美國南北戰爭是不是就是因為南部的一些黑奴而開戰的。奇怪的是，他居然還問我，為什麼美國在光緒第二年慶祝華盛頓當選美國總統一百週年？看來文明的光芒終於照射到了偏僻的雲南了！「知識就是力量。」[098]

[098] 原文為拉丁語：Nam et ipsa scientia potestas est.

華西騰越的財神廟

藍友三向我簡述了騰越城發展形成的歷史。「在漢人到來以前，這裡大部分地區都屬於撣人，他們在蘇（Ssu）王子的統治下生活。他們在此生活了將近數百年，原本並非好戰的民族。但是當漢人來了以後，教會了撣人打仗。統一的撣人王國也分化成七個部落。直到明朝，這裡才建成了一個城市，構築了城牆。這跟觀音菩薩根本就沒有關係！」這位撣人首領自豪地說著。「明朝以前 600 多年，騰越這個地方還是野人生活的區域，他們在和撣人的作戰中被打敗。後來撣人就生活在這個地方，他們住在茅草屋裡，並且耕種田地。他們把樹木燒掉，然後再把木灰撒在莊稼地裡，為稻田農作物施肥。回民們只是在雲南府、大理府和騰越城之間做生意，後來才發生了叛亂。回民們的生意沒有什麼傳奇故事可說，他們只是起兵作亂，逢人便殺。」在講述過程中，藍友三向我要了兩支香菸，似乎這能幫他提起精神。聶必邇 [099] 先生，那位著名將軍的兒子，為我做了翻譯。當我請求這位撣人首領講述一些當地的傳奇故事時，他有些猶豫，最後才說這些故事只有愚蠢的人才會相信。我回答說，由於這些愚蠢的人占了大多數，他們所相信的事情也許來訪者和學者會有興趣。

[099] 聶必邇（C. S. Napier），西元 1898 年進入大清國海關工作的英國人。

騰越周圍都是些高聳而令人愉悅的群山。夜雨過後的一天早晨，我走出了英國領事館，看到 15 里外的一座山頂上覆蓋著的積雪。當太陽高高升起後，我就找了個合適的地方，替這座山拍了張相片，此時積雪幾乎都已經融化。當然，平原周圍的高山高達幾千英尺，山頂的積雪常年不化。下面是撣人首領向我講述，並由聶必邇先生為我翻譯的一個關於山的傳說，聶必邇還狡黠地評論說：「這個故事千真萬確，不僅指事情真實，而且還指它關於自然界重大變化的出色解釋。當地人對此深信不疑，從不追問它的真偽。」

這是關於在騰越深山中二龍戲珠的傳說。

許多故事都發生在深山之中，
許多傳說充斥在茂密森林裡，
所以那裡的神奇想像層出不窮。

50 年前，一場洪水淹沒了騰越山谷，對此人們的解釋是這樣的：在騰越城西面很遠的山中居住著兩條龍，龍通常都喜歡耍球嬉戲，而這兩條龍玩的球卻是一顆夜明珠。騰越城附近住著兩兄弟，以開藥鋪為生，他們常到龍居住的山上採集黃連，黃連味苦，可以為人降火去燥。哥哥在家看鋪子，弟弟上山採集藥材。一天兩條龍正在玩夜明珠時，一條龍一不小心，讓夜明珠滑落到山下，正好落在弟弟採集珍貴黃連處的小溝中。弟弟就撿起它，把它帶回了家裡。結果夜明珠把他們的藥鋪照得透亮，藏不住，於是弟弟就在自己院子裡挖了個兩英尺深的小坑，把夜明珠埋了進去，心想村子裡的人們就不會知道他有夜明珠了。這時外出吃午飯的哥哥回到了家中，驚奇地發現屋子裡沒有點燈卻透亮一片，而屋子外面卻一片漆黑。順著光源，哥哥找到了藏夜明珠的地方，把那顆寶珠挖了出來。「哎呀，是龍珠，可是誰也沒有對我說過這件事。」哥哥對弟弟的隱瞞十分惱怒，他用布把夜明珠包了好幾層，然後把它藏在櫥櫃裡。當弟弟從外面回來，上床睡下以後，哥哥就拿起一根木柴，把熟睡中的弟弟砸死，然後把他埋在菜園裡。

華西騰越財神廟大門之上的戲臺

與此同時，丟失了珠子的那兩條龍下山尋找自己的寶珠，但是怎麼也找不到。其中一條龍具有特殊的遠視功能。他說：「我看已經出事了，不僅有人撿到了寶珠，把它帶回了家，而且還因它導致了犯罪。你看，我們的寶珠不正在那座房子裡發光嗎？」

第二天早上，這兩條龍化身成兩個老人，沿街來到藥鋪裡詢問：「我們丟了一顆對我們來說非常珍貴的寶珠，假如你把它還給我們，作為報答，你想要多少金銀，就能得到多少。」可是那個壞心眼的哥哥矢口否認，於是老人就許諾給他任何他喜歡的東西，只要他能交出寶珠。但他仍然拒絕。老人們便說：「你是個罪人，不但拿了我們的寶珠，還殺死了自己的弟弟。」他粗暴地把兩位老人趕出了村子。老人走到金水江，變成了水牛，涉入江中。第二天，天降暴雨，持續了好幾天。江中的水位越來越高，這不但是由於雨大，也與水牛在江中作浪有關。不久，整個山谷都被淹沒，那位藥鋪老闆手裡拿著寶珠拚命往山上跑。然而水隨著他漫上了山。他爬到一棵大樹上，水也漫到了大樹上，並把他淹死了！臨死之前，他鬆開了手，寶珠從他的手裡掉了下來。洪水把夜明珠送到了水牛所在的湖裡，而得到夜明珠的水牛馬上變回了蛟龍，帶著心愛的寶珠返回家中。洪水隨之退了下去。幾乎所有的中國故事都有道德的寓意。

書到用時方恨少，事非經過不知難。

When one puts his knowledge to the test, he depreciates his own deficiency.

Inexperience is ignorant of real dfificulties.

第二十一章

撣人村莊－南天－撣人和緬甸人－演戲－當眾刮鬍子－謀殺馬嘉里先生－賭場－埋葬鬼魂－日記摘錄

一個從上海沿著長江而上直達重慶，然後又翻山越嶺到達緬甸八莫的旅行者，假如他沿途所住的客棧都跟我一樣的話，是絕不會忘記穿越撣人部落這段經歷的。我住過的地方變換得太多，努力回憶才能想起來。我們離開騰越城的時候，天剛矇矇亮。由於接到了特殊指令，南門在這時已經打開了。出城往西，道路隨著丘陵起伏，山上覆蓋著枯黃的雜草。從路上就可以看到眾多的撣人村莊。在山谷中一塊隆起的地上還有座正在建造的廟宇。我的一個苦力隨身帶著那位縣宰送給我們的兩隻活鴨子。為了讓鴨子好受些，他用稻草替鴨子編了個凳子，以便鴨子能待得更舒服些。我想這位苦力心地肯定十分善良，因為他是讓鴨子平臥著，而不是倒提著鴨腿。當然，倒提鴨腿總比倒提雞腿更仁慈些，畢竟鴨子在水中也常常栽到水下去捉食，多少也習慣了那種倒立的姿勢。

平原上的撣人村莊往往有一個低矮的泥巴圍牆，一片小竹林，在千篇一律中也略微有些變化。在離騰越城大約 60 里的一個村莊附近，我們跨過了兩條水溫較高的河流。我看到岩石中冒出氣泡，這裡的地面肯定離岩漿很近。我的隨從都很驚慌失措，因為據說穿越地熱平原的人都會得病。別人還告訴他們，幾個星期前，一個 16 人的商隊經過此地時就有 4 人死於瘧疾熱。然而據我觀察，這個地區在這個季節應該是安全和健康的。靠近龍護關（Dragon Escort Barrier）的地方，我拍攝了一座石橋的殘存。這座石橋所跨越的平地在夏天就會被淹沒在水中。橋面由長條石板鋪成，兩邊由同樣的石料建了橋墩和橋上的欄杆。這座石橋的一部分已經被洪水沖走了。中國有句諺語說通衢大道「好十年，壞萬年」，此話不虛。我們不得不蹚過河，河面此時只有不到 30 英尺寬，而到了夏天，河面就會變得有幾百英尺寬。

我們剛剛穿越嵯銀（Tso Yin）這個帶有護城壕，被認為是南天的中國重鎮之後，又走了五里遠才到了撣人首領的衙門，它坐落在撣人王國首都南天城的中央。然而，衙門的大門口並不在大街上，衙門旁邊還有一個死水池，還有一個拴驢和水牛的柱子。衙門的第一道大門兩邊陳列著各式兵器，大多是為了裝飾用的。漢人稱撣人為「擺夷」。撣人是混血人，他們的正式名字叫傣族。如果你在談話中稱他們傣族人，那麼他們就會很尊重你。撣人分為兩派，一派追隨漢人，另一派追隨英國人。跟隨漢人的傣族人共有 7 個部落，其大首領姓刀。在西城門外有一座撣人的寺廟，跟我們在中國其他地方見過的廟宇截然不同。廟裡只有一尊菩薩，看起來和緬甸人的寺廟差不多，但不同的是緬甸人的寺廟中只供奉他們歡樂神的塑像，儘管神像的姿勢千變萬化。這座南天廟中的另一有趣的特徵就是他們的供品，紙花、燈籠和彩旗，和緬甸廟宇中的完全相同。南天廟的對面就是一座緬甸寶塔，跟仰光的那座著名的寶塔風格一樣，但裡面沒有供奉神像。撣人最初的宗教信仰和緬甸人的信仰完全一樣，都信仰佛教，不像漢人那樣混雜著英雄崇拜。在下一個圍欄內有一座漢人的寺廟，裡面供奉著許多菩薩。一位撣人告訴我，為了不引起漢人統治者的敵意，他們既有漢人的寺廟，也有撣人的寺廟。臨近傍晚時分，從衙門的後院裡傳來一陣孩子純真的歡笑聲，我在中國從未聽到過如此悅耳的笑聲。也許撣人天生就是樂觀的民族。這麼歡樂的笑聲在中國其他地方很少能夠聽到，漢人的微笑大多只停留在表面，就像狄更斯（Charles Dickens）所說的那種「極為誇張的微笑」。

第二天早上，我吃了四個涼雞蛋、一碗米飯，喝了些熱水，很早就離開了撣人首領的衙門。對於一名旅客來說，這裡可說是這個村子最好的地方。這裡的客棧都很小，而且蝨子和跳蚤橫行。這一點在我的苦力身上得到了證實。他們經常脫下上衣，以尋找和追逐那些小小的獵物。我們是在一個有著四家竹棚的村莊裡停下來吃早飯。我們把從騰越帶來的一隻鴨子吃掉了。我們中間有一個人想起了這隻鴨子在旅途中被帶著走的樣子，說：「我想牠總算解脫了！」我的祕書談起一隻公雞的尾巴，認為牠沒有規則的同心圓和不規則的花紋。對於一隻平常的家禽這樣評頭論足，而又絲毫不顧及我們這次旅行的地方風俗，所以我不無反感地問道：「那麼你準備拿這隻雞怎麼辦呢？」我們吃的米飯又白又香，看來撣人知道如何選擇和種植最好的莊稼。芬芳的金銀花，歡唱的鳥兒和美麗的風景無不讓人心曠神怡。當我的心裡充滿這些美好的感覺時，一個年輕人挑著兩個新木櫥離開了客棧，但他拒絕支付自己的飯錢，只是答應回來時一併結帳。那位纏小腳的老闆娘叫他回來付錢，卻沒有成功。她也不好意思對他過於嚴厲，因為害怕他的族人聯合抵制她的店鋪。離開衙門五個小時後，我們就到了一個名叫大盈江的河谷。大盈江從它夏天河床北面一個狹窄的河床流過，而此時那個夏季的河床乾燥得像撒哈拉沙漠。鬆散的河沙延伸到兩旁的山腳下。寬廣的沙地使我想起了吉薩金字塔附近的大沙漠。那位扛著來福槍的紅衣兵勇老是把自己的右邊褲管一直捲到掛刀處，並且一直想把褲子裡的蝨子捉住。這種舉動在這個國度並不算什麼不體面，類似的不當舉動在這裡不勝列舉。人們對於衣冠端正的觀念並不是太強。他們還咀嚼檳榔子。這種不文明，甚至野蠻的習慣跟文明人的抽菸習慣相比，也粗俗不到哪裡去。這些撣人男子長得英俊瀟灑，看上去也十分機靈。婦女們都戴著黑布頭巾，腳踝部位色彩鮮豔，牙齒是灰黑色，頭飾也是黑色。我們見了許多這樣的婦女。

華西擺人部落首府南天城的西城門

過了中午不久，我們就到了舊城，擺人稱之為「Kang Ai」。這裡的天氣炎熱，我們風塵僕僕，飢腸轆轆。貴客們往往會在一個舊衙門歇腳。毫無疑問，我們也得去那裡尋求幫忙。舊城共有 1,000 戶人家。城內主要街道都有長排的貨棚，大部分生意都是在貨棚內成交的。多數克欽人，即山中的野人，他們會從山上運下木材來賣，然後再買些小商品回去。我遇到了一個瘦小而清秀的山裡女孩，她揹著一簍柴火，走了很遠的路來賣，但一整天也沒有把它們賣出去，到了晚上，她還要費力地將它們揹回山裡。有的女人十分難看，用大塊頭巾裹著沒有梳理過的頭髮，蓬亂嚇人，懶洋洋地在街上蹓躂，觀看貨攤上的外國商品。

財神廟裡正在上演著一場戲劇。舞臺的安排可以讓廟裡的菩薩也能夠看到演員的表演。據說演戲是為了取悅廟中的神像，看戲對觀眾而言是免費的。有時候，當地的有錢人出資請戲團隊在此演戲，以表達自己對某個菩薩的虔誠；有時候大家集資請戲團隊唱戲。戲團隊經常會連續唱戲 10 到 20 天，中間很少間斷。看戲看了一小時，人們往往還不知道戲裡發生了什麼事情呢。當我走進財神廟時，坐著和站著的那些觀眾都不再看戲臺上那兩個男扮女裝的演員用假聲的對白，而是轉過頭來看我這個陌生的外國人。

華西擺人世襲首領的衙門

我所借住的舊城衙門占地半頃，有泥牆做圍，牆厚三英尺、高八英尺，牆頂由當地燒製的藍色琉璃瓦覆蓋。四角皆有角樓，塔角四翹，環塔有窗。我住的房間沒有門，只是有一個帶有大理石的祭壇作為隔斷。擺人和漢人一樣充滿好奇心，假如這個地方可以作為一個例子的話。為了刮臉，我請人準備了一盆熱水。熱水送來了，放在了一個藤編的高架盆架上。桌子上的那面長方形鏡子照出了我那張「氣度不凡的臉」。有 15 到 20 個膽子較大的人從人群中間擠進衙門來，或站或坐地看著我刮鬍子。他們好奇地看著我刮鬍子的每一個動作：拿出剃刀及如何打磨剃刀；然後打上肥皂泡，他們認為塗肥皂泡就是化妝打粉（他們刮鬍子只用清水，這是多麼奇怪的習俗！）對於我的一舉一動，他們都好奇地竊竊私語。

那些村民驚愕萬分，層層圍觀：
他們越看，心裡就越覺得神奇。[100]

隨著那奇形怪狀的剃刀在臉上移動，那些「油彩」漸漸不見了，這使得村民倍感驚奇，難以壓抑心中的激動。我用肥皂洗臉洗手，最後用毛巾擦去肥皂泡沫，這一切都引起了他們的騷動，然而當我梳理我的頭髮時，又再次引發了他們的好奇。整個過程使我想起一隻貓在觀察一隻老鼠的故事。打字機在他們眼裡就是天大的奇蹟，很明顯他們從來沒有見人用過打

[100] 引自奧利弗・戈德史密斯（Oliver Goldsmith）：〈荒村〉（*The Deserted Village*）第 9 段。

字機。難道他們沒有理由感到驚奇嗎？幾年前，我們也曾有過同樣的反應，尤其是當打字機剛剛問世時。好奇心足以殺死一隻貓，這對於所有民族和個人都是一樣的。

在從舊城通往芒允的路上，我注意到有許多仙人掌做圍牆的小花園。我們走的路是由硬土塊構成，不僅平整，而且養護良好。擺人熟練地用一條用火燒成的獨木舟把我們擺渡過大盈江。獨木舟有三個隔間，每一邊還有一個有助於漂浮的竹竿。在船首站著一個船夫，他在撐船的同時，還用自己的一個大拇腳趾堵住一個漏洞，以免灌水沉船。多虧我們一個轎夫的幫忙，獨木舟才沒有沉入河底。我也不必擔心我們的意外保險。我們一行 28 人，加上行李和滑竿等物品，一共花去高額的擺渡費 200 文銅錢（相當於 10 美分），如果是漢人的話，他只需支付不到四分之一的費用。當我們的行李安全運到了芒允關卡的一間房子之後，我就往西走了兩里路，來到了馬嘉里遇害的地點。這裡有一條小溪，七棵榕樹，其中有一棵是大榕樹，它所形成的樹蔭連綿一片，甚是壯觀，其直徑長度需要本書作者蓋洛走 54 步。我身高六英尺，而且上身並不算太長。

華西南天城東門外興建中的一座新橋

就是在這些樹下，那位可憐的英國人被人謀殺了。據說他是應邀來這裡檢視水域時被「民團」成員所殺。然而對此事有所了解的人們都相信，這是在清政府指示下的暗殺行為。當時他剛剛安全到達了緬甸，還描述了他沿途所受到的禮遇。他陪另一支探險隊回來，但不幸命喪於此。在他遇刺的地方並沒有豎立任何石碑和木牌，然而在上海外灘靠近花園橋的地方為他立了一塊精美的柱形紀念碑。

榮耀的聲音能否喚醒那默默的塵埃，
或讚譽能否為死者冰冷的耳朵帶來慰藉？

我看見許多克欽人穿著華麗而粗俗，並且還口嚼檳榔果。這些山裡人從山上揹下沉重的柴火，然後揹回去威士忌、中國白酒和鴉片。這也正是對克欽人的詛咒！這裡的婦女耳垂上都打著大大的耳洞，但不像新幾內亞南岸的巴布亞人的耳洞那麼大。她們的耳飾大多是銀質的格子圓筒，直徑有一英寸，長六英尺，下面還吊著漂亮的穗子。她們的小腿上面還戴著藤編的腳鐲，藤編腳鐲有的有 100 多環。有時候，她們腰部也佩有這樣的藤編飾品。

在我們住的海關駐地，最引人注目的是這裡的一隻狗：短腿、強壯、長毛，從不睏倦、齜牙咧嘴、醜陋不堪。我不知道牠的氣味如何，也許不怎麼令人討厭，但是牠的吠聲實在難聽。牠被拴在一個可以移動的物體上，但牠一直想要掙脫束縛，撲向來客。如果牠能夠撕咬自己的主人，那場面肯定十分精彩。在這裡我遇到了漫長中國之旅中最為粗野的事情。駐守這個關卡的中國官兵是我所遇到的人中最卑鄙無恥的，我憐憫那些落入他們魔掌的人。芒允是一個大賭場，海關關卡的人通宵達旦地賭博。第二天凌晨四點半，當我們離開關卡時，他們仍在狂賭不止。芒允還有一個電報辦理處。不久前，電報員休假一天，外出圍獵老虎。但是當他外出時，他竟然忘記了連接八莫和騰越的電報接口，結果造成了數百里電報線的中斷，還引起了修理人員無謂的檢修。真遺憾，老虎沒有把這個可惡的電報員吃掉！

離開芒允以後，我們的路途都是沿著哨卡而行。哨卡裡面到處是狗叫聲，肯定他們養的狗不少。作為哨兵，牠們比那些尾巴長在頭上的人要敬業得多。也許哨兵們正忙於賭博吧，中國人實在是嗜賭如命。上午的路程都是在滾石和群山中穿越。這裡的森林到處是昆蟲的聲響。在熱帶以外的地方，森林都是相當安靜的，然而這裡的森林總是充滿嗡嗡聲。

在從芒允前往緬甸的邊界上，每隔 15 里就有一個哨卡，哨卡也叫軍營。位於中國境內的最後一個哨卡名叫石砥 (Shinti)，我們是在星期六下午兩點到達那裡。我們打算在這裡度過星期天。哨卡裡面有兩個面對面的竹樓，在它們的後面還有帶貴賓室的第三個竹樓。在這三個建築周圍就是哨卡的圍牆，這是用 4 英寸粗、12 英寸長的樹木柵欄所組成的。與柵欄平行，大約 15 英尺以外又是一整圈的竹籬，由削尖的竹子成對角形交叉捆紮而成，即用帶子將竹子從中間加固綁牢，而上端則是兩排尖利的竹子。用這樣的防禦工事來對付任何光著臂膀和腿腳的進攻敵人，堪稱是一道絕佳的屏障。圍牆的門是從上方吊著朝外開的。整個圍牆還是 13 年前修建的。現在掌管這一帶克欽人事務的一位馬大人把自己的總部就設立在這裡。他號稱手下有 300 名士兵，另外山頭上也有幾個這樣的柵欄工事，均由他派兵把守。這位官員的弟弟馬管帶一直在盡力迴避我的問題，即這裡到底有多少駐兵。在中國，協統經常謊報雙倍的兵勇數目，以索取更多的兵餉。每當總督來視察時，協統就會僱用大量的苦力來充數一、兩天，總督走後，這些臨時僱用的兵勇就會立刻被遣散。而最為滑稽的是總督大人對這樣的騙人把戲心知肚明，並且照樣向皇帝撒謊。事實上，每一個人都在玩這樣的把戲。即使在美國，這種事也不算稀奇！其他的偷竊手段在世界上也很流行。

正如自然科學家所見，跳蚤
背後還有更小的跳蚤在吸牠的血，
小跳蚤後面仍然有更小的跳蚤在咬，
如此這般循環往復，永無休止。

在我住房的床邊有一個藩籬似的箱子，裡面裝著一個魚狀的油布織物，上面畫著大清帝國的龍圖。這就是權威的象徵。這個哨位離對面英國殖民地的邊界只有 25 里。哨位的外面，在一個較低窪的地方，有一個鴉片館生意興隆。再往前走，不到半里地，就是下石砥，一個克欽人的村莊，村裡有十戶人家。村長金大蒙帶了手下的十個人前來拜訪，向我致敬，並且還給了我 14 個雞蛋。我回贈他一個盧比作為禮物，這使他十分高興。我曾問過一位紳士：在騰越和南蓬（Nampoung）之間什麼東西給他的印象最深？他的回答是：「克欽人的村落和那些大房子，在中國其他地方從沒有見過這樣的房屋。」他說的那些房子其中之一就有 75 英尺長，全部由長竹做牆，茅草搭頂。這種房子令人想起新幾內亞島上低飛河畔的土著人的住房。

這裡的克欽部落沒有受到甲狀腺腫病的影響，而我今天在沿途所見的其他村落受著甲狀腺腫病折磨的病人隨處可見。

石砥克欽人的長屋

我拜訪了下石砥村。6 個月前，這個部落首領的姪子不幸病逝。一天中午，他外出去看護自己路邊的竹子，回來的路上遇到了魔鬼而感染上致命的疾病。12 天後，他就不治而死。人們把他裝殮在一個掏空的樹幹中，埋在離他們住房的下坡四里遠的地方。裝在樹幹棺材中的屍體最後用一塊木板封蓋。接下來就是全村人的服喪和哭喪期，對死者表示深切哀悼。雖然他已經死去 6 個月了，但是在我拜訪村子的那一天，他們正在安葬死者的魂靈。護送死者魂靈到達墳墓的安魂儀式就用了他們三天的時間，其中包括舞劍、跳舞，以及用大刀左右猛砍等法事。他們還放槍把四周邪神驅走，以免驚擾死者。整個過程中，人們沒有絲毫的悲哀或憂傷，只是表現了他們對安魂儀式的極大虔誠，對魂靈到達墳墓的堅信不疑。這個部落的大首領穿著一身藍色袍子，上面用維多利亞銅釦別著。他的臉色剛毅，顴骨凸出，頭戴一塊藍色方巾。他的牙齒由於長期咀嚼檳榔而變得很黑。從他的右肩上至左腋下是一個支撐著刀劍及其木製刀鞘的木圈。另外，他還戴著一個老虎顎骨的裝飾物。

我從日記本中摘取了一頁附在這裡。

3月16日星期一，從石砥到南蓬的路上。今天凌晨我3點起床，但是直到3點半才啟程。天上掛著一輪圓月，飄著幾塊蓬鬆的雲彩。這也是我在中國停留的最後一天。從這裡到緬甸的邊界只有25里，另外再走5里就到了印度政府建造的官方客棧。它的準確名稱叫平房驛站(Dak Bungalow)。我們的早飯淡而無味，只是些蔬菜和米飯，還摻著沙子。不過這樣的早飯有利於我們磨牙，使自己變得伶牙俐齒。凌晨5點50分，我們就從中國最後的一個哨卡出發，從東門出去。馬管帶一直陪送我們到了東門，他在那裡跟我們告辭，並加派了四名持有馬提尼－亨利步槍的護衛繼續護送我們，以便能安全地從龍的保護轉到獅子的保護。[101] 這樣我們一共就有了八名士兵，看上去都非常英勇。我們離開了哨卡裡面的那些山羊群、四隻鵝、兩匹馬駒、一頭騾子、兩隻狗、許多小雞、鴿子以及其他可見的和看不見的朋友們。牠們有些有夜視眼，有些有利嘴，有些有鐵爪(牠們倒可以受僱於美國的美孚石油公司，那就會物盡其用了)。我們繞過柵欄，背對著漸漸發亮的東方，朝著西方走去。我們經過一個鴉片館，看見了許多驢子，然後就進入一個克欽人的村莊。由於昨晚克欽人為一個死人安魂，而且喝多了米酒，因而今早都在睡懶覺。該村那位善良的首領出來和我們告別，並且彬彬有禮地陪我們走出了這個寧靜的山村。

[101] 「龍」即中國，「獅」即英國。譯者注。

深山中的克欽人竹寨

早晨6點15分，我們一行人在剛剛去世的那個人墳前停下來，為那墳墓拍了張照片。他的墳墓上面搭了一個竹棚，棚內的一個柱子上還掛著個竹製水牛角。墳墓位於一個地勢較高的地方，四周都有樹木遮掩，隨風飄來的是遠方山花的淡淡香味，這個地方倒是一個理想的武士安葬地。拍過相片後，我們就默默地繼續趕路。

早晨6點30分，我們又穿過了另一個克欽人的村子。一個古銅膚色女孩揹著一個大籃子，裡面裝滿了竹節水桶。這些克欽人，常被大清帝國稱作「山中的野人」，但他們看起來都十分節儉，也很溫順老實。不過以前他們可不是這樣。

早晨6點45分，小哨卡。漢人都是些徹頭徹尾的騙子。他們「很久以前」撒謊，將來也不會改變。他們撒起謊來也不分前後，也不分黑夜和白天。他們撒謊不分年齡大小，撒起謊來，還都顯得莊嚴肅穆，彬彬有禮，溫柔可愛，笑容滿面，認真周詳；有時候撒起謊來，還能表現出宗教般的虔誠和嚮往。他們在經濟、社交及葬禮上都會撒謊。為了幾兩銀子，一個中國人就會聲稱自己是另一個人，即使那個人的腦袋要被砍掉！沒有關係！無頭騙子！這事看起來或許相當奇怪，但他們即使必須掉腦袋也會有辦法花錢。現成的銀子對他們來說不但今生有用，而且來世也有益處。從苦力到皇帝，金錢都會所向披靡。克欽人把設計古怪的魔咒綁在樹上，藉以敬拜他們的樹神。德國那著名的三大吉普賽人部落也同樣敬拜樹神。

石砥是跨越紅木河進入緬甸之前最後一個由清軍駐守的哨卡

我們前行的路沿著一個懸崖邊漸漸地伸展到了紅木河邊。紅木河是中國和緬甸的分界河。這是一個非常獨特的地方。河的一邊是幾座用竹子搭建的小屋，另一邊則是由波紋鐵皮作為屋頂的建築，這裡還有 16 位正在執行警務的印度錫克教徒。一位苦力把我背過河，到了緬甸境內，於是我們便踏上了「大英帝國的國土」。在河堤上走了一會之後，我們就到了英軍的哨卡。在這裡我見到了一位電報員和一位講英語的醫生。這裡的一切都顯得相當整潔，顯示了英國制度的井然有序。在另一端大約 200 英尺處就是我們將要入住的寬敞舒適的客房。儘管地處海拔 1, 500 英尺的位置，但是這個僅有 75 人的哨卡也受到瘧疾發燒的困擾。這個地區的獵物十分豐富，獵人們經常能獵獲到老虎和豹子。

在每一個官方的客棧裡都有一個供旅行者簽名登記的冊子，還有一個裝在框子裡的住宿須知，提供客棧的各方面資訊。如果客房沒有官員入住，那麼外國旅客就可以在支付一定合理費用的情況下住在這裡。一個人一天大約要支付一盧比的費用。我發現這裡的住房都十分乾淨，家具裝飾也相當舒適。房內地面也保養完好，另外還有浴室、僕從的下房、廚房、馬廄等，所有的這一切都和中國的客棧形成了鮮明的對比。基督教為教外人士準備的舒適和方便也足以證明它的神聖本源。

讓我們簡要回顧一下近期的路程吧。離開騰越城，我們走出了下榻了一夜的英國領事館。大約走了 90 里，我們才到達撣人的衙門南天城，那位姓刀的首領在他舒適的衙門府邸接待了我們。第二天我們又走了 90

里，到了撣人居住的舊城，經過一段崎嶇的小路，我們就到了那所官方老宅的寬敞大院裡。次日我們又走了 120 里到了芒允，在大清帝國的哨卡處住了一夜。到了第二天的晚上，在走了 110 里之後，我們到達了中國的下石砥哨卡處。又走了 30 里，我們就到了大英帝國的舒適客棧。附近就有印度兵在南蓬駐紮的兵營。我們穿過了邊界，也許永遠離開了大清帝國。

石砥一位克欽武士的墳墓

紅木河邊的竹編茅屋，這是中國之行的最後一站。

紅木河邊的英軍哨卡，作者站在紅木河的中國一側。

大人不計小人過

A great man will not see a lttle man’s faults.

第二十二章

謬迪－莽撞的廚師－罐城八莫－八莫城的傳教使團－緬甸的精靈－撣人－前往曼德勒

在南蓬，苦力們沒有了鋪蓋，因而人們很早就起來吃完了早飯，然後又把我們的那口黑鍋煮上了米粥。這時候天剛 4 點半，皓月當空，我是在熹微的晨光和月光的交相輝映中離開了南蓬客棧。我們的行李從竹籬笆上的後門運出，而滑竿則是從另外一個陡峭崎嶇、景色迷人的近路抬出去的。路兩邊 200 英尺內的植被已被清除。這項工作是由政府出資做的。沿途我經常看到撣人奇特的崇拜方式 —— 最常見的就是那些有凹痕的柱子和掛有竹篾造型的長竹竿。在一個克欽人的村莊附近，我們還遇見了用籃子運送活豬的一家人。他們要把這些活豬運送到 200 里外的八莫城去賣掉。我們還遇到送臭魚（即經過「特殊醃製」的魚）的馬隊向東行進。

無論是文明的國家，還是不文明的國家，它們產生的傻瓜數量大致相同。德國人喜歡吃林堡起司，中國人喜歡吃臭雞蛋，斐濟人喜歡吃爛香蕉，英國人喜歡吃醃製獵物，丹麥人們也酷愛腐爛的食物。

我們在路上經常遇到席地吃飯的一小群克欽人或撣人，他們都是從八莫來的，現在正趕路回家。一位英國軍官告訴過我，克欽人是在叢林旅行的最好夥伴，那句稱讚阿拉伯人總能找到辦法的諺語照樣也適合克欽人 ——「如果你把他扔進河裡，他就會口叼魚兒露出水面。」在一段狹小而陡峭的路上，我們遇到了從對面過來的一頭大象，牠屬於緬甸公共事務部。我們其中的一人見狀嚇得大叫起來：「這真是個二百五。」「二百五」是中國人表示不喜歡的一種說法。我們那些曾經跟驢隊和馬隊爭路的苦力們紛紛向這個龐然大物讓路。我們很快就進入了森林，這裡的植被十分茂盛，從森林深處傳來一陣悅耳的緬甸鈴聲，然而我看不到什麼村莊、寶塔或人影。一切都彷彿在這森林深處默默地出生，而又靜靜地死去。

在五次穿越了大盈江的一個支流之後，大約在上午 10 點 30 分，我們到達了位於謬迪村邊的官方驛站。這裡有兩間面積大約 16 平方英尺的平房臥室，一間大餐廳，大小等同兩間臥室之和，還有兩間浴室。客棧是用柚木作支架，用竹子作牆壁和屋頂。房子的框架共有 24 個大的柚木柱子，離地約有 14 英尺高。光線可以從竹牆壁透射過來，白天竹牆可以打開，讓陽光進來。房內有觀景玻璃窗，還有窗簾。床架用帆布帶織成，而不是由鋼條或彈簧墊子構成的。這個客棧位於村莊的邊緣，離大盈江約有一里，客棧的院子被一個竹籬笆所圍住。從南蓬到謬迪只有 50 里，而從南蓬到八莫是 35 英里，路況也比較好。在謬迪的驛站平房我住了兩天，主要是休息和寫作。穆罕默德一貧如洗，臨死時，他的妻子還不得不去借油點燈，而我們卻不需要借油點燈，我們從一位友善的漢人那裡買了些燈油，然而不久油燈就熄滅了，經過仔細檢查我們才發現燈油已經凝固了。

我的隨從舉止都無可挑剔，他們服侍我十分周到。我向他們付清了薪資，並且還加了些賞錢，然後讓他們回家。然而三天過後，我看到他們中間的一些人兩手空空地踏上了回歸騰越城的漫長路程。

離開謬迪的客棧，我們經過了一個村莊，然後又過了一座橋。這座木橋橫跨大盈江，每年洪水過後，人們都要重新鋪這座木橋。然後我又來到一片平整的平原，這裡的大象草高達 14 英尺。在一個茅草棚子的下面有一個大水缸，這個水缸是愛做善事的緬甸人為過往旅客準備的飲水處。我的腳夫在這裡拿出他包在一塊髒布裡的冷米飯，用手捧著就吃了起來。這些米飯也許是他們從前一天晚上住宿的那家客棧裡偷拿的。我突然聽到一聲槍響，然後是大群黑鳥從一棵大樹上飛走了。我想這也許是我那祕書放了一槍，因此也就沒太注意，後來，我趕上了我們那位狡詐的廚師時，見他把槍交給一個腳夫。我仔細一看，見槍栓已被拉下，而腳夫扛槍的姿勢隨時有危險擊傷我們當中的某個人。我急忙從滑竿上跳了下來，小心地把槍從他的肩膀上取了下來，發現剛才那一槍原來就是那位我在中國所見過的最渾蛋的廚師所放的，而且他又拉下了槍栓。我立即取下了子彈夾，並且扳下了保險，然後把槍交給了祕書。就這樣，在成功橫穿中國這一旅途的最後一站，我們中間的某一人差點被走火的流彈所殺死。無論是在中國，還是在世界其他地方旅行，我都學會了對任何事情均不能掉以輕心，直到旅程的最後一分鐘。

有人睡覺時，其他人須守夜，
這樣世界才能正常運轉。

緬甸謬迪的政府客棧

沿途的村莊相當乾淨，規畫也很合理。塞爾扣克先生在八莫城外迎接我們，然後我們抄近路，經過憲兵軍營和軍醫院，來到了八莫城。八莫城最好的住處都被政府的文武官員所占據，有些住房費用高達 1.5 萬盧比。我被安排在城東的美國人住宅區。在去住處的途中，我經過了一座橋，它橫跨一個中等人工湖的狹長港灣。這個地方原本是一片瘧疾橫行的沼澤地，後來人們築壩貯水，把它改造成了一個深達 15 英尺的湖區。到了住處以後，我受到了美國傳教士們的熱情接待。

在 3 月 20 日星期五的下午，我們終於到達了八莫城，從上海出發，我們一共行走了 99 天才到達了八莫城。毫無疑問，這次橫穿中國的旅行並非最便宜的一次旅行。

南蓬的驛站平房，作者在那裡度過了他在緬甸的第一個夜晚。

八莫是暹羅語，意思是「罐之城」，它是曼德勒北部最古老的城鎮之一，具有 125 年的悠久歷史。原先的城市是在北面三英里處，即大盈江與伊洛瓦底江的匯合處。它原本有城牆包圍，並且由撣人統治。自古以來，八莫城都是中國和緬甸的相爭之地。中國曾四次占領過八莫城。人們爭奪八莫城的原因在於它的航運戰略位置。八莫城離中國邊界只有 20 英里，城裡約有 1.2 萬人口，他們都生活在直徑為 1.5 英里的城區之內。這裡駐紮著一個人數超過 1,000 名的印度人步兵團、一個 800 人的山炮連，還有四個連的英軍士兵。山炮連的士兵由克欽人、卡坦人（Katans）和旁遮普人所組成，他們的身高都超過了六英尺。個子矮小的人也許在體力上無法適應。他們中的兩個人就能把一尊炮放在騾子身上。這裡的軍警就有 500 名克欽人和 400 名印度人。這裡有 A 和 C 兩個軍事要塞，前者是由軍警把守，後者是由軍隊把守。要塞 B 已經廢棄。中國人是這裡最大的貿易商，他們在城中心有自己的社群，他們主要經營批發商品，主要進口商品有棉花、雜貨和鹽，出口商品有蜂蜜、鐵鍋、皮貨、赭石、板栗、胡桃等。這裡每天都有一列火車到達傑沙。從八莫到仰光也只有 48 小時的路程。

在這裡，有幾個基督教的教派比較具有代表性。美國的浸禮會主要面向克欽人和撣人；中國內地會面向中國人。伊斯蘭教在這裡也有一個清真寺，有上千名信徒。當然這裡也有許多寶塔，佛教十分繁榮興旺。美國傳教使團駐地的房屋比較好，並在發展規模最大的傳教活動。在浸禮會傳教使團最近一次的報告中，大約有 200 名克欽人已經受洗；在八個基督教傳教士的村子裡，就有 400 名教徒。在這裡只有受洗過的人才可稱為基督徒。一位說了 25 年克欽語的美國人告訴我：「我還沒有見到有哪一位克欽人不是在浸禮教會的學校裡接受教育的。」天主教在這裡有五個男傳教士，沒有修女，結果就是他們在這裡的收穫不大，尚未建成自己的教堂。據我所見，那些傳教士工作勤奮、誠實可靠，道德操守都十分高尚。他們目前的做法都是以自己的名義向政府貸款，然後再把錢貸給當地的農民。在兩年之前，天主教和新教的傳教士都能和平相處。但就在兩年前，天主教在新教傳教士不在的情況下，成功地把一個新教村莊的人都轉變成天主教徒。天主教傳教士用自己的錢建起了一座教堂，費用高達 200 盧比，但他們的教徒不太多，所以後來他們還是以失敗而告終。異教徒對那個從新教徒轉到天主教徒的村子評價道：「當他們信仰基督教時，村民們的生活還比較殷實，然而當他們轉而信仰聖母瑪利亞時，他們的好日子就到頭了。」

緬甸八莫的一座耶穌教堂

在八莫城附近沒有克欽人的村莊，而在五英里以外的馳銀村 (Chyin) 現已成了基督教的村莊。星期天早上，我出席了那裡的禮拜儀式。出席禮拜儀式的人很多，看起來比較有文化，唱詩班的歌也唱得很不錯。克欽人對佛教大加嘲諷，他們說：「緬甸人用泥巴來塑佛像，然後又對泥菩薩頂禮膜拜，這既荒唐又可笑。」然而那些不信基督教的克欽人也做著同樣的蠢事，他們用香蕉葉包起一根竹子，然後用藤子捆起來，於是這節竹子就成了他們的神靈。

每一家的門口都有一個祭祀自然的祭壇，就連孩子們從聖壇上取柴火時也會首先木立不動，以示崇敬。傳教士們聲稱在克欽人中間傳教的主要障礙就是威士忌、鴉片和道德敗壞。婦女的道德狀況尤其低下。然而並沒有任何宗教必須消滅。賈德森說，克欽人如同一個乾淨的大淺盤，他們只需把盤子裝滿就行了。然而那些緬甸人像一個盛油的容器，無論如何努力，你也難以清除他們的佛教氣味。克欽人也是最迷信的民族。他們信仰一個創造萬物的偉大神靈，叫做卡里卡桑 (Kari Ka Sang)。祂創造、維護並供養了世間萬物，而且既仁慈又善良。然而，祂自己隱身到了神靈之地，不再關懷克欽人，因而克欽人對祂也無須過多關注。但是克欽人對祂的名字依然十分尊重，如同猶太人對耶和華的敬重，他們只在最為莊嚴的時刻才會說「卡里卡桑」的名字。所有其他的神靈都是邪惡的，克欽人對祂們也心存恐懼，尤其是對雷神靈尤為恐懼。所有的宗教祭品大多是由於恐懼和感激而奉獻的。如果閃電擊中了田裡的一棵樹，那麼克欽人這一年就不敢耕種這塊地了。克欽人有自己的土地神和天神，但這些神大多是惡神，另外除了天地神靈，他們的祖先也是他們的保護神。他們認為，隨著時間的流逝，人們的生活變得日益困難起來，因為人們要敬仰的神靈越來越多。敬奉這些神靈的祭品費用也是致使克欽人長期貧窮的原因之一。

祭師告訴他們說，地獄現在都快擠破了，因為那裡擠滿了鴉片鬼。一位教會學校的男學生把地獄描述為一個可怕的地方。然而一位聽眾嚴肅地告誡那位男孩說：「算了吧，年輕人，我們的牧師說現在的地獄都快要擠爆了。」那位男孩好奇地問：「怎麼會這樣呢？」那位老人答道：「現在鴉片流行一時，這麼多吸食鴉片的中國人、克欽人、撣人等都去了地獄，難道地獄還不被擠爆？」「他們如何把地獄擠爆了呢？」他們在地獄火熱的牆壁上烘菸葉，因而把地獄燒得太熱，最後就把地獄擠爆了。如果印度政府知道吸食鴉片能夠把地獄擠爆，那倒是十分有趣的事。

克欽人都是些功利主義者，他們從來不使用「應該」和「義務」等字眼。他們會遵循方便的原則來行事，他們會說：「那將會很好或很壞。」也就是說，有利或不利。羅伯茨牧師說他們根本沒有正確或錯誤的概念區別。

威爾·C·格里格斯是一位年輕的美國外科醫生，負責美國浸禮會傳教使團對八莫城撣人的傳教工作。他是我所見過的精力最充沛和工作最勤奮的傳教士。他行醫傳教不辭勞苦，勇於奉獻。凡事果斷俐落，不失楷模風采。他告訴我說，撣人部落的居住地區從泰國曼谷縣北一直延伸到中國四川。暹羅人就是撣人，現在很難說出他們到底有多少人口。在緬甸，撣人占據著平原地區，而克欽人則生活在山區。撣人在西元 1200 年從緬甸語中形成了自己的字母表，但它不斷被修改，以適合於不同的人們。

撣人是佛教徒。這一宗教形式大約在 700 年前就引入了緬甸，但它至今尚未根除撣人原始的魔鬼崇拜，事實上，森林中充滿了邪惡的神靈。撣人從來不生活在洞穴裡。他們都是出色的商人，從來不自己釀酒，人們從來沒見過撣人喝醉過，除非他是跟外國人摻和在一起。他們也會生病 —— 發燒和胃病是撣人部落中最常見的病。他們對天花的態度如同美國人對麻疹的態度。有一次格里格斯醫生去一個大村子為那裡的孩子接種天花疫苗，他發現全村只有三人從未感染過天花病。在八莫城，有一個專門為克欽人創辦的學校，學生數量有 90 多人，另外還有一家撣人的學校，也是同樣地繁榮。

在八莫待了五天之後，我就開車兩英里到達了伊洛瓦底輪船公司所在的碼頭，從那裡坐船到傑沙去，這次旅行我付了 3 盧比 7 安那[102]。我們的朋友們，W · H · 羅伯茨先生、麥加第先生和塞爾扣克先生，都趕到碼頭為我送行，當汽輪離開碼頭時，我們揮手告別。這次水上之行用了七個小時，我們的汽輪穿過了美麗的伊洛瓦底峽谷。傑沙是緬甸鐵路一條支線的終點站。在這裡我買了一張去曼德勒的二等車票，花了 11 盧比 10 安那。下午 5 點 30 分，我們離開傑沙，次日下午 1 點到達了曼德勒。鐵路的軌距是 3 英尺 3 英寸寬，我們的火車穿行在由白塔和整潔小村莊點綴的鄉間田野上。離開傑沙不久，我們的火車就進入了無邊無際的竹林之中。

[102] 按照緬甸的貨幣單位，1 盧比為 16 安那。

天之所培者，人雖傾之，不可殛也。

天之所覆者，人雖栽之，不可殖也。（乾隆皇帝名言）

The tree which Heaven plants, though man should throw it down, he cannot eradicate it.

The tree which Heaven casts down, though men should replant it, it will not grow.

—— Emperor Kienkung.

第二十三章

旅途的終點－斬頭神靈－仰光－對貓的獵殺－傳教士的失誤－傳教士的奉獻和傳教收穫

現在我天天忙著做最後的準備返鄉。我把我買的那塊油氈毯子送給了別人，這條油氈子可以驅走中國客棧裡的那些臭蟲。另外我也把自己的鋪蓋送掉了。至於華人頭上的那根豬尾巴，我從來沒有戴過，將來也不會。任何外國人都不應該戴那種辮子。這對那些有辮子的中國人來說可能會感到不太愉快。至於我那身中國服裝，我在謬迪時曾經穿著它拍過一張照片，現在我正在馬六甲海峽的一艘輪船上寫這本書的最後一章。

曼德勒城是緬甸最有意思的城市，在這裡我目睹了一位傳教士如何把當地的一尊神像斬頭的舉動。這位傳教士就是達文波特，浸禮會的傳教士。他在當地買了一塊地皮，這塊地皮上正好有一尊高達 13 英尺的佛像，於是他就召開了一次由當地人和外國人共同參加的會議，商討如何終止這尊菩薩的使命，最後會議認為用鐵鍬把祂推倒似乎是最快速有效的方式。一位苦力拿來一把鐵撬，但是沒有哪個緬甸人敢砸碎一尊佛像，於是人們就找了兩名印度人來幫忙做這項有趣的工作。當那位美國傳教士手持鐵橇準備開工時，一位印度人跑到禮拜堂裡，拿來一本《聖經》，面朝佛像大叫：「噢，上帝！噢，上帝！」然而當佛頭一落，所有的人都一起上陣，很快就把菩薩砸爛了，因為偶像的頭一掉，便成了「摩西所造的銅蛇」(《舊約．列王紀下》18：4)，人們在佛像裡面找到了一顆銀製的心，裡面還有一些刻有神聖巴利語的金條，以及一枚帶有牙齒的戒指。我不知道這顆牙齒到底是誰的，但是它肯定不是佛祖的牙齒，因為在亞洲號稱是佛祖的牙齒足以替一個巨人嵌滿他那張寬大的嘴巴。不管怎麼說，這顆牙齒被認為具有驅巫避邪的神力。

這座城市有許多東西對於學者來說是非常有趣的。在曼德勒山的腳下大約有 400 多個佛塔。我自己沒有數過它們，但當地一位值得依賴的人告訴我說，這裡有 719 座佛塔，而另一位人則說有 450 座，我認為每個人應該有自己的看法，所以親自做了一個獨立的調查，做出了 400 座佛塔這個保守的猜想。每一座寶塔裡都豎有一塊雪花石膏的石碑，上面刻有一些經文。據說即使所有的佛經都被銷毀，人們依然可以從這些石碑中恢復佛經的全文。另外，這裡還有一座大型的王后寺廟，藉以超度王后生前所犯下的許多罪孽。王后寺廟裡有這裡最大的一口銅鐘，每天響徹雲霄的鐘聲都在人們的耳畔迴盪。這個地方還有許多有趣的事情，限於篇幅，只好在此從略。

火車準時到達了緬甸首都仰光。我在站臺上受到了麥考恩先生的熱烈歡迎。麥考恩先生是當地基督教青年會的幹事，他曾是一位十分成功的律師，後來放棄了高薪收入，以從事現在的傳教工作。他目前的薪資僅僅相當於他當初支付自己律師行裡的一名文書的薪資！基督教青年會的工作富有成效。仰光城內擁有著名的瑞光大金塔，塔身貼有金板。據說這座寶塔特別神聖，因為裡面藏有一位佛祖的八根頭髮！從這麼多寶塔所保存的頭髮來判斷，我想如來佛的頭髮肯定都被拔光了。然而這裡最值得看的還是美國浸禮會傳教使團的印刷廠、學校和教學工作。這個傳教使團在當地克倫人中就有 500 多個自助教堂。

克倫人的先知三爺 (San Ye) 是一位具有超凡能力的人。當他皈依教會之後，就積極參加當地教會的活動。現在有成千上萬的異教徒都願聽他講道，當然他也常邀請傳教士來向公眾講道。他現在已經建立了兩座大型的教堂，另外六座教堂也已動工興建。在湯瑪斯、文頓和沙普的陪同下，我拜訪了這位奇人。我們乘坐一輛沒有減震彈簧的牛車啟程前往，但不巧在森林中迷了路，只好在樹叢中四處找路。時至午夜，我們才看到另一駕牛車經過；正當我們上前問路時，他們的一頭公牛不失時機地踢了我一蹄子，正中我的膝關節。好在我們車上帶著四打止痛藥片，當然止痛用不了這麼多止痛片，其中一些就足以緩解我的傷痛了。到了後半夜我們才到達目的地。在這密林中間有一些高大的建築，均是那位克倫奇人出資建造的，其中一個客棧的房間就長達 280 英尺，它和另外一個同樣長度的穀倉吸引了我的目光。我們到來的消息被這位先知的手下傳了出去，早上 9 點就有 1,000 多人來到那裡的大禮堂來聆聽福音的傳道。當天中午還有另外一場人數同樣多的布道會。那位先知從當地人中間為基督教事業募集了 40 萬盧比。他自己除了一艘接送傳教士用的汽艇外已經一無所有。他不讓我們對他拍照，以免被人當作偶像給供奉起來，儘管他自己的教誨與此相反。在募捐的時候，人們紛紛擁上前來，把自己的捐款放進一個盛水的銀製容器裡。「錢是燙手的，」他說道，「應該放在水中降降溫。」他就是這樣一位善良、謙卑而富有魅力的人。

有一天，我們幾個人去叢林打獵，聽說這裡的公野豬、鹿、老虎和蛇都相當大，於是我建議大家應該帶著槍爬到樹上，讓當地人敲打樹木，放火驅趕獵物。由於那頭公牛對我造成的傷痛，我發現自己很難爬上樹去，而且更難在樹枝上保持一種瞄準姿勢。但無論如何，在人們敲打樹林，驅趕獵物時，我還是設法在樹上穩住了自己。這時有一隻野貓和一頭鹿跑出來了。我用左輪手槍在 75 碼遠的地方打死了那隻野貓；而那頭鹿顯然在別處有急事要辦，在獵手舉槍之前就消失得無影無蹤了。於是那隻野貓成了我們帶回來的獵物，在附近的一個村子裡讓人把牠煮熟，我和克倫人一起坐在地板上，用手撕扯野貓肉吃。當地人對野貓的肉香十分喜愛，我自己只吃了一小塊，其味道確實不錯！然而當時我善心大發，把餘下的肉都留給當地人享用了。這也是我生平第一次吃野貓肉。但這次其實也只是名義上的嘗鮮而已，射殺野貓的情景仍然歷歷在目。我曾品嘗過全世界的眾多餐廳，但貓科動物的肉通常被認為是一種味道一般的「乾肉」。

曼德勒的 400 多座百寶塔

即使是傳教士也會犯錯誤的，在這裡我還是小心謹慎地對傳教士提出一點批評。這些好人和我們一樣，有時候也難免犯錯誤。有些人會說，傳教士是上帝從天堂派到人間來的天使，或像聖彼得的裹屍布，人們只有仰慕其神聖，而根本談不上為他們糾正錯誤。對這種方法，我不能夠苟同，那些傳教士本人也不會認同。

第一個錯誤就是沒有僱用更多的傭人。傳教士沒僱用足夠多的傭人，這一點應該受到嚴厲批評，當然有些情況也有例外。例如，牛奶對孩子和病人來講是必需的。然而中國的乳牛產奶量不高，一頭乳牛的產乳量還滿足不了一個昭通的嬰兒。在美國，牛奶都是送牛奶工人送到家門口，而且後者為許多人服務。而在這裡，傳教士必須自己買乳牛，並需要訓練專人來擠奶和飼養乳牛，這個人是傳教士應該僱用的。美國的牛奶工人非常能幹，並且為許多家庭服務，而這裡的牛奶工人都沒有用，還必須由傳教士來教他擠奶。而傳教士本人或許也不擅長擠奶。因此，最好、最便宜，而且又最安全的方法就是自己動手。儘管如此，傳教士仍應該僱用一個牛奶工人。再者就是水的問題。在美國，冷水和熱水都是由自來水公司輸送市民家中的，自來水公司是公眾服務部門。然而這裡的傳教士必須僱人把水抬到傳教使團駐地來。如果沒有了水，他們將無法生存，並且不久也會淹沒在異教徒之中。

廚師在中國也是一大麻煩事，廚師負責買菜，並且在每樣東西中都要刮油占便宜。在中國，買任何東西都要討價還價，即使是大白菜和馬鈴薯，也一樣要討價還價。假如我們的女傳教士學會說漢語之後並不去教誨民眾，而是每天去街上買菜，花上一小時的時間來為買白菜、蘿蔔和瘦羊腿而討價還價，她們雖然也會從中得到很多的樂趣，但那些評論家們就肯定有意見。他們會說：「為什麼這些女傳教士不去工作，不去傳道？她們去國外可不是為了跟當地人討價還價，而是要去傳播上帝的福音。」傳教使團的駐地總是對民眾敞開的，人們可以隨時來訪，那麼傳教士的妻子們就應該為所有的人做飯嗎？

在美國和歐洲，孩子長到一定年齡就要去學校上學，每天學習五個小時，使母親們可以有時間休息，或去做其他事情，然而，這裡的傳教士妻子必須自己輔導孩子學習。因此，她需要一個教師來教孩子們。傳教士應該擁有和美國勞工階層同樣多的傭人。美國的同胞們擁有足夠多的傭人來為他們服務，如屠戶、麵包師、燭臺工、電氣工程師、送牛奶工人、學校教師、醫生和牧師等。然而這裡的傳教士極其缺少傭人。在這裡傳播福音的傳教先驅們不得不同時兼任所有這些工作。在通商口岸以外的地方，廚師的薪資是每個月還不到兩美元，然而他會想方設法地拿東西，並且這樣的廚師什麼也不懂，凡事都要別人來教他如何做。

第二個錯誤是不要持有和使用手槍等武器！記得我在雲南省楚雄府的潘氏客棧裡，曾寫下了這樣一句話，即傳教士的薪資不足以使他們僱用必要的傭人。在中國成百上千名傳教士的月收入只有 20 美元。在我美麗的家鄉多伊爾斯敦，那些來我家種洋蔥和挖電桿洞的工人收入也比這些傳教士要高得多。這些工人的月收入有 40 美元或至少有 36 美元。這些工人都是一流的公民，但就是花在教育上的錢不夠，他們只具備學校普及教育的程度。然而在中國的那些擁有學位的醫生和大學畢業生，那些擁有淵博知識和過人精力的傳教士們，他們每月的收入只有 20 美元，卻工作如此勤奮。我在中國從來沒有聽見過哪位傳教士抱怨過自己的收入太低。我知道有些傳教士的收入也高出這個數目，然而大多數傳教士的收入就是這麼低。

一個獲得命運犒勞和獎賞的人，
也應該同樣贏得人們的感激。[103]

在橫穿中國的旅途中，我一直帶著一支填滿了子彈的連發來福槍，但只是為了沿途能夠獵殺中國的野味。在美國一些城市裡，人們為了防身也會攜帶手槍，因為那裡常常會遭到攔路搶劫的壞人。在這一點上，西方的強盜們要比東方的同行占有優勢，因而在中國隨身攜帶手槍沒有那麼大的必要。中國是個擁有四億多人口和眾多方言的大國，然而在 99 天日夜兼程的旅行中，我從來沒有遇到騷擾，而且中國人對我表示的友善猶如凱撒三次拒絕皇冠那天，安東尼（Marcus Antonius）在他頭上所撒的美麗玫瑰花瓣那麼多。傳教士處事雖然比較謹慎，但他們絕不是膽小鬼。他們應該持有槍枝彈藥，以免餐桌上少了可口的野味。野鴨、大雁和可食用的鶴在中國數不勝數。途經大理府平原的英國總領事發現那裡有多達 14 種不同的野雞。讓一位傳教士在早上花不到半小時就能打到一隻鳥，那麼晚餐就會豐盛可口。有了這樣的野味果腹，他工作起來肯定幹勁十足。在缺乏可口菜餚的地方，一隻野雞也許會為家庭帶來快樂。向你的傳教士朋友送一把鳥槍和 1,000 發子彈，確保提前為這些貨物支付運輸費用，並且為槍枝買上保險。

---

[103] 莎士比亞：《哈姆雷特》第三幕第 2 場。

人們常犯的錯誤。在我的中國之旅即將結束之際，我希望能為作為一個整體的傳教士的文化、友善和判斷力說一句好話。說真的，我發現幾乎在所有的方面，他們都比那些從中國回來的評論者們所描述的要好得多。那些不負責任的評論者占盡了傳教士們的便宜、接受了傳教士的盛情款待，然後又根據不動腦筋的滿腹偏見亂寫文章和發表演說。一位曾經橫穿中國，並稱其父親為「我想這位老糊塗現在正在為我祈禱呢！」的旅行家在一位傳教士的家中有過下列有趣的經歷：

為了款待這位陌生的客人，傳教士用當天從牛奶上刮下來的奶油來招待他。當然這位客人不用支付任何費用。在喝茶的時候，有三位女士作陪，其中兩位是未婚女士。這位自高自大的旅行家對女士們冷嘲熱諷，但對奶油情有獨鍾，於是乎女士們就慷慨地把奶油都讓給了他。這位醫生出身的旅行家吃光了所有的奶油，並且還用舌頭舔乾淨了盤子！大獲全勝！勇敢的男人！有禮貌的男人！尊重女士的男人！出色的醫生！呸！這樣的人怎麼還配議論敘州的某某女士？真是活見鬼！他還滔滔不絕地談論昭通和東川。

這位旅行家盛氣淩人，簡直自以為是喬治·華盛頓（George Washington）！他的評判完全是一個淺薄男子未經考慮的廢話。這樣的人怎麼也配評論傳教使團！不曾偷過一個銅板的人卻會偷走一個傳教士好名聲。下面這句話並非總是正確的：

一個外出旅行的傻瓜
總要比閉門不出的笨蛋聰明一些。

—— 威廉·古柏（William Cowper）

有個人到伊洛瓦底江三角洲去打獵，他可稱得上是寧錄[104]再世，狩獵技術高超無比。他帶了四個隨從，一個扛槍，一個扛梯子，一個撐傘，

[104] 寧錄，《聖經》中的著名獵手。

第四個人為他拿著威士忌和蘇打水。他喝酒的能力遠遠超越了打槍。他朝樹下一頭發暈的鹿連開四槍，但無一中的。於是這位紳士把槍交給了當地的一位隨從，後者只開了一槍就殺死了那隻鹿。該紳士當時喝酒太多，以至於他眼睛裡有兩隻鹿，而他恰巧擊中了那隻想像的鹿。讓我們聽聽這位先生對傳教使團和傳教士的評論吧。在一個俱樂部裡，當這位先生酒足飯飽之後，他對於「親身經歷」的描述也會贏得眾人的掌聲！然而對傳教使團確實也有一些高尚的、既具有智慧又富有良知的評論家。這些人所倚重的卻是事實。

傳教士的經商之道值得稱道，他們在使用國內同胞為基督教事業所捐贈的錢財時顯得十分謹慎小心。中國內地會資助了我橫穿中國的旅行。我在上海把我那幾百美元交給他們，他們向我開具了見票即付款的匯票。這樣，我就可以在他們任何有中心傳道站的地方都能拿到錢。實踐證明，他們非常守信用，無一例外。精明的商人開始從事傳教使團的商品生意。在華傳教使團的工作十分出色。他們的代理人都能夠奉獻自己，富有自我犧牲的精神，值得人們稱頌和學習。我從來沒有見過他們濫用教會的錢財，後者全都用在跟傳教相關的花費上了。

現在我還得提醒傳教士另一件事情，那就是不要沉溺於自己的偏好之中。這一點值得特別強調。讓那些有怪癖的人在家裡自行其是吧！千萬不要一意孤行！一旦肝臟出了問題，那麼就馬上服用膽汁丸。你也許堅信不用吃藥就能病癒，那麼我也不願改變你的信仰，但是為了你周圍的那些人，我請求你在祈禱的同時，馬上吃藥。在這個地球的其他地方，我確實遇到過不相信藥能治病的傳教士，並且他們也都受過教育，信仰虔誠，精力充沛。但有時候，他們會使周圍的人夜裡睡不安寧，白天也神經緊張。快吃藥吧，兄弟，快吃藥吧！用藥來醫治自己並不褻瀆上帝的神靈。請記住：

附身屈就能更加接近智慧，

而非當我們趾高氣揚之時。[105]

為了醫治身體上的病痛，讓我們同時祈禱和服藥，而不要使我們周圍的人受到傷害。如果你要堅持不吃藥的信念，那麼就請你充分藉助上帝的恩典來解脫自身苦痛，千萬不要讓你身邊的人感到痛苦不堪！在中國的傳教士不應該「精神緊張不安」。

現在我們漫長而富於變化的旅程行將結束。我這本遊記也應該有其特別的風味，因為它是在我旅程中所寫成的。書中的一部分是在各地的客棧中熬夜寫成的，有的是在那行進的滑竿上寫成的，有的是在那高聳入雲的關隘積雪中寫成的，有的是在那悶熱窪地中揮汗如雨寫成的，有的是在傳教士的家裡寫成的；有的是在揚子江逆流而上的船上寫成的，有的是在疾走一陣後，等候腳夫們趕上的空隙中寫成的。為寫這本書我可謂日夜兼程，有的部分是自己揮筆寫的，有的是口述給祕書的，有的是用打字機打出來的。當我回顧那漫長的旅程時，我又想起了那些致力於改善中國現狀的人們，他們不怕辛苦，不惜錢財地默默奉獻著，無怨無悔地推進著這項崇高的事業。這項事業訴諸各個不同階層的人共同來完成 —— 尤其是那些願意為上帝和國家而做奉獻的人們，以及那些與中國有直接或間接商業來往的人們。他們將這項拯救人類靈魂的事業看作是他們的特權和應盡的義務。傳教士為商業和貿易開拓了道路，傳教士用英語和漢語寫出了中國最好的書籍。

傳教士為中國人樹立了高尚精神生活的聖潔榜樣，為此他們遭到了歐洲那些酒鬼和敗家子們的惡毒攻擊。美國政府在北京和上海兩地的最高級官員都僱用有傳教士經驗的人來做他們的筆譯和口譯人員。而現在為北京的美國公使，或為上海美國總領事做翻譯的人員也像其他傳教士那樣從中

[105] 引自華茲渥斯（William Wordsworth）的長篇敘事詩《郊遊》（*The Excursion*）（西元 1814 年）。

國城市的貧民窟和氣味中了解了中國和漢語的知識。各通商口岸的領事館也都願意僱用傳教士做他們的翻譯，假如那些傳教士能夠放棄傳教事業的話。

然而我對傳教士最為敬佩的是他們誠摯的敬業精神和不屈不撓的工作態度。他們從不懷疑自己所獻身的事業，很少有人半途而廢。傳教士居住的城市大多都在他們外交官的勢力範圍內。由於英語語言過於貧乏，不足以描述出中國城牆之內生活特有的味道。傳教士居住在這些城鎮中，因為這裡有不朽的靈魂。我再重複一遍，傳教士在華傳教是在做一件對上帝和世人都有好處的善事。那些與傳教士一同工作的人，在爭取使人們皈依基督的光榮事業中，都應該對傳教士提供由衷的同情和慷慨的支持。

參考文獻

- Bridgman, E. C. "Introduction." The Chinese Repository. Vol. 1, No. 1, 1832.
- Fortune, Robert. Three Years' Wanderings in the Northern Provinces of China.London: John Murray, 1847.
- Geil，William Edgar. A Yankee on the Yangtze. New York: A. C. Armstrong and Son, 1904.
- ---. A Yankee in Pigmy Land. London: Hodder and Stoughton, 1905.
- ---. The Great Wall of China. New York: Sturgis & Walton, 1909.
- ---. Eighteen Capitals of China. Philadelphia and London: J. B. Lippincott, 1911.
- ---. The Sacred 5 of China. London: John Murray, 1926.
- Monkhouse, F. J. A Dictionary of Geography. Chicago: Aldine, 1965.
- Perny, Paul. Proverbes Chinois. Paris: Firmin Didot frères, fils et cie, 1869.
- Scarborough, W. A Collection of Chinese Proverbs. Rev. and enl. by C. Wilfrid Allan. Shanghai: Presbyterian Mission Press, 1926.
- Williams, S Wells. The Middle Kingdom. Vol. 1.2vols. New York: Paragon, 1966. Reprint of the 1895 rev. ed.
- Wilson, Philip Whitwell. An Explorer of Changing Horizons: William Edgar Geil. New York: George H. Doran, 1927.
- 沈德潛：《評選古詩源》卷一，會文堂書局。

遺失在西方的中國史・蓋洛作品：

揚子江上的美國人 1903，從上海經華中到緬甸的旅行記錄

作　　者：[美] 威廉・埃德加・蓋洛（William Edgar Geil）
審　　譯：沈弘
翻　　譯：晏奎，孟凡君，孫繼成
審　　校：李憲堂
發 行 人：黃振庭
出 版 者：崧燁文化事業有限公司
發 行 者：崧燁文化事業有限公司
E-mail：sonbookservice@gmail.com
粉 絲 頁：https://www.facebook.com/sonbookss/
網　　址：https://sonbook.net/
地　　址：台北市中正區重慶南路一段六十一號八樓 815 室
Rm. 815, 8F., No.61, Sec. 1, Chongqing S. Rd., Zhongzheng Dist., Taipei City 100, Taiwan
電　　話：(02)2370-3310
傳　　真：(02)2388-1990
印　　刷：京峯數位服務有限公司
律師顧問：廣華律師事務所 張珮琦律師

定　　價：420 元
發行日期：2024 年 05 月第一版
◎本書以 POD 印製
Design Assets from Freepik.com

國家圖書館出版品預行編目資料

遺失在西方的中國史・蓋洛作品：揚子江上的美國人 1903，從上海經華中到緬甸的旅行記錄 / [美] 威廉・埃德加・蓋洛（William Edgar Geil）著，沈弘 審譯，晏奎，孟凡君，孫繼成 譯，李憲堂 審校 . -- 第一版 . -- 臺北市：崧燁文化事業有限公司 , 2024.05
面；　公分
POD 版
譯自：A yankee on the yangtze.
ISBN 978-626-394-257-8(平裝)
1.CST: 遊記 2.CST: 風物志 3.CST: 長江流域
672.069　113005340

電子書購買

臉書

爽讀 APP